Brand Success

tome 2

50 nouvelles réussites exceptionnelles du marketing et de la communication

... à consommer sans modération

Remerciements

En 2016, quand est née l'idée de transformer un site pédagogique consacré aux succès des marques, en ouvrage utile à nos étudiants, nos enseignants et à tous les professionnels des mondes du marketing et de la communication, j'ai pu entamer ce travail long et parfois fastidieux parce qu'à mes côtés, Mathias Bocabeille, journaliste au sein de l'équipe de communication du Groupe IONIS, s'est donné à fond pour la réussite de cette aventure. Je le remercie.

Pour ce deuxième tome, nous avons bénéficié d'un nouvel allié de poids, le second journaliste de l'équipe, qui a su apporter un éclairage complémentaire, plus dans le détail, dans l'anecdote à « haut pouvoir signifiant ». Je remercie Arnaud Rollet pour son implication permanente et son immense curiosité qui se transforme en savoirs utiles et enrichissants.

Une aventure de ce type, de près d'un an, n'est jamais une démarche solitaire. Je remercie nos deux juniors qui ont apporté leur expérience, même novice, leur participation de tous les instants. Un grand merci à Noëllie Dupiol et Marine Verrier.

Merci également aux enseignants de nos écoles et d'autres qui ont compris l'intérêt pédagogique de « l'approche par l'exemple », si justement soulignée par Mercedes Erra.

Enfin, parce qu'il a cru en cette belle initiative — qui est une grande dévoreuse de temps —, je remercie Marc Sellam, président fondateur de IONIS Education Group.

Marc Drillech,

directeur général de
IONIS Education Group.

ISBN : 978-2-36405-190-4

Sommaire

Préface

Mercedes Erra

En classe, j'ai toujours aimé les exemples. Ce moment où le professeur sort de la théorie et entre dans le concret. Un moment clé dans la compréhension et le souvenir. Les exemples sont d'autant plus importants que la théorie est complexe, sophistiquée.
Ce livre me parle donc, et pour plusieurs raisons.
Il donne, à travers une série de cas, un vrai reflet du pouvoir de la communication. Chacune des ces réussites affirme haut et fort que la communication a une importance cruciale et de grands pouvoirs. À tous ceux qui en doutent, et il y en a, ce livre apporte des preuves. Ce n'est pas la moindre de ses vertus.
Le métier de la communication fait intervenir des sciences humaines différentes (sociologie, démographie, sémiologie, psychologie, philosophie...) et des sciences dures (mathématiques, statistique). Elles s'appliquent à une matière complexe — l'humain, la perception et le comportement humains — et vont s'entrecroiser à la fois dans l'analyse des problématiques et dans la stratégie pour les résoudre ; ce qui fait que la communication procède avant tout d'une grande rigueur d'analyse. Fait méconnu, la discipline est souvent jugée fantaisiste. En réalité, la bonne communication passe par le raisonnement, mené avec intensité. Quant à la créativité, cette étincelle qui transforme une stratégie en une idée capable de mobiliser la tête et le cœur des individus, et de les persuader, ses ressorts sont multiples, mais son efficacité exige que l'analyse ait été bien faite au préalable. La recherche de l'idée de communication va donc se jouer dans ces allers et retours entre connaissance/analyse et capacité d'invention.

Si je songe à l'apprentissage de la communication, je ne peux oublier le rôle fondamental de la culture : culture générale — culture de la psychologie humaine, individuelle et collective, des grands mythes et des grands invariants humains —, mais aussi culture des marques, de ce qui s'est fait dans le passé récent ou pas, de ce qui s'est fait ailleurs.
Ce livre, avec ces cas édifiants, relève donc pour moi d'une saine curiosité, si nécessaire dans notre métier.
Il se situe aux confins de la théorie et de la pratique, là où une idée a le pouvoir de réduire une problématique sophistiquée en évidence. Nul doute qu'avec cet ouvrage la complexité de la communication s'efface derrière la concrétude des cas et que les passionnés du marketing s'en trouveront éclairés.
Merci à Marc et à sa passion jamais assouvie pour la transmission de ce métier auquel il a contribué tout le long de son parcours.

Mercedes Erra,

présidente exécutive
d'Havas Worldwide et
fondatrice de BETC.

Introduction

Marc Drillech

Qu'il est difficile de sélectionner 50 cas pour illustrer le succès des marques, chercher à comprendre quelles sont les différences majeures qui expliquent de tels résultats et tenter d'en déterminer des constantes utiles pour les étudiants, comme pour les jeunes professionnels ou les curieux ! Essayez donc par vous-mêmes : vous comprendrez qu'on arrive très vite à des cas indiscutables, d'une totale évidence et d'une agréable facilité, mais qu'ensuite les difficultés se succèdent. Certains cas sont fortement marqués par une époque et ne passent pas aisément la frontière du temps. D'autres illustrent des résultats triomphants l'espace de quelques mois, capables de faire parler et de nourrir un magnifique buzz, mais ils n'aboutissent pas réellement. Une fois l'engouement passé, la marque retombe dans ses travers, n'a pas la capacité à maintenir le cap ou à nourrir suffisamment sa démarche par des moyens adéquats. Parfois, des marques flamboyantes, « le temps d'un été », se trouvent fort dépourvues quand le leader du marché décide de réagir, de recadrer sa propre organisation, ses distributeurs et souvent sa propre communication alors endormie…

Nous avions effectué cette « mission » en 2016 à l'occasion du premier tome de *Brand Success*. Il faut admettre qu'un premier ouvrage dans ce domaine permet d'accueillir nombre de cas qui ont traversé les époques et sont considérés comme exemplaires par les professionnels comme par les enseignants, les chercheurs et divers spécialistes des domaines du marketing et de la communication. Ce sont ceux que nous avions étudiés, qui ne sont pas seulement un trait d'humour, un impact ou un effet médiatique de quelques semaines vite balayé par le prochain. Nous voulions apporter l'essentiel, ce qui se situe dans la capacité de transmission, la possibilité d'exploiter ces cas pour enrichir la compréhension des mécaniques des domaines considérés, quel que soit le produit ou le pays, quelles que soient l'agence et ses méthodes, quelle que soit la personnalité de l'annonceur ou la

nature de l'action. Car les grands succès ont en commun de permettre à tous, étudiants comme professionnels, de tirer des leçons utiles de marques ou d'institutions qui ne se situent pas dans le présent, ni dans le même espace ou dans une problématique similaire. Une réussite dans un domaine et à une période particulière peut cependant nourrir la réflexion et apporter des enseignements qui permettront de mieux développer ses marques, ses sites marchands, ses projets.
La réussite de la première édition, avec plus de 6 000 exemplaires diffusés, ne pouvait que nous conduire à l'envie d'élaborer une suite. De nouveau, nous nous sommes confrontés aux questions du choix, de la représentativité des secteurs et de l'obsession d'y inclure un nombre emblématique de cas récents, sans oublier certaines leçons aussi passionnantes qu'enrichissantes qui datent de plusieurs décennies. Nous nous devions de choisir des cas anciens, en veillant à ne pas passer pour des « anciens combattants de la pub », en particulier auprès de jeunes générations pour lesquelles le passé lointain remonte parfois à moins d'une décennie. Il nous fallait sélectionner des réussites sur certains marchés qui, par la multiplicité des références, ne nuisent pas à d'autres.
Puis nous devions ne pas nous concentrer sur les seules réussites nationales, apprenant une fois de plus que les contraintes sont des gênes qui perturbent la sérénité, mais qui stimulent la réflexion en nous obligeant à aller au-delà des évidences.
Nous voulions, enfin, rester fidèle à la notion même de « *brand success* » qui ne peut pas se réduire à la seule performance de la communication même si son rôle peut être majeur, voire prépondérant. Il ne s'agit pas de ces instants de com' qui font parfois monter la jauge des *like* sur Facebook ou de ces campagnes qui animent un microcosme.
Dans tous les cas, de Peta à H&M ou d'IKEA à Dim, ce n'est pas la pratique classique de la communication qu'il faut retenir, mais la modernité de son utilisation et sa position, fréquemment au centre des dispositifs.
Bien sûr, ces choix, que nous assumons, sont critiquables pour plusieurs raisons aisément compréhensibles. En premier lieu, parce que c'est la nature même de l'exercice que de ne pas satisfaire tous les lecteurs. Chaque professionnel, en fonction de sa formation, de ses affinités, de sa culture ou de ses passions, optera davantage pour telle ou telle priorité.
Nous avons évité de chercher à plaire à tout le monde, mais nous croyons fermement que ces 50 sélections peuvent enrichir les connaissances et les compétences des étudiants et des professionnels des secteurs concernés.
Ensuite, parce que cet exercice est influencé par nos propres expériences et par nos tendances et admirations.
Celles et ceux qui doivent remplir cette mission ne peuvent pas s'enfermer dans une seule logique, car elle n'existe pas.
Aucun baromètre, aucune étude ni aucun standard ne permettent de classer avec certitude et surtout unanimité les cinquante ou les cent meilleurs succès.
Il faut sans doute oublier les notions d'objectivité et de représentativité, même si tout a été fait pour s'en rapprocher.
Quand on cherche à comprendre les stratégies d'outsiders pour acquérir de la représentativité et de la visibilité, comment ne pas être ébloui par la démarche de WestJet ? Quand on évoque les exigences croissantes des divers publics envers les marques destinées à assurer plus de devoirs que de droits

dans le futur, comment ne pas utiliser tout ce qu'offrent des exemples tels que Patagonia ou Always ? Ils sont riches d'enseignements pour tous les professionnels des domaines concernés. Oui, nous avons eu envie d'élargir, de ne pas nous cantonner aux indispensables évidences que nous respectons par ailleurs. Nous avons cherché, avec plaisir avouons-le, à sortir de nos domaines familiers, ceux des grandes marques et des secteurs traditionnels du marketing et de la communication, pour étoffer la nature des marques et des problématiques exposées.
Les cas abordés dans ce nouveau tome montrent en premier lieu — et ce n'est pas une surprise — l'inévitable présence de grands succès du marketing et de la communication. Nous avons tenté de synthétiser des démarches aussi brillantes qu'efficaces que celles menées par Nintendo, H&M, Budweiser, Perrier, Gillette, L'Oréal, IKEA ou American Express... Tous ces cas démontrent combien les enseignements des réussites dépassent toutes les frontières pour tendre vers une forme d'universalité.
Aux côtés de ces « références absolues », nous avons souhaité évoquer de grandes réussites, moins habituées à se retrouver dans des ouvrages destinés aux étudiants, aux amateurs éclairés ou aux professionnels. Nous avons cherché à coller très précisément à l'intitulé de ce livre, *Brand Success*, en abordant des domaines plus surprenants et pourtant d'une immense richesse en termes d'enseignements. Ne vous étonnez pas d'y trouver, au fil de votre lecture, Netflix, Supreme, Daft Punk, Pornhub ou Louboutin. Ces objets d'études ressemblent souvent à des cas particuliers alors qu'ils sont utiles pour tous.
Enfin, nous nous devions de rappeler certaines campagnes qui ont marqué les professionnels, mais en premier lieu le grand public. Elles font partie de cette « pop culture » qui continue de s'imposer sur les réseaux sociaux, par les millions de vidéos postées chaque jour, par l'intermédiation des blogueurs... Benetton, Myriam, Levi's, jusqu'à l'une des plus célèbres campagnes, selon les professionnels, celle de l'US School of Music de 1928 qui demeure, sur le plan de la réflexion du moins, d'un intérêt toujours frappant.

Bienvenue dans ce tome 2 de Brand Success

Pardon aux entreprises, marques, institutions, opérations spéciales, lancements inattendus, scandales habilement construits, créations provocatrices à souhait, spectacles en 30 secondes inoubliables, pour ne pas avoir été sélectionnés parmi ces 50 cas.
Pardon pour les campagnes qui méritaient d'être citées, pour ces actions et ces histoires qui font rire des millions de personnes, mais que nous ne connaissons pas toujours, enfermés davantage dans notre culture occidentale.
Pardon pour les campagnes digitales — aujourd'hui la modernité absolue de la communication — qui affolent chaque jour les compteurs des *like*, des vues et d'autres indicateurs, pareils à ces reines d'un soir, mais qui, souvent, retombent dans l'oubli dès le lendemain, car la machine doit chaque jour recevoir sa dose de nouveauté.

Pardon de croire qu'il soit important d'imposer aux lecteurs des campagnes de communication anciennes, mettant parfois en scène des marques moins connues ou différentes, soulevant des problématiques pas toujours dans notre air du temps. Mais peut-on réellement être un professionnel en ayant pour toute culture que sa passion pour le futur et son expérience présente, sans passé, sans racines ni histoire ?
Merci à toutes celles et à tous ceux qui ont permis de faire du premier tome un succès. Nous espérons qu'au cours de la lecture de ce deuxième tome ils découvriront des choses aussi belles et qu'ils en tireront les mêmes satisfactions.

Malgré la diversité des domaines et des stratégies, des créations et des expressions, des moyens mis en œuvre, de la durée des actions ou de la couverture nationale ou internationale, on constate généralement trois caractéristiques qui tendent à relier entre eux tous ces cas. Elles ne sont pas toujours les seules raisons des succès, mais font certainement partie des principales explications. Bien sûr, cela va sans dire que toutes ces réussites et ces campagnes de communication manient avec bonheur l'art de la créativité. Car une bonne idée, aussi simple qu'elle puisse paraître, peut absolument tout changer. La créativité n'est pas une caractéristique tant elle est, indiscutablement, la condition *sine qua non* de toute réussite.

1. Oser réellement et profondément la différence

Cette évidence l'est rarement et on ne peut que s'étonner, quand on se confronte à la réalité quotidienne du marketing et de la communication, dans les magasins ou sur les sites marchands, sur les réseaux sociaux ou dans les médias, que l'effort de distinction (ce qui permet d'identifier et de valoriser la marque) se concrétise souvent par des artifices et non par des vecteurs solides. Quand les questions d'attention, d'influence, d'attribution des messages, de confusion et de banalisation sont à la fois quotidiennes et majeures dans la gestion des marques, dans leur marketing au sens large comme dans leur communication, la différenciation est centrale et vitale. Force est de constater qu'elle n'est pas toujours perceptible et que dans un contexte de bombardement continu de messages sur une multiplicité de réseaux et de médias, la capacité à se différencier et se faire identifier, au-delà du minimum qui consiste à se faire remarquer, doit être l'obsession des professionnels. Presque tous les cas évoqués dans ce livre ont comme point commun de mettre l'emphase sur des marques ou des institutions qui sont particulièrement remarquables parce qu'on les reconnaît, on les comprend, on les différencie et on les aime.
Encore ne faut-il pas confondre audace, qui peut apporter le meilleur comme le pire, et « esprit de stratégie », une démarche plus réfléchie qui ne s'appuie pas sur des artifices. Il ne s'agit pas de choquer pour choquer, ni de suivre les chemins de la provocation ou de courir après le buzz. La différenciation n'a de valeur que parce qu'elle touche de larges

publics qui considèrent et apprécient les vecteurs durables sur lesquels le processus se construit.
Ce premier point porte en soi la triste réalité de la réussite, rare, mais aussi celle de l'échec, plus fréquent. La capacité à véhiculer une personnalité, un caractère et des éléments profonds comme formels, fait que l'on est capable de (re)connaître, apprécier et ne pas oublier une marque ou un message. Pour cela, il faut se différencier du magma quotidien où se rassemblent dans une pression indéterminée des millions de messages qui nous entourent, courent et tournent dans tous les sens. Des messages qu'on évite, qu'on refuse, qu'on oublie, dont on se désintéresse, à l'exception de quelques rares cas qui réussissent à franchir le mur de l'indifférence ou du rejet.

2. *Être en écho avec le monde, l'époque, les cultures et les publics*

Attirer l'attention est l'étape essentielle, la première dans la relation qui réunit une marque et un public. Cela explique sans doute les courses aux buzz, aux faux et aux vrais scandales, aux people admirés et reconnus, aux « trucs qui choquent ». Et pourtant, ce qui semble être au cœur de la réussite du marketing et de la communication des marques, de ces 50 cas comme des 50 précédents, c'est la capacité de celles-ci à « rentrer en communion » avec les publics, à partager avec eux autre chose que le seul impact momentané d'une phrase ou d'une image choquante. La réussite tient aussi à cet art de construire une relation avec le consommateur ou le client, qui peut aller au-delà de l'offre et qui englobe et valorise parfaitement ces derniers.
Tout se joue dans les liens construits entre la marque et son offre.
Patagonia peut afficher qu'elle recommande de ne pas acheter son produit. Elle ne se contente pas d'un coup de pub malin. Elle est en droite ligne avec une philosophie de vie qu'elle partage depuis des années avec son public. IKEA peut faire rire ou toucher le cœur des gens : elle maintient depuis des années sa volonté affirmée de combattre pour que le design soit un droit. Quand American Express décide de défendre les petits commerces oubliés, quand Dim annonce puis soutient le combat de l'émancipation des femmes depuis un demi-siècle et quand le métro de Melbourne combat les gestes stupides qui mettent en danger les gens, on comprend que la finalité commerciale est une constante parfaitement comprise, mais que les individus souhaitent plus qu'une relation de vente et d'achat.
Toutes les réussites présentées dans cet ouvrage, à de rares exceptions près, militent pour que les marques, dans leur marketing comme dans leur communication, se développent en écho avec la vie et le quotidien de leurs clients, reflètent des univers (réels ou imaginaires) qui ne sont pas seulement de petites scènes idiotes de 30 secondes, mais des expériences, des découvertes, des ouvertures aux mondes, des preuves d'une relation, pas seulement marchande et éphémère.

Quand les publics sont devenus des émetteurs et des médias quotidiens sur les réseaux sociaux, quand ils ont pour la plupart compris les mécaniques du marketing, alors le respect, la proximité et l'intelligence sont des leviers bien plus efficaces que la vulgarité. « L'escroquerie commerciale » et la posture de supériorité ne sont plus d'actualité tant les marques sont, pour la grande majorité d'entre elles, interchangeables.

3. Jouer sur l'émotion et l'intelligence

Le marketing et la communication sont avant tout une question de relation, d'échange, de dialogue entre une marque et un individu. L'émotion comme l'intelligence ont en commun de donner de la substance à la relation qu'une marque peut entretenir avec ses clients, prospects, abonnés ou visiteurs. Il ne s'agit pas seulement de faire passer un message et une information. Il ne s'agit pas d'un acte de vente isolé, éphémère. C'est souvent la complémentarité des deux qui fonctionne, sans doute parce que le spectateur, le client ou le lecteur sent qu'il n'est pas seulement pris pour un acheteur anonyme. Parfois, l'émotion et l'intelligence s'unissent et reflètent cette puissance dans toute relation, avec la confiance, le sentiment que l'interlocuteur, la marque ou l'institution respecte réellement le public.
S'il est difficile d'avoir des certitudes en matière de marketing et de communication, on peut être tenté de croire que le respect de l'autre a un sens. Que l'idée de jouer sur les émotions d'un individu et sur son intelligence vaut mieux que de le prendre pour un animal testé selon les méthodes pavloviennes.

Tous ces cas montrent que les fameuses « cibles » ne sont plus des naïfs et des amateurs, des débutants qui découvrent le magnifique monde des marques, du marketing, de la publicité... Le fameux consommateur a pris de l'âge. Il a vécu de nombreuses expériences, parfois bonnes, souvent moins satisfaisantes, quand la promesse de service, d'écoute, de facilité, de valorisation n'est pas au rendez-vous.
Dans toutes ces réussites, on peut ressentir le profond respect du client et plus globalement des individus, même si chaque secteur et chaque entreprise agissent dans leur domaine et avec leurs particularités.
Quand les individus ne sont plus seulement des récepteurs, mais des émetteurs s'exprimant sur des réseaux sociaux, sans cesse plus présents et plus actifs, on peut imaginer que les trois points que je viens de décrire sont les indispensables fondements de toute politique de marque de notre époque.

Bonne lecture !

Marc Drillech,
directeur général de
IONIS Education Group.

Perrier

Un succès fou

En misant sur la fête, la folie, l'érotisme, l'art et le sport et en faisant appel à des créatifs surdoués, Perrier a traversé le temps et marqué le monde de la communication et du marketing. Perrier, c'est fou, mais c'est surtout très intelligent. Y compris lorsqu'il y a de l'eau dans le gaz...

À l'origine de Perrier, il y a d'abord une source, située à Vergèze, dans le Gard, à 15 kilomètres de Nîmes. Surnommé par les habitants « source minérale des Bouillens » parce que le gaz lui donne un aspect bouillonnant, ce gisement naturel commence sa carrière commerciale en 1863, sous la forme d'un centre thermal — un type d'établissements très en vogue sous Napoléon III. Ce n'est qu'en 1898 que l'idée de mettre cette eau en bouteille se propage au sein de l'entreprise, notamment auprès du responsable médical du centre, le docteur Louis Perrier. En 1903, un jeune Anglais de 27 ans, St John Harmsworth, le frère des patrons de presse Alfred et Harold Harmsworth (*Daily Mail*, *Daily Mirror*), alors en visite en France, perçoit tout le potentiel de cette eau. Il devient propriétaire de l'entreprise en 1906, et la renomme Compagnie de la source Perrier, en hommage à Louis Perrier avec qui il s'était associé trois ans plus tôt[1]. John fait le choix d'abandonner les activités de thermalisme pour commercialiser l'eau gazeuse en bouteille, afin d'étancher la soif de ses compatriotes. Amateur de sport,

1. Louis Perrier restera directeur du service d'hygiène et du service technique médical jusqu'à son décès, en 1912, à l'âge de 77 ans.

bien qu'il soit frappé de paralysie suite à un accident, Harmsworth choisit pour les bouteilles un design qui rappelle les *indian clubs*, ces haltères dont la forme est à mi-chemin entre une quille et une batte de baseball. Durant l'année 1908, Perrier produit déjà près de 7 500 000 bouteilles. En 1946, les héritiers de John (décédé en 1933), ne sachant que faire de cette Source Perrier qui emploie 200 à 300 personnes, mais dont la production ne s'accroît guère, décident de vendre la société à Gustave Leven, un ancien agent de change à l'intuition financière très aiguë, qui s'associe avec deux amis : Maurice Epry, un diplômé d'HEC, et Jean Davray, qu'il a connu sur les bancs de Janson-de-Sailly. C'est le début d'une nouvelle ère qui va transformer l'image de Perrier.

Des talents et une patte inoubliable

Auteur de plusieurs romans, essais et pièces de théâtre, Jean Davray va secouer l'institution Perrier avec brio. Ce natif de Sarreguemines, en Moselle, façonnera l'image de la marque jusqu'en 1985, date de sa mort. Dès sa prise de fonction, en tant que publicitaire de la marque, il commence par faire du « champagne des eaux de table » un terrain d'expression pour les artistes de l'époque. Perrier s'entoure d'une foule de talents pour inscrire ses bouteilles dans l'air du temps et jouer avec les codes de la bienséance, de l'humour et de l'érotisme : les dessinateurs Jean-Claude Forest et Jean Effel, les affichistes Bernard Villemot, Jean Carlu, Raymond Savignac et Hervé Morvan, les plumes de Pierre Mac Orlan, Colette, Francis Carco, du critique culinaire Maurice Edmond Sailland (dit Curnonsky) ou les créations du fantasque peintre Salvador Dali.

Mais c'est en 1970 que Davray fait passer un cap à la marque, avec le lancement du slogan : « Perrier, c'est fou. » Quatre mots qui vont aussitôt s'imprégner dans les esprits avant de rentrer dans la légende en 1976, avec un spot au doux parfum de scandale.
Réalisée par Bernard Lemoine pour l'agence Langelaan & Cerf, « La main baladeuse » fait partie de ces publicités que l'on ne peut oublier. Dans un décor cosy, elle montre la main d'une femme poser deux verres sur un bar, puis glisser jusqu'à une petite bouteille de Perrier, qu'elle caresse longuement. Sous l'effet de cette stimulation plus que suggestive, la bouteille grandit, grandit et le bouchon se dévisse, jusqu'à faire jaillir le liquide, laissant apparaître le slogan « Perrier, c'est fou ». Aussi décalée que provocante, cette métaphore de la masturbation devient instantanément culte malgré une diffusion très restreinte, voire quasi confidentielle, sur une période assez courte, car le spot ne connut que quelques apparitions dans les salles de cinéma avant d'être censuré par l'Autorité de régulation professionnelle de la publicité. Ce spot mémorable est sans doute celui qui va pousser Perrier à sortir régulièrement des chefs-d'œuvre visuels pour la petite lucarne et les écrans de cinéma, notamment au début des années 1990, quand une crise sans précédent frappera la réputation de l'entreprise.

La renaissance rugissante

« Nous avons décidé de retirer de la vente partout dans le monde toutes les bouteilles de Perrier. Il n'y a pas de demi-mesure possible. Même si c'est fou, nous ne pouvions prendre une autre décision. Notre société est bâtie sur une image de perfection. Et nous ne voulons pas que le moindre doute, aussi minime soit-il, puisse peser sur l'image de qualité et de pureté de notre produit. Perrier est une eau hors du commun. Elle est unique au monde. » Quand, ce 13 février 1990, Gustave Leven donne une conférence de presse, l'entreprise doit faire face à une crise inédite, avec la découverte quelques jours plus tôt d'un taux de benzène supérieur à la norme dans les échantillons de treize de ses bouteilles vendues outre-Atlantique. L'annonce de Leven[2] accompagne la fin d'un cycle pour la marque. Après dix semaines d'absence sur le marché, Perrier revient et fait appel à l'agence RSCG pour la campagne « Perrier pleure… de joie ». Minimaliste, le spot montre une bouteille sur un fond blanc, tandis que l'on entend un clone de Raimu adapter le monologue de fin de *La femme du boulanger* de Pagnol afin de vanter le retour de l'eau gazeuse dans une nouvelle formule. Une publicité efficace pour un retour, mais qui deviendra anecdotique l'année suivante. En effet, 1991 sera l'année de la communication pour Perrier. Grâce à l'agence Ogilvy, l'entreprise va sortir plusieurs spots à l'impact phénoménal et qui s'appuient sur un nouveau slogan — « L'eau, l'air, la vie ». Deux spots seront réalisés par Ridley Scott. Le premier montrera des planètes danser sur la musique funk *Sex Machine* de James Brown, et le second mettra en scène John McEnroe, un clin d'œil au partenariat qui lie le tournoi de Roland-Garros à Perrier depuis 1978. Mais ces deux

succès n'arriveront pas à la cheville du premier spot de la marque diffusé cette année-là.
Intitulé « La Lionne », le clip est réalisé par Jean-Paul Goude et rythmé par la chanson *I Put a Spell on You* (Je t'ai jeté un sort) de Screamin Jay Hawkins, réinterprétée par Carole Fredericks. On y voit une femme et un lion assoiffés grimper à quatre pattes au sommet d'une colline où trône une bouteille de Perrier. L'animal rugit pour s'approprier le précieux liquide, mais la femme, qui ne veut pas laisser échapper la bouteille, pousse un cri encore plus rugissant qui fait fuir le félin. Elle peut enfin se saisir de la boisson pour la boire triomphalement. Dernier film français ayant remporté un Grand Prix lors du Festival international du film publicitaire à Cannes[3], le spot est régulièrement cité comme l'une des plus belles réussites publicitaires des dernières décennies. Céline Mornet-Landa[4], déclare dans un article du magazine *Stratégies* : « La seule chose qui a vieilli dans cette campagne, c'est le format carré. Sinon elle reste incroyablement moderne,

2. Qui se traduira par la destruction de près de 280 millions de bouteilles dans le monde.
3. Aujourd'hui Festival international de la créativité Lions Cannes.
4. Directrice de création de Sid Lee Paris.
5. « Perrier : ivresse "Edith Piaf" » de Bruno Aveillan, en 1997 ; « Les Égyptiens » de Jean-Jacques Annaud, en 2000 ; « Melting » de Frédéric Planchon, en 2009 ; « The Drop » de Johan Renck, en 2012.

simple, parfaitement attribuable à Perrier. On retrouve toute la folie de la marque en 30 secondes, à l'heure où les publicités durent plusieurs minutes. [...] Et puis cette femme qui ouvre sa gueule au sens propre, et obtient ce qu'elle veut sans l'aide de personne est terriblement actuelle. »

Fou encore, pour enfin être extraordinaire

Perrier proposera une relecture de cette campagne en 2019, réalisée par Johnny Green pour la gamme « Fines Bulles », mettant en scène une petite fille et un lionceau. Le slogan n'est plus « L'eau, l'air, la vie », mais « Osez l'extraordinaire ». L'agence Ogilvy, en charge de ce remake, avait commandé en amont un sondage révélant que près d'un Français sur deux considérait « La Lionne » comme faisant partie des publicités les plus marquantes de leur génération.

Tout comme les bulles dans son eau, Perrier n'a jamais cessé d'être en mouvement. Après une brève reprise du slogan « C'est fou » à partir de 1995, Perrier continuera d'évoluer pour livrer de nombreuses campagnes très créatives[5] avant d'assumer l'extravagance de son image festive, moderne et artistique à travers le slogan « Osez l'extraordinaire ». Ce virage sera popularisé en 2015 avec la campagne « Hot Air Balloons », où d'innombrables montgolfières s'extirpent d'une source pour finir dans une bouteille de Perrier. Une manière pour la marque d'assumer ses ambitions, de prendre de la hauteur et, surtout, de réunir dans une publicité la plupart des éléments qui ont constitué son image depuis sa création : des garçons de café y côtoient des fêtards, des pom-pom girls sexy, un arbitre de tennis... et un lion. La boucle est bouclée.

À retenir

1 *Pour vendre un produit aussi commun que l'eau, aussi bonne soit-elle, il convient d'y associer une image plus festive et de faire appel à des talents créatifs affirmés pour l'embellir.*

2 *Une entreprise plus que centenaire comme Perrier a bien compris l'intérêt de s'amuser de son propre vécu (retour de la main baladeuse, remake de « La Lionne », etc.), de détourner ses slogans (le « C'est fou » utilisé en conférence post-crise) et de perpétuer des traditions (relation avec les artistes, présence à Roland-Garros, etc.) pour continuer à vivre dans l'imaginaire des consommateurs.*

3 *Les grandes publicités naissent aussi grâce à des relations de confiance sur la durée. Ainsi, il n'est pas étonnant de voir les nombreux succès partagés par l'association entre Perrier et Ogilvy : plus une agence travaille avec une marque, plus elle a de chances de s'approprier son univers.*

Gillette

La perfection au masculin

Gillette a un objectif que la marque ne pourra jamais atteindre, mais qui la motive et qui explique tous ses efforts : la perfection du rasage. Cette quête est passionnante à étudier. Elle éclaire le sens de l'innovation de la marque sur un marché très concurrentiel et à une époque où les modes de rasage évoluent dans une double tension entre la recherche de performance technologique d'un côté et le plaisir retrouvé du rasage traditionnel de l'autre.

En l'espace d'une quinzaine d'années, un génial inventeur s'est hissé au rang de grand entrepreneur international. L'Américain King Camp Gillette (1855-1932) était le vendeur vedette de la Crown Cork & Seal Company, une entreprise de fabrication de bouchons de liège. C'était aussi un bricoleur amateur talentueux, ce qui poussa le directeur de cette société à lui suggérer d'inventer quelque chose que l'on jette après usage, afin que le client en rachète, à l'instar des capsules à usage unique qui ferment les bouteilles de bière inventées en 1892 par William Painter et qui furent un des premiers symboles de la société de consommation. Cette idée d'un produit qu'il fallait racheter obsédait Gillette. Ce fut un matin de 1885, alors qu'il aiguisait sa lame, qu'il eut l'idée d'un rasoir à tête démontable enserrant une lame mince jetable à double tranchant. C'est le principe du rasoir de sûreté (le rasoir jetable sera inventé en 1975 par la société BIC).

1. En 1901, il créa l'American Safety Razor Company, qui deviendra, en 1902, Safety Razor Company.

Pour réaliser ce concept, King Gillette créa en 1901 la Safety Razor Company[1]. William Nickerson, le seul employé de Gillette, trouva comment fabriquer une lame d'acier mince, coupante et pouvant être vendue à un prix modique. La production commença dès l'année suivante et Gillette vendit 51 rasoirs et 168 lames. En 1904, le rasoir fut breveté et 90 884 rasoirs et 123 648 lames furent fabriqués. Plus tard, avec l'entrée des troupes américaines dans la Première Guerre mondiale, une commande de l'armée de 3,5 millions de rasoirs et 36 millions de lames fait connaître Gillette à travers le monde.

Le freebie marketing

Au cours des premières années du nouveau siècle, l'expansion de la marque est fondée sur deux croyances qui resteront des marqueurs déterminants. D'une part, la notion d'innovation s'enracine comme une dynamique permanente qui définit l'entreprise et agit comme son moteur. D'autre part, la confiance de Gillette dans la force de persuasion de la publicité est immédiate et, dès que l'entreprise dispose d'assez de moyens, des campagnes massives sont lancées pour faire connaître ses produits.
Sur le long terme, l'entreprise a engrangé d'énormes bénéfices avec la stratégie du *freebie marketing*.
Ce modèle économique « lames et rasoir » consiste à fournir un produit à un prix bas, ou gratuitement, afin d'augmenter les ventes d'un produit complémentaire, par exemple des fournitures. Ce modèle est différent du marketing qui repose sur un produit d'appel ou un échantillon, et qui ne dépend pas de la complémentarité des produits ou des services. Le principe

du *freebie marketing* est de générer un flux de revenus continu. Dans le cas des produits de rasage, il s'agit de brader les rasoirs à un prix peu élevé pour créer le marché des lames. On attribue la fameuse phrase « *Give 'em the razor; sell 'em the blades* » (donnez-leur le rasoir, vendez-leur les lames) à King Camp Gillette, mais il s'avère que ce dernier n'est pas à l'origine de ce modèle, car les premiers rasoirs Gillette seront chers lors de leur arrivée sur le marché et leur prix ne baissera qu'après l'expiration des brevets. Ce sont finalement ses concurrents qui, les premiers, instaurèrent le modèle « lames et rasoir », qui fait aujourd'hui le bonheur de Nestlé avec Nespresso[2] ou d'Amazon avec le Kindle. En 2005, Gillette entre dans le giron de Procter & Gamble pour 57 milliards de dollars, mais l'entreprise a toujours su conserver son idéal initial, celui de la puissance de l'innovation.

La « perfection au masculin »

Durant le XXe siècle, Gillette parvient à détenir une part de marché quasi exceptionnelle, de près de 70 %. Mais au cours des années 1960 et 1970, une nouvelle concurrence se développe.

2. Voir *Brand Success*, tome I, page 24.

Des marques telles que Wilkinson Sword ou Schick, plus innovantes, plus agressives et plus communicantes, vont affaiblir la position du fabricant de rasoirs. Pour Gillette, la réponse consiste à donner encore plus de force à l'innovation et à amplifier ses investissements publicitaires.
À la fin des années 1980, l'heure est à la stratégie mondiale et la communication Gillette se base sur le culte de la jeunesse et de l'homme universel. Le slogan « la perfection au masculin » est créé par l'agence BBDO en 1988 pour le rasoir Contour Plus. Les lancements de ses nouveaux produits sont caractérisés par la diffusion de nombreux spots sur les plus grandes chaînes, comme lors de la mise sur le marché du Sensor, en 1990, ce premier rasoir à deux lames étant présenté comme le fruit d'une décennie de recherches. La mise sur le marché de nouveautés s'intensifie et la marque utilise dans sa communication sur la perfection tous les symboles de la réussite sociale : la renommée, la séduction et la mise en avant de l'importance de l'apparence. La marque s'engage également dans de nombreuses actions de sponsoring — Coupe du monde de football de la FIFA, formule 1, cricket — et avec des stars mondiales telles que David Beckham ou Roger Federer.

La contradiction comme force motrice

Gillette doit sans cesse résoudre une contradiction existentielle, qui fonctionne comme un challenge, une autoconcurrence obstinée entre la perfection et l'innovation. Chaque nouveau produit doit être considéré comme proche de la perfection, afin d'installer son leadership sur le marché, tout en laissant suffisamment de crédibilité à la sortie d'un futur nouveau modèle. Chaque nouveauté doit véhiculer une image de produit technologique, sans toutefois passer pour un gadget ou ringardiser les produits antérieurs. C'est l'art subtil de l'autocannibalisation. Gillette est donc le principal ennemi de Gillette, tout en étant également son meilleur allié, sa principale menace et sa principale protection face à la concurrence.
Le risque est de démultiplier les fausses innovations, les effets d'annonce, l'obsolescence de plus en plus programmée et de créer une insatisfaction des clients perdus entre les différentes lames et les nombreux modèles de rasoir. Cela demande une politique de planification de l'innovation qui tient à la fois compte des améliorations technologiques, de la concurrence, mais également de la volonté des clients d'accepter de changer leur expérience de rasage.

Entre intentions et représentations

Gillette est une marque qui veut projeter des modèles valorisants et des modèles de référence. Mais à une époque de remise en question des modèles traditionnels, notamment la représentation de la masculinité, la société se trouve confrontée à un choix difficile. L'image de l'idéal masculin se conjugue-t-elle encore avec la mise en avant de l'importance de l'apparence ? Ce questionnement remet en cause les systèmes de représentation à laquelle la marque est attachée depuis longtemps. Gillette a sauté le pas en lançant une campagne importante aux États-Unis, à la manière d'une action de prévention, en expliquant aux hommes qu'il était souhaitable qu'ils abandonnent « certains comportements jugés toxiques ». L'image de l'homme des années 1980, la représentation de la recherche d'une perfection très formatée et associée à la réussite sociale, sont remplacée par celle d'hommes bien dans leur peau, portant des enfants dans leurs bras, pacifistes, avec le sens de l'humour. Cette campagne, très partagée sur les réseaux sociaux, s'est accompagnée d'un changement remarquable de signature, passant de « *Gillette the best a man can get* » (Gillette le meilleur qu'un homme puisse obtenir) à « *Gillette the best a man can be* » (Gillette le meilleur qu'un homme puisse être).
Cette nouvelle expression laisse augurer d'une nouvelle génération de communications publicitaires qui, à la manière d'Always[3], une autre marque de Procter & Gamble, démontrent la prise de conscience de l'entreprise à ne pas voir ses grandes marques se figer dans des représentations passéistes.

3. Voir page 142.

À retenir

1 *L'innovation se décrète rarement dans les entreprises qui réussissent parce qu'elle est souvent au cœur du récit initial, l'une des principales raisons d'être.*

2 *L'innovation n'est pas une finalité en soi, ou rarement. Il est préférable qu'elle soit considérée, à l'interne comme à l'externe, en particulier par les efforts sur le terrain de la communication, comme une mission permanente et essentielle.*

3 *La polémique récente liée au changement de posture de la marque souligne combien il importe de ne pas confondre la finalité de la marque (aider l'homme à mieux se raser) et les représentations (la vision que la marque a et veut transmettre de ce qu'elle considère comme l'homme moderne). Entre un conservatisme qui la fige dans des modèles dépassés et des tendances actuelles très médiatisées (mais qui ne sont pas toujours majoritaires), le passage demeure très étroit.*

Lacoste

Entre héritage et modernité

Avec son emblématique crocodile, Lacoste est l'une des marques les plus connues et les plus copiées dans le monde. Créée il y a plus de 80 ans, elle a su traverser les époques en se positionnant comme l'une des références du prêt-à-porter, entre le sportswear et le chic. Elle doit sa réussite à une politique de diversification menée tout au long de son histoire. Après un passage à vide dans les années 1990, Lacoste est revenue sur le devant de la scène grâce à un repositionnement et une stratégie digitale ambitieuse, s'appuyant sur des campagnes de communication remarquées.

La légende Lacoste, c'est d'abord celle d'un homme, René Lacoste (1904-1996), le célèbre joueur de tennis membre de l'équipe dite des « Quatre mousquetaires » qui firent les beaux jours du tennis français dans les années 1920 avec six victoires consécutives en Coupe Davis. Alors que le tennis est un sport qui se pratique en chemise, René Lacoste se fait fabriquer en Angleterre des vêtements en maille permettant de mieux supporter la chaleur, qui donneront naissance au célèbre polo. Le logo en forme de crocodile viendrait d'un pari que Pierre Gilou, capitaine de l'équipe de France de Coupe Davis, lui aurait lancé en 1925 alors que tous deux s'extasiaient devant une mallette en peau de crocodile installée derrière une vitrine : si Lacoste gagnait un match important, Gilou lui offrirait la valise convoitée. Bien qu'il eût perdu le match, un journaliste au courant du défi le surnomma « l'alligator » à cause de sa ténacité sur les courts. L'année suivante, Robert George, un ami de René Lacoste, crée un crocodile brodé en 46 couleurs, cousu sur la poche de son blazer blanc qu'il portait avant chaque match. Puis, en 1933, après s'être mis en retrait du tennis pour des raisons de santé, il cofonde sa marque de textile, avec André Giller, un industriel propriétaire d'une grosse affaire de bonneterie, inventeur de la maille qui fit la renommée de la marque.

De la tradition à l'expansion

Le premier produit commercialisé par l'entreprise (nommée à l'époque La Chemise Lacoste) est le modèle 1212, inspiré des chemisettes des joueurs de polo, de couleur blanche, frappé du crocodile. Ce fut le premier exemple de logo affiché à l'extérieur d'un vêtement — un élément de différenciation qui participera à sa renommée. Dès la première année, la marque se dote d'un catalogue qui contient des références pour des sports de personnes fortunées (tennis, golf et voile) : Lacoste se positionne dans le haut de gamme.
Au lendemain de la Deuxième Guerre mondiale, la marque lance l'internationalisation de ses produits en Europe, au Japon et aux États-Unis. Puis elle va progressivement se diversifier, avec la commercialisation de parfums (avec la participation de Jean Patou), de chaussures, de montres, de raquettes de tennis (la Wilson T2000 fut la première raquette de tennis imaginée par René Lacoste, en 1953), ou encore d'accessoires de maroquinerie. Lacoste ne fabrique pas elle-même ses produits, mais s'associe avec de grandes marques, comme Samsonite.
Son succès, Lacoste va le bâtir sur une image « sport chic », avec un catalogue s'étoffant chaque année, de nouvelles pièces et un choix de couleurs de plus en plus large. Pour la distribution, la marque va s'appuyer sur un réseau d'enseignes choisies avec minutie. Ce n'est qu'en 1981 que Lacoste ouvrira sa première boutique, avenue Victor Hugo à Paris. Peu à peu, d'autres magasins vont ouvrir, en France et à travers le monde. Dès le début des années 1990, Lacoste doit faire face à la concurrence accrue d'autres marques au positionnement assez proche de la sienne et généralement meilleur marché, comme Ralph Lauren ou Eden Park.
Dix ans plus tard, Lacoste est essentiellement plébiscitée par les seniors, qui ont connu l'âge d'or de la marque, et les jeunes de banlieue qui aiment notamment s'afficher avec ses casquettes et ses joggings. Afin de renouer avec les valeurs et la clientèle qui a fait son succès, la marque au crocodile doit impérativement revoir son positionnement, sa politique de distribution et de communication, ainsi que ses produits, sous peine de sombrer dans l'anonymat.

Le courage et la réussite d'un repositionnement stratégique

Les années 2000 vont marquer une forme de renaissance. Le groupe Maus Frères va progressivement entrer dans le capital de l'entreprise, en acquérant d'abord la licence de fabrication de Lacoste, puis, en 2012, la totalité de la marque. Le repositionnement va débuter en 2000 lorsque Lacoste va embaucher le styliste Christophe Lemaire pour adapter les classiques de

la marque tout en restant fidèle à son ADN : décontraction et élégance. Il va retravailler les coupes, en les ajustant, proposer de nouvelles matières et lancer une collection pour femmes. En parallèle, les points de vente vont être restructurés et mis au goût du jour avec « une ambiance qui soit en osmose avec les valeurs de la marque : les meubles en bois clair, agrémentés pour certains de pièces d'assemblage en fonte d'aluminium avec le fameux petit crocodile gravé ; le style est une alliance de tradition et de modernité[1]. »
Pour séduire une nouvelle clientèle, Lacoste va s'orienter vers une stratégie plus haut de gamme, avec de nouvelles couleurs et des prix plus élevés. En 2004, elle va organiser un premier défilé à New York et commercialiser de plus en plus d'accessoires, un segment qui représentera 35 % des ventes en 2007, alors qu'il était à peine de 10 % dans les années 1990. Puis en 2010, Christophe Lemaire sera remplacé par le styliste portugais Felipe Oliveira Baptista. L'équipe créative va être renouvelée, de nouvelles matières vont être utilisées, avec de nouveaux développements pour la collection femme et les accessoires. Le logo va se faire de plus en plus discret et la marque va opérer un virage vers des créations plus « urbaines » et graphiques qui signeront le renouveau de la marque, notamment auprès des 15-25 ans.
En 2011, Lacoste lance la collection Lacoste Live, plus en phase avec les jeunes urbains, et fera du digital le cœur de sa stratégie. Pour opérer ces changements, elle va s'appuyer sur l'agence BETC : refonte du site web,

création d'un portail dédié à la chemise modèle L 1212, film interactif, collection vintage, nouveau mix média... En 2015, son film publicitaire « Le Grand Saut », qui met en scène une histoire d'amour et le vertige du premier baiser (vu plus de 24 millions de fois sur YouTube) va remporter de nombreux prix, notamment le prix Effie, et installer la nouvelle signature de la marque : « Life is a beautiful sport ». « Pour retrouver sa place, la marque s'est fixé trois objectifs. En premier lieu, redéfinir son image pour installer une identité et devenir plus compétitive. Il s'agit ici de justifier le positionnement prix en construisant un territoire *lifestyle* singulier en lien avec sa cible de conquête. Ensuite, créer de l'actualité, susciter un maximum de bruit et de conversation pour générer de l'attractivité auprès de la cible. Enfin, maximiser l'impact business en renouant avec la croissance, au-delà de l'offre produit polo et des périodes de promo[2]. » L'objectif va être parfaitement

1. Michel Ratier, « Évolution d'une marque historique : le cas Lacoste », Centre de recherche en gestion, IAE de Toulouse, décembre 2015.
2. « Lacoste le grand saut vers la pop-culture », *Stratégies*, 2015.
3. Voir page 28.

rempli et offrir à Lacoste une nouvelle dynamique : en 2015 les ventes vont augmenter de 8 %, avec un bond de 60 % pour la maroquinerie et 33 % pour les chaussures. Fin 2016, près de 25 % des achats en magasin sont réalisés par des clients qui ont vu la campagne digitale réalisée par la marque pour les fêtes de fin d'année.
Ce virage va se poursuivre dans les années suivantes. Lacoste va multiplier les opérations de communication qui renforceront sa notoriété. Elle va ainsi collaborer avec Supreme[3], choisir le tennisman Novak Djokovic comme ambassadeur et afficher son soutien à des espèces animales menacées (elle va créer une série spéciale de 1 800 polos qui s'écouleront en à peine 24 heures). Lacoste va progressivement s'installer comme la marque des milléniaux en utilisant leurs codes, notamment les réseaux sociaux où elle est très active (15 millions d'abonnés sur Facebook et 4,2 sur Instagram). En 2017, son film promotionnel « Timeless » va connaître un très grand succès avec plus de 21 millions de vues en ligne.

Alors que Lacoste risquait de tomber progressivement dans l'oubli, surtout auprès des plus jeunes, et devait faire face à une concurrence très agressive dans son secteur, la marque a su réapparaître sur le devant de la scène grâce à une profonde restructuration. Celle-ci concerne aussi bien l'organisation de l'entreprise que son positionnement, ses produits et ses points de vente.
Un tel virage pouvait paraître difficile à négocier, mais il fut salutaire pour l'une des marques le plus connues de France, à l'histoire unique et dont les produits sont distribués à travers le monde.
Le comeback de Lacoste repose sur une idée forte : un pas en arrière pour se ressourcer et retrouver les racines de la marque qui constituent son capital et sa personnalité (il ne s'agit pas refaire ce qui a été fait, mais d'y puiser son inspiration pour retrouver de la compétitivité) ; un pas de côté pour adapter ses valeurs, ses symboles et ses idées au monde actuel ; et enfin, deux pas en avant pour répondre aux impératifs de la modernité et aux attentes du présent. Un exercice audacieux que Lacoste a bien entrepris.

À retenir

LACOSTE

1 *Pour réussir son repositionnement, Lacoste s'est appuyé sur les valeurs qui ont fait son succès (le sport, la tradition, le prestige) tout en se renouvelant. La marque a ainsi multiplié les collaborations et s'est lancée dans une politique digitale ambitieuse. Un choix payant et indispensable pour se démarquer dans un marché saturé comme celui du prêt-à-porter et du luxe.*

2 *Le repositionnement de Lacoste s'est accompagné, en interne, par une restructuration de l'entreprise et l'adoption de nouveaux outils.*

E. Leclerc

Le parti-pris

La saga de E. Leclerc est une success-story à la française, celle d'un épicier qui, en 1949, ouvre une modeste boutique dans sa maison bretonne et deviendra en peu de temps la première enseigne de la grande distribution hexagonale. Son coup de génie : la désintermédiation pour proposer à ses clients des prix bas. Plus de 70 ans après, en s'appuyant sur des choix de développement audacieux, ce positionnement n'a jamais changé et reste l'axe principal de sa communication : tout mettre en œuvre pour sa clientèle afin de proposer non pas des produits pas chers, mais des prix bas sur des produits de son choix.

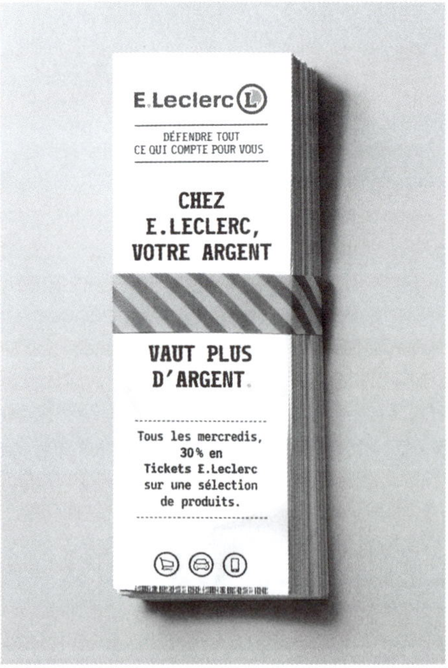

Fin 1949, Édouard Leclerc ouvre son premier magasin dans la cuisine de sa maison, à Landerneau, avec un capital de 5 000 francs. Il commercialise uniquement des biscuits de la marque Labour. Au lieu de passer par des intermédiaires, il décide de traiter en direct avec les fournisseurs, lui permettant d'afficher un prix de gros environ 30 % moins cher que celui de ses concurrents détaillants — une idée innovante en pleine période d'inflation. Réinvestissant ses bénéfices, il élargit peu à peu sa gamme de produits et très rapidement, sa petite épicerie rencontre un grand succès. Sans le savoir, il est le premier à inventer le discount.
En 1951, il construit un hangar dans son jardin pour y installer son point de vente comprenant plus de 150 références.

Peu à peu, d'autres « centres » bâtis sur le modèle imaginé par E. Leclerc vont voir le jour en Bretagne à partir de 1955. Aucun contrat ne les lie à E. Leclerc, mais ces magasins ont l'obligation de s'approvisionner auprès de lui. En 1959, une première enseigne ouvre en région parisienne, accompagnée d'une grande médiatisation. Le mouvement est lancé. E. Leclerc commence à se structurer et diversifie son offre avec notamment des produits frais. Le succès est très rapide, malgré les protestations exprimées par de nombreuses épiceries locales lors de chaque nouvelle implantation de magasin E. Leclerc, et notamment par le célèbre Pierre Poujade. En 1964, on dénombre déjà 420 centres dans l'Hexagone. La force du réseau est de s'appuyer sur des adhérents propriétaires de leurs magasins[1].

Le combat pour le pouvoir d'achat

Ce qui fait la singularité des marques, c'est leur territoire, « l'ensemble des éléments de son univers accompagnant sa représentation : traits de personnalité et éléments récurrents de son exécution publicitaire qui font qu'on la reconnaît[2]. » E. Leclerc est un modèle du genre avec en son cœur, depuis sa création, le combat pour le pouvoir d'achat. La marque est immédiatement identifiée par le consommateur comme l'une des plus engagées sur ce point.

Ce combat « contre la vie chère » est un créneau partagé par nombre d'enseignes de la grande distribution. Mais en France, l'enseigne E. Leclerc est celle qui semble l'avoir utilisé le plus intelligemment, en s'impliquant dès sa création dans des « combats » hypermédiatisés.

Cela a commencé dès 1953, lorsque les commerçants situés à proximité du premier centre ont fait pression sur les distributeurs pour qu'ils cessent de l'approvisionner. L'affaire remontera jusqu'à Edgar Faure, alors ministre des Finances et des Affaires économiques, qui finira par promulguer un décret afin de lutter contre les pratiques commerciales restrictives, comme le refus de vente. Une victoire pour E. Leclerc. La marque va faire parler d'elle à maintes reprises en tirant parti de crises économiques et sociales et en les anticipant : en 1960, elle s'engage aux côtés des producteurs bretons d'artichauts ; en 1963, elle soutient les producteurs face aux coopératives laitières qui pratiquent des marges abusives ; etc., jusqu'à récemment, avec son opération « carburants à prix coûtant », lancée dix jours seulement avant la première journée d'action du mouvement des gilets jaunes contre la hausse des prix des carburants. Ses plus grands coups d'éclat, E. Leclerc va les réaliser en s'attaquant à des monopoles, qu'ils soient étatiques ou aux mains de grands acteurs : les carburants, les biens culturels, les voyages et plus récemment, en 2008, le secteur pharmaceutique dans le but de commercialiser des médicaments sans ordonnance. Cette diversification lui permet d'avoir de multiples activités et d'être présent dans de nombreux secteurs. E. Leclerc, c'est aujourd'hui des animaleries-jardineries, des « centres auto », des parfumeries, des parapharmacies, des magasins d'optique, des stations-service, des

1. Certains d'entre eux en désaccord avec ce modèle feront scission pour monter la chaîne Intermarché en 1969.
2. Définition du « territoire de marque », dans le Lexique indexé du *Publicitor*, sur Mercator-publicitor.fr.

agences de voyages... et plus de 215 espaces culturels ! L'enseigne se positionne d'ailleurs comme le deuxième libraire et disquaire de France. Sans parler d'internet qui est l'un de ses canaux de distribution en pleine explosion, avec un taux de contribution à la croissance de son chiffre d'affaires de 59,2 % en 2018[3], contre 30 % en 2017.
En mai 2016, l'enseigne lance le site Quiestlemoncher.com. Le concept est très simple : pouvoir comparer les prix de plus de 1 500 références en ligne, choisies, bien entendu, pour aboutir au constat que les supermarchés Leclerc sont les moins chers. Le succès est immédiat : 10 millions de visiteurs uniques en 10 jours et « la preuve irréfutable » que la marque est la moins chère, selon son directeur de communication de l'époque. Un mois plus tard, Carrefour attaque Leclerc en justice, arguant qu'il s'agit d'une publicité comparative illicite et que les données de prix utilisées ne lui appartiennent pas. La justice donnera raison à Carrefour et, pour respecter la loi, Leclerc fera appel à une société de panélistes tiers afin d'obtenir des résultats certifiés. Son site de comparaison de prix, très régulièrement utilisée dans sa communication, n'est qu'une étape du développement de Leclerc sur la toile.

Un modèle unique

On dénombre aujourd'hui plus de 681 centres Leclerc, 652 drives et 1924 enseignes spécialisées qui emploient près de 130 000 collaborateurs. Une réussite qui s'appuie autour du même axe de communication : être le roi des prix bas. Ce succès repose sur une stratégie bien rodée. Les achats effectués par Galec, le groupement d'achats des centres Leclerc chez qui tous les magasins E. Leclerc s'approvisionnement, sont généralement négociées aux prix les plus bas du marché.
Avec le développement du hard-discount[4] en France, la grande distribution s'était lancée dans une course aux promotions. Mais l'enseigne E. Leclerc a su résister en communiquant très efficacement, notamment au travers de son patron,

3. 59,2 % sur une progression des ventes de 1,5 %.
Le montant total des ventes atteignant 37,75 milliards hors carburants.
4. Voir le cas Lidl, page 162.

Michel-Edouard Leclerc, que les médias invitent régulièrement. Et à chaque fois, Michel-Edouard Leclerc parvient à parler de… pouvoir d'achat. Une publicité indirecte, impactante et gratuite ! De plus, en laissant une plus grande place que ses concurrents aux produits régionaux (près de 20 % des références, alors qu'en moyenne le chiffre se situe autour de 10 % dans les hypermarchés) l'enseigne essaye de s'adapter aux nouveaux modes de consommations. Aujourd'hui, la marque est présente à l'étranger avec 85 magasins en Europe (Pologne, Slovénie, Portugal, Andorre et Espagne).

À retenir

Le succès de l'enseigne n'est pas le fruit du hasard. Elle repose avant tout sur une parfaite adéquation entre le message (être le moins cher, se battre pour le pouvoir d'achat) et l'offre qui tient ses promesses. C'est la base même d'une communication réussie.

1 *Entretenir sa présence médiatique. Depuis sa création, la marque E. Leclerc a toujours fait parler d'elle grâce à ses positionnements : s'appuyer sur des patrons médiatiques et médiatisés et offrir à la marque une visibilité unique (et à très faible coût).*

2 *Une communication audacieuse et innovante. Toujours axée sur le même credo, la dernière campagne, « Défendre tout ce qui compte pour vous », a régulièrement marqué les esprits, tout comme le site Quiestlemoinscher.com. La marque E. Leclerc, qui se positionne comme un acteur économique engagé, a toujours su tirer parti des crises économiques et sociales.*

3 *L'innovation permanente. Les plus beaux* brand success *ont toujours reposé sur la capacité à innover et disrupter. En 1949, Édouard Leclerc bouscule la distribution en inventant un nouveau mode de fonctionnement. Régulièrement, la marque innove et sait anticiper : sentant la tendance des drives se généraliser, elle fut l'un pionnière sur le sujet. Cette innovation est doublée d'une grande diversification qui permet à la marque de multiplier et varier ses activités.*

Le rapport de l'entreprise envers ses adhérents et ses clients repose sur un raisonnement qui tient davantage du militantisme (adhésion, centres, Mouvement) que de la relation commerciale.

Supreme

L'art de la rareté

Rarement une marque de vêtements — y compris de luxe — n'a suscité un tel engouement et fédéré une communauté de fans aussi importante qui forme un marché gigantesque. Un succès qui ne doit rien au hasard, faisant de Supreme le « Chanel du streetwear », un must-have pour tout amateur de mode. D'un côté, grâce à la savante orchestration de la rareté des articles, doublée de la difficulté de se les procurer. De l'autre, des collaborations inédites qui sont une véritable marque de fabrique.

L'histoire de Supreme débute en 1994, lorsque l'anglais James Jebbia ouvre sa première boutique sur Lafayette Street, dans le quartier, pas encore à la mode, situé au sud de l'île de Manhattan, à New York. Il souhaite offrir aux skateurs des vêtements de qualité, loin des coupes trop amples et des jeans baggys alors en vogue. Rapidement, le lieu devient un point de rendez-vous branché, à la frontière entre la galerie d'art et le *skateshop*. Mais à la différence de ce dernier, les vendeurs ne poussent pas à la consommation et bon nombre de curieux se retrouvent à la boutique avec le sentiment de faire partie de « l'underground new-yorkais ». La sortie en 1995 du film *Kids* de Larry Clark, phénomène générationnel sur une jeunesse en quête de sensations fortes sur fond de skate, va construire la légende de la marque, car certains des acteurs ont été repérés parmi les clients ou les employés de la boutique. Dès sa première collection — notamment le t-shirt emblématique avec une photo de Robert de Niro extraite du film *Taxi Driver* —, Supreme maîtrise parfaitement les codes qui feront d'elle une marque à part. D'abord son logo : un rectangle rouge avec l'utilisation de la police Futura Heavy Oblique immédiatement identifiable, qui s'inspire largement du travail de l'artiste Barbara Kruger. Puis le nom, « Supreme », qui serait tiré de l'album *A Love Supreme* de John Coltrane. Mais c'est surtout sur sa capacité à entretenir la rareté que James Jebbia va construire la légende de la marque : « Si je sais que je peux vendre 600 pièces, je vais en fabriquer 400[1]. » Tout au début, dans son magasin, Supreme interdisait même à ses clients de toucher les articles.

Une forte communauté de clients

La marque sait créer le manque. Mais derrière l'idée de fabriquer en petites quantités se cache en réalité une stratégie de rationalité : pas de stock, donc une prise de risque plus légère. Et à chaque nouvelle collection, des centaines de clients font la queue pendant des heures. À peine achetées, les pièces se revendent à prix d'or et sont mises en vente sur le web au même moment qu'en boutique. En quelques minutes, tout est écoulé, et certains petits malins programment des robots pour essayer d'acheter un maximum d'articles. Certains achètent un article uniquement pour se prendre en photo avec un t-shirt Supreme et s'afficher ainsi sur les réseaux sociaux. Puis, ils revendent l'article instantanément au triple de son prix, voire plus. Certains t-shirts, comme ceux mettant en scène Kate Moss ou Neil Young, vendus initialement autour de 50 dollars, coûtent plus de 1 500 dollars dans certaines boutiques spécialisées. En quelques années, Supreme est devenue la marque iconique de la revente en ligne de vêtements. La marque est devenue, plus ou moins contre son gré, un symbole ostentatoire. Elle a capté une clientèle qui était l'apanage classique des marques de luxe : si vous portez du Supreme, c'est que vous en avez les moyens, et surtout que vous savez comment vous procurez ses articles. Aucune marque de prêt-à-porter n'avait jusqu'alors provoqué un tel engouement. Il existe même des tutoriels pour expliquer comment se procurer des articles Supreme en ligne...

Du marketing sauvage à la collaboration

Outre cette commercialisation intelligente, la marque sait créer l'événement à travers des collaborations sans cesse renouvelées. La première, qui date de 1994, année de création de la marque, relève du marketing sauvage. Supreme a apposé son logo sur un cliché de Kate Moss, alors égérie de Calvin Klein. Partout dans les rues de New York, les auto-collants du rectangle rouge Supreme se sont retrouvés collés sur les affiches Calvin Klein. Lorsque Calvin Klein a porté plainte, cela a permis à la marque Supreme de sortir de l'anonymat à peu de frais. Huit ans après, le t-shirt sérigraphié reprenant l'affiche était mis en vente, cette fois légalement. Très vite, la marque s'est affichée, plus ou moins sauvagement, à travers des clichés de nombreux artistes,

1. « Flipping Supreme », David Chapiro, *The New Yorker*, novembre 2013.

comme Terry Richardson, Lady Gaga, Mike Tyson, la grenouille Kermit, Lou Reed, etc. À ce jeu de guérilla marketing[2], Supreme a été l'une des plus habiles. Comme ce fut le cas pour de nombreuses marques de skate, Supreme n'a jamais négligé l'importance de l'auto-collant, un outil pas cher qui peut facilement augmenter votre notoriété, et n'a jamais utilisé les canaux de communication traditionnels.

De nombreuses marques ont ainsi développé des pièces en série limitée avec Supreme. D'un côté, de grandes marques s'achètent de la *street credibility*, de la culture de rue et du cool ; de l'autre, Supreme augmente son aura. On peut citer celles réalisées avec Nike, Vans, The North Face, Levi's, etc.
Mais la plus emblématique fut celle avec Louis Vuitton en 2017 qui allie « l'excellence du style *street* new-yorkais et du savoir-faire français ».
L'autre grande force de Supreme, c'est de proposer d'innombrables articles sur lesquels trône fièrement son logo. Et si vous n'avez pas les moyens de vous acheter une veste pour homme, vous pourrez vous rabattre sur un disque dur ou un pointeur laser. Une simple brique a ainsi été éditée lors de la collaboration avec le rappeur américain Gucci Mane en référence à son groupe Brick Squad. Une forme de contradiction pour une marque qui entretient la rareté.
Mais elle n'en est pas à un paradoxe près. Grâce à sa parfaite maîtrise de la guérilla marketing, et sachant créer l'envie, Supreme est devenu le symbole d'une génération de *fashion addicts*, à la frontière de différentes cultures : skate, hip-hop, punk. Son créateur a su casser les barrières entre le luxe et le prêt-à-porter. Les articles mis en vente, bien que rares, sont loin des tarifs pratiqués dans les grandes maisons de haute couture, mais l'incroyable effervescence du marché de revente de ces articles aboutit à des prix astronomiques pour ce qui n'est que du prêt-à-porter.

2. « Supreme: Modern Guerilla Marketing », Devanonsupreme.blogspot.com.

Supreme rivalise aujourd'hui avec les plus grandes enseignes de luxe sans avoir renoncé à son ADN. Certains y verront un aboutissement, d'autres une forme de cynisme. Supreme est aujourd'hui valorisé à près d'un milliard de dollars et l'engouement autour de cette marque semble se prolonger. L'histoire continue et les paris sont ouverts sur sa capacité à continuer sur cette dynamique. James Jebbia reçoit régulièrement des offres d'achat et la marque doit faire face à une concurrence de plus en plus féroce dans un univers très versatile, soumis par définition aux effets de mode.

À retenir

1 *Le succès de Supreme repose d'abord sur une offre en phase avec son époque, à la croisée de différentes cultures urbaines (le skate, le punk, le hip-hop…) qui correspondent parfaitement à la génération des milléniaux.*

2 *Le coup de génie de la marque Supreme est de savoir entretenir la rareté. D'abord en éditant peu de pièces et en ayant peu de points de vente (seulement deux en Europe), ensuite, en sachant se renouveler en permanence à travers de nouvelles collections et collaborations, avec pour effet d'entretenir un lien très fort avec sa communauté. L'attente est si forte qu'elle est sûre d'écouler tout son stock avant même de l'avoir commercialisé. La prise de risque est minime.*

3 *Peu de marques ont autant utilisé si habilement l'art de la collaboration (exception faite d'H&M[3]) entre marques ou avec des personnalités médiatiques en tout genre.*

4 *La marque ne communique jamais à travers les canaux traditionnels. Une méthode qui renforce considérablement l'image de rareté et d'exclusivité. La notoriété de Supreme dépasse largement son cercle de connaisseurs.*

3. Voir page 154.

Patagonia

La démarche environnementaliste

En matière de comportements comme de tendances, de visions comme de principes, certaines marques ne s'inscrivent pas simplement dans un mouvement, mais elles en sont à la fois les créateurs, les diffuseurs et les promoteurs. L'aventure exceptionnelle de Patagonia, commencée en 1972 grâce à la passion d'un homme, continue de garder une cohérence et une discipline rares face au succès et au développement commercial.

Yvon Chouinard, alpiniste et entrepreneur, né de parents québécois immigrés aux États-Unis, est à l'origine la marque Patagonia. Dès 1957, il se lance dans la fabrication de matériel d'escalade le moins nuisible possible pour la nature et réutilisable. Pour ce faire, il devient forgeron, développe son entreprise et ouvre avec son associé, Tom Frost, un premier magasin en 1965, en Californie. Dans les années 1970, la société va s'imposer comme le premier fournisseur de matériel de montagne aux États-Unis avant de se lancer dans la fabrication de vêtements techniques particulièrement solides. Dès les premières années, les principes de Patagonia seront omniprésents dans tous les champs d'action : de la fabrication à la politique produit, du marketing (ou de son absence lorsqu'il s'agit de pratiques mercantiles et promotionnelles habituelles) à la relation avec les clients, les associations et les militants engagés dans les différentes luttes pour l'environnement.

Conjuguer la production de produits durables et le respect de l'environnement

En 1985, l'entreprise décide de verser 10 % de ses bénéfices, puis 1 % du résultat de ses ventes, soit plus de 50 millions de dollars par an, à des associations caritatives et diverses organisations environnementales ou humanitaires. Patagonia va ainsi soutenir des projets d'aménagement du territoire et des zones désurbanisées, aussi bien dans la vallée de Yosemite, en Californie, qu'au Chili dans le cadre de la création d'un nouveau parc national. Ses interventions ne se limitent pas à la promotion des grandes causes. La volonté d'authenticité de l'entreprise conduit ses membres à favoriser des actions réelles afin de concrétiser son activisme et de miser davantage sur la multiplicité que sur la médiatisation d'un seul combat. Patagonia œuvre pour la « suppression de barrages ; la restauration de forêts et de rivières ; la recherche de solutions au changement climatique ; la protection des espèces végétales et animales menacées et en voie d'extinction ; la protection des principaux habitats terrestres et marins ; la promotion d'une agriculture locale, durable et biologique ».
En 1992, la firme va repenser la fabrication des tissus nécessaires à ses productions en étudiant systématiquement les conséquences sur l'impact écologique, rejetant le coton traditionnel, dont la fabrication est jugée trop polluante et énergivore, au profit d'un coton biologique.
Afin de réaliser des produits utiles à la vie et aux loisirs des individus en utilisant des matériaux fiables et de qualité, dans le profond respect de la nature et de l'environnement,

l'entreprise met au cœur de son idéologie les vertus de longévité et d'authenticité.

Une « marque à mission »

Patagonia a traversé les années sans faire de réelles concessions. Au contraire, elle a toujours été exigeante, consciente des risques permanents de dérives. Comme elle l'explique : « Pour nous, il ne s'agit pas d'être charitable ou philanthrope, mais simplement de prendre en charge le coût de notre activité. C'est comme si nous reversions une taxe à la planète. »
La marque se considère comme pleinement responsable de ses actes, à tous les niveaux : création, fabrication, commercialisation, recyclage, mode d'expansion, conditions de vie et de rémunération de ses collaborateurs, politique de prix transparente...
Elle a élevé au rang de condition *sine qua non* la notion d'intégrité. Elle a ainsi versé 89 millions de dollars pour l'écologie à travers son programme de mécénat lancé en 1985. Depuis 2002, l'organisation « 1 % pour la planète », dont Yvon Chouinard est l'un des créateurs, a reversé 175 millions de dollars à des associations écologiques. Patagonia possède également un fonds de capital-risque qui investit dans des sociétés soucieuses des questions

écologiques et sociales, dans lequel elle a déjà mis 75 millions de dollars. La marque a compris que la principale recette de son succès tient à la durée de ses engagements, qui renforce sa réputation et donc sa crédibilité. Ses clients deviennent des militants et des promoteurs de la marque. Le fabricant mise moins sur la mobilisation médiatique que sur l'action quotidienne qui unit ses clients et ses employés. Patagonia n'a jamais cédé aux sirènes du marketing agressif : des promotions plutôt rares, une politique de prix élevés (et justifiés), une absence remarquable sur le terrain publicitaire tout en étant hyperactive sur ses propres médias. Cette idée de la priorité de l'utilité se retrouve dans l'une des rares expressions de la marque qui lui vaudra une couverture médiatique exceptionnelle : le 25 novembre 2011, un black friday — jour qui, aux États-Unis, ouvre la traditionnelle période des achats de Noël et qui se traduit souvent par de véritables comportements hystériques —, Patagonia avait décidé d'acheter une pleine page du *New York Times*. La société veut faire passer un message de retenue et de sagesse lors de cette journée de consommation effrénée, en montrant la photo d'un de ses produits avec comme titre : « N'achetez pas cette veste » (*Don't buy this jacket*). L'impact médiatique sera énorme pour cette annonce qui ne passera pourtant que durant une seule journée et dans un seul média. Elle sera reprise partout, comme un véritable manifeste pour une autre manière de s'habiller. « L'affirmation de Patagonia est claire : n'achetez que ce qui est nécessaire, réutilisez les produits au maximum, réparez-les quand cela est possible et recyclez-les dans le cas contraire. »

Une relation client à part

Patagonia est obsédée par l'exemplarité et l'applique sur l'ensemble de sa chaîne d'activité. En quelques années, elle a réussi à mobiliser plusieurs grandes entreprises américaines, dont Levi's[1] ou Gap, sur des sujets comme le recyclage, l'amélioration des conditions de travail et une nouvelle approche des collections.
Patagonia est l'une des marques d'articles outdoor parmi les plus actives et militantes sur les réseaux sociaux. Elle a fait du dialogue avec ses employés, ses fournisseurs, ses clients et les activistes le cœur de sa politique. Plus d'un million et demi de personnes la « like » sur Facebook.
Elle compte plus de 4 millions d'abonnés sur Instagram avec plus de 2 300 publications autour de son mot d'ordre : « *We're in business to save our home planet* » (nous sommes

1. Voir page 100.

en affaires pour sauver notre planète). Sur YouTube, Patagonia popularise ses combats avec des vidéos qui dépassent régulièrement le million de vues, par exemple avec son spot en faveur de la sauvegarde du saumon sauvage. Ce dialogue est au cœur du développement de la marque, qui met en avant sa volonté de « cocréation ». En effet, Patagonia pousse la valorisation des idées et des propositions de ses clients. Il s'agit de concrétiser le principe d'une forme de « copropriété » de la marque qui se traduit par davantage d'information, de discussions dans les boutiques, de prise en considération des propositions ou des projets apportés par les adeptes de la marque. Le dialogue productif n'est donc pas une stratégie destinée à fidéliser les clients, mais la ligne de conduite d'une marque qui prône depuis son origine une autre forme de relation.

À retenir

1 *On n'invente pas une « marque à mission ». Elle existe avant dans l'esprit de ceux qui l'ont fait naître, dans les actes essentiels.*

2 *La démarche environnementaliste doit d'abord se prouver. Elle peut servir à la communication et elle n'est pas un levier « sans matière » d'autant que le sujet est hautement sensible aujourd'hui. L'exemplarité est concrétisée par les actes, plus que par les discours.*

3 *Une raison d'être sert à inspirer la production, le marketing, la communication et le style des produits. À leur tour, ils vont nourrir le contenu de la marque, lui donnant une véracité exemplaire par les actes. C'est la relation vertueuse entre la marque et ses acteurs.*

Sécurité routière

Karl Lagerfeld

En France, la lutte menée depuis 1982 pour la sécurité routière a été ponctuée de campagnes de communication plus ou moins marquantes, mais très médiatisées. La dimension émotionnelle et la place donnée aux traitements choquants* (shockvertising) *sont très présentes, mais pas suffisantes pour réduire sensiblement les dangers. La campagne de 2008 avec Karl Lagerfeld va casser les codes en misant sur l'humour et le décalage.

La grande majorité des campagnes destinées à la vigilance en matière de conduite, d'usage de l'alcool, de discipline au volant à l'ère du téléphone mobile, rencontre l'appui du public, mais l'appréciation positive n'implique pas une transformation de la conduite personnelle. Autrement dit, les actes ne suivent pas les paroles, sauf si elles s'accompagnent d'une augmentation des politiques répressives. Les actions menées en France depuis les années 1980 confortent cette logique et la baisse constante de la mortalité va de pair avec un fort accroissement des politiques visant directement la conduite. La hausse des peines, l'intensification des contraventions, l'expansion de la présence nationale des radars et des limitations de vitesse et plus globalement une attitude stricte des forces de l'ordre ont eu des effets directs sur la courbe de mortalité : plus de 10 000 morts par an en 1990, 5 000 en 2005 et autour de 3 250 en 2018, année record.

L'art du contresens

Alors que le *shockvertising* semblait la norme en matière de communication sur certains types de causes et de sujets, la sécurité routière s'oriente vers un registre rarement utilisé : l'humour et le décalage, incarnés par une personnalité largement connue par les Français, Karl Lagerfeld. Comme toutes les campagnes de prévention, hormis quelques exceptions (comme le fameux « Un verre, ça va, trois verres, bonjour les dégâts » de 1984), les registres demeurent relativement normés et donc attendus (telle une leçon de morale), tandis que les expressions changent.
En 2008, afin de populariser l'utilisation du gilet jaune pour les automobilistes et les cyclistes, signifier l'importance de son usage et de sa présence dans le véhicule, l'agence Lowe Stratéus va prendre le spectateur au dépourvu, créant une affiche parfaite qui conjugue les attendus de toute démarche de cette nature : la reconnaissance/attribution, la valorisation de l'émetteur et du récepteur, l'agrément de la campagne et l'approbation de sa démarche, la capacité à favoriser le passage à l'acte (sur ce sujet, les mesures sont plus complexes car une campagne d'affichage ne peut évidemment pas suffire à éduquer les publics et elle est davantage le révélateur d'une politique, d'une tendance).
La transformation des habitudes est le seul et unique levier qui permet de passer de l'approbation à la transformation réelle des habitudes quotidiennes. Cette campagne est remarquable car la couverture médiatique par tous les grands médias a offert beaucoup plus qu'un complément à l'effort d'achat d'espace de la Sécurité routière (moins d'un million d'euros pour la campagne nationale d'affichage) en lui conférant un statut d'information : l'effet a été démultiplié par la présence dans les émissions de télévision, les temps d'information, par la reprise du visuel dans tous les titres de la presse quotidienne et dans les magazines...
Si cette campagne n'a pas généralisé l'adoption du gilet jaune, elle a été reçue très positivement et son rôle a été important, assurant une présence visible, étonnante et mémorisable.

L'art du paradoxe

Depuis des décennies, la communication a été critiquée pour sa tendance à montrer des mondes parfaits, des personnages d'une grande beauté et des environnements toujours positifs.
Là, c'est l'inverse : les propos tiennent de la critique de ce gilet : « C'est jaune, c'est moche, ça ne va avec rien. »
Le paradoxe est bien employé, il répond à l'un des premiers enseignements de toute communication : la création d'un effet qui suscite l'intérêt, le trouble, la surprise... Car malgré ces désavantages, ce gilet « peut sauver la vie ». Or, comme si ce paradoxe ne suffisait pas à créer la surprise ni aider à réfléchir au propos, un second effet vient surprendre, étonner puis faire sourire. La présence du célèbre couturier Karl Lagerfeld, qu'on imagine partout, mais certainement pas en panne sur une route départementale, habillé en tenue de soirée recouverte du fameux gilet, déroute. En effet, la communication, quels que soient le sujet, la marque ou le produit, a toujours besoin d'un paradoxe, d'un décalage, d'un *twist* qui permet de capter l'attention d'un public qui ne se lève jamais le matin en ayant envie de voir une affiche (*a fortiori* de la Sécurité routière).

Cette campagne est une belle leçon pour comprendre la construction du paradoxe parce qu'il se situe à la limite du possible et du réel et parce qu'il prend finalement au sérieux le spectateur et sa capacité à comprendre le vrai message situé derrière ce spectacle et ce décalage théâtral. Pour des populations qui reçoivent tous les jours par des voies différentes des messages de prévention, de la consommation d'antibiotiques à l'importance de voter, de la vaccination à la lutte contre les déjections canines, capter l'attention n'est pas aisé. Et une fois que ce premier objectif a été atteint, la démarche institutionnelle doit lier ce *twist* avec une proposition (action, prise de conscience) pour être utile.

La puissance de la formule consiste à conjuguer deux vérités d'une totale disproportion : l'esthétique contestable d'un gilet et sa capacité à sauver une vie. Elle apporte une dimension tendance dans un univers qui ne l'est pas. Ce paradoxe est amplifié par Karl Lagerfeld, personnage fortement médiatique.

Son étonnante apparition permet de donner une forme maline de modernité à un propos qui, sinon, s'installerait dans la banalité des recommandations sanitaires et sécuritaires. Toute l'intelligence de la campagne tient dans la présence parfaitement justifiée de cette icône de la mode qui peut affirmer avec l'autorité du connaisseur que ce gilet a tous les torts esthétiques, mais peut accomplir l'essentiel : sauver la vie.

Pour l'anecdote, Karl Lagerfeld a donné son accord pour cette campagne, mais il n'a jamais posé avec le gilet jaune.

Ce dernier a été incrusté à l'aide d'outils numériques. « Cet homme inclassable, ambigu, ascétique, talentueux et déroutant a la faculté de capter notre attention au moindre de ses gestes.

Bien conscient de la fascination qu'il exerce sur le public, Karl Lagerfeld a accepté de poser pour la sécurité routière afin de sensibiliser la population à de nouvelles règles en la matière[1]. »

L'art de capter l'attention

Cette campagne a été considérée comme un véritable succès puisqu'elle a eu le mérite — et ce n'est pas anodin — de permettre que le sujet fasse l'actualité plusieurs jours durant.

Le fait qu'une opération devienne un sujet de discussion et de médiatisation et qu'elle soit plus un point de départ qu'une fin de parcours, c'est la définition même de la communication moderne à l'ère des réseaux sociaux (qui venaient alors à peine d'émerger), des blogs et des influenceurs, des multiples médias. Pour y réussir, il faut capter l'attention des publics et des prescripteurs plus que par le simple choc d'une image.

Il faut un parfait équilibre entre l'idée et le fond, entre ce qui appartient au domaine de la représentation et ce qui construit un message persuasif.

1. « Karl Lagerfeld pour la sécurité routière », Tendances-de-mode.com.

Choisir Karl Lagerfeld sur un tel sujet n'était pas évident, pas plus qu'il n'était pas aisé de choisir une formule, la seule sur l'affiche, qui dit tout haut ce que tout le monde pense : ce gilet est totalement inesthétique. Mais c'est la condition première de toute grande « performance » en communication que de rencontrer un public parce qu'on le surprend, en sachant unir la justesse du propos et la créativité de l'expression.
En obtenant des scores nettement supérieurs aux standards comparables en termes de reconnaissance, de mémorisation et d'agrément, cette campagne a littéralement boosté une décision utile à la sécurité de tous sur la route. Elle a sans doute atténué le mécontentement des automobilistes qui affrontent une nouvelle menace d'amendes en cas de non-possession, ce qui avait été largement médiatisé et pas toujours pour la meilleure appréciation d'une telle mesure.
Grâce à un impact médiatique explosif sur les médias institutionnels, mais également sur toute la sphère mode du web (presse, blogs, sites spécialisés, personnalités et influenceurs...), la mesure gouvernementale a bénéficié d'une exceptionnelle exposition qui a rapidement permis de la populariser, de la faire comprendre et de la faire accepter plus facilement par les automobilistes.

À retenir

1 *L'utilisation d'une star dans une campagne de communication sociale a souvent de l'impact. Mais quand la présence d'une star est paradoxale, l'intérêt du public est plus élevé et, surtout, le discours est amplifié par les relais d'opinion. Notons également que la campagne a été détournée par divers mouvements politiques et sociaux, comme les Gilets jaunes ou les Verts, ce qui confirme son impact sur l'opinion publique.*

2 *Une communication sociale est un processus, un vecteur qui diffuse vers de multiples directions (réseaux sociaux, blogs, sites, médias, influenceurs...). Il irrigue une dynamique épidémiologique de l'information et de la communication.*

3 *Une campagne pour le « bien commun » doit faire de l'expression publicitaire un prétexte à la médiatisation, à la diffusion générale du questionnement soulevé et un sujet central de discussion.*

IBM

« Smart Ideas for Smarter Cities »

En 2013, IBM lance une campagne de communication qui s'inscrit dans une logique corporate plus vaste. Il s'agit de démontrer l'implication de l'entreprise pour créer des villes meilleures. L'objectif est de souligner la volonté de prendre part au mouvement plus global des* tech for good*, qui vise surtout à donner plus de sens à l'innovation. C'est une campagne remarquable et originale, forte par sa puissance d'évocation, humaine et d'une compréhension immédiate.

La campagne « Smart Ideas for Smarter Cities » n'est pas une initiative soudaine et opportuniste. En effet, c'est à la fin des années 2000 qu'IBM prend un tournant stratégique risqué et d'une très grande ambition. Celui-ci repose sur une idée qui peut paraître évidente aujourd'hui, mais qui ne l'était absolument pas à l'époque : le rôle positif que les technologies numériques peuvent et doivent avoir sur nos environnements, sur le commerce de détail et sur les transports, sur la finance et sur l'organisation des villes, sur la santé et sur tous les champs de l'activité humaine. Le terme « *tech for good* » indique cette base théorique qui considère que la transformation économique, culturelle et sociale peut se faire de manière positive aussi grâce aux technologies. IBM décide alors d'en faire un objectif hautement stratégique et les multiples efforts de l'entreprise, par ses services et ses innovations avec l'appui de ses politiques de communication, viseront à renforcer l'équation entre transformation numérique et progrès global. Le concept est simple : à Paris, trois différents panneaux publicitaires sont devenus un abri contre la pluie, une rampe pour éviter les escaliers et un banc.

Revenir à sa raison d'être

La campagne d'affichage dont le succès international a été inversement proportionnel aux moyens mis en œuvre est une illustration concrète ainsi qu'un concentré du sens que donne IBM à sa vision *smarter planet* et *smarter cities*. Mais cette démarche est surtout cohérente avec les efforts et les besoins de l'entreprise. Elle fait partie des obligations que toute communication institutionnelle doit mettre en avant. Parfois, elle le fait à travers de grandes sagas. Dans d'autres cas, c'est par l'intermédiaire de communications plus classiques, utilisant des démarches relationnelles sous forme d'actions de lobbying, d'opérations plus médiatiques, de sponsorings, d'opérations caritatives... Les outils ne manquent pas ni les raisons qui poussent les entreprises à parler d'elles-mêmes, de ce qu'elles veulent être et apporter, et pas seulement de ce qu'elles fabriquent et commercialisent et des avantages que le client aura s'il acquiert leur marque et leurs produits. « Smart Ideas for smarter cities » est particulièrement riche d'enseignements et mérite de passer du stade de campagne à connaître au statut de cas à étudier. En premier lieu, elle dépasse le statut de la seule communication : la volonté de travailler autour du concept de *smarter cities* est une direction pour la politique globale de l'entreprise, pour ses offres et ses services. La campagne réalisée en France est une forme habile qui, à la fois, résume, démontre et valorise l'idée qu'IBM a pour mission de rendre la vie meilleure dans les villes comme dans les entreprises, dans le quotidien des gens et de ses clients. En ce sens, cette démarche diffère des actions de communication classiques dont on détecte vite les objectifs de vente, de persuasion. IBM se concentre davantage sur l'influence et met en œuvre une communication bien plus complexe qu'une campagne d'affichage habituelle : certes, il y a les personnes qui verront les panneaux dans la rue et apprécieront la campagne, mais surtout il y aura celles qui ne la verront que par l'intermédiaire de la médiatisation par les réseaux sociaux, les influenceurs, les divers médias grand public ou professionnels, en France et partout dans le monde. La puissance de cette campagne n'est pas dans sa finalité évidente — une affiche qui transmet un message aux individus qui la contemplent —, mais dans la volonté de toucher un public qui va découvrir ailleurs et autrement ce même message. En ce sens, « Smart Ideas for smarter cities » définit bien la modernité d'une campagne de l'ère numérique, de la mondialisation de l'information, du rôle essentiel des relais d'opinion et des réseaux sociaux.

Quand l'affichage dépasse sa fonction

L'idée, si simple, est pourtant très riche : comment affirmer le sens d'une entreprise ? En s'éloignant des notions d'offres et d'arguments, en se focalisant sur le spectacle, sur une démonstration limpide d'un positionnement : celui d'un fournisseur de solutions. Le but est de montrer qu'IBM se range du côté de

celles et de ceux qui transforment de manière positive et durable les villes, *people for smarter cities*.
Comme la plupart des grandes campagnes qui donnent le sentiment, une fois réalisées, qu'il s'agit d'une évidence alors qu'elles sont assez difficiles à imaginer, l'idée est, finalement, assez simple. Comment apporter un plus concret à une ville ?
La solution, très innovante, née du travail d'Ogilvy France, a été de choisir quelques panneaux d'affichage dont l'utilité ne fait pas l'unanimité et de s'en servir pour faciliter la vie urbaine.
Il faut souligner également que le choix de modifier ces panneaux et de les transformer en spectacles légitimes et positifs permettait d'utiliser le média le plus efficace pour toucher les urbains, simples citoyens ou décideurs.
La coïncidence du moyen et du média apporte une très forte implication et une dimension publique, voire sociétale, que d'autres solutions n'auraient pas pu atteindre.
Cette campagne constitue en ce sens le summum de la création : faire passer un message complexe par les moyens les plus simples et transformer un panneau d'affichage en abri contre la pluie, en banc pour s'asseoir et se reposer, en rampe pour faciliter la mobilité. Quoi de plus simple, de plus positif et de plus agréable ? Elle met en scène des « petits riens » qui peuvent changer la vie... Ils prennent encore plus de sens et de puissance à une époque où les peurs d'un monde de plus en plus complexe et de moins en moins humain deviennent quotidiennes. Soudain, symboliquement, quelque chose qui tient de la technologie basique transforme un simple outil de pub en un objet utile pour la ville. Par l'intermédiaire de quelques panneaux ainsi modifiés et par la reproduction de la campagne dans les médias, sur les réseaux sociaux, les blogs et tous les autres vecteurs de transmission et de relais de l'information, des millions de personnes dans le monde vont connaître et apprécier une campagne.
La technologie vient relayer l'affichage et lui permettre de dépasser ses limites.

La force de la viralité

Peu de gens ont vu la campagne d'affichage d'IBM à Paris. Combien de panneaux ? Combien de semaines ? Nous sommes loin des communications classiques sur ce média qui mise sur la densité d'un réseau ou sur la complémentarité de plusieurs afin de couvrir Paris, sa banlieue et la France entière de milliers de panneaux. La campagne, et c'est une spécificité marquante des nouvelles démarches issues des transformations numériques et des nouvelles formes de communication, n'est pas le point d'arrivée mais elle est le point de départ de la démarche. Elle est tout à la fois le booster, le symbole et le prétexte.
IBM a œuvré avec son agence, Ogilvy, selon une logique qui fait de la campagne un prétexte pour en parler plus et autrement, un relais levier de couverture médiatique, une symbolique internationale de son positionnement.
L'un des aspects les plus spectaculaires de cette campagne publicitaire a été la manière dont un concept très simple montrait l'objectif même du programme... mais la présentation était un exemple concret du type de réflexion intelligente qu'ils espéraient réaliser.
En 2013, la campagne a reçu le Grand Prix Affichage des Lions de Cannes.
Finalement, ce type de démarche se rapproche bien plus des modes de

communication d'Act Up, de Peta[1] ou des activistes d'Amnesty International que des démarches publicitaires habituelles. La quête de médiatisation oblige à déterminer un levier suffisamment nouveau et impactant tout en étant justifié, pour que les relais d'opinion se mobilisent. Au-delà des frontières et des cibles traditionnelles, l'énorme mobilisation médiatique à travers le monde résulte d'une préparation qui transforme l'action locale en événement mondial. Les multiples reprises rédactionnelles de la campagne sont de parfaits argumentaires du discours institutionnel d'IBM : vision stratégique, volonté de changement et traduction symbolique en communication par un spectacle novateur. L'éloge d'une simplicité qui cache en réalité une démarche complexe, sophistiquée, d'une très haute ambition. Rien n'est plus complexe que de faire simple.

À retenir

1 *IBM, dans le sillage de marques emblématiques, a compris que la mutation du monde, ainsi que les nouvelles échéances et contraintes vont conduire les entreprises à s'engager. Confrontées à bien plus de devoirs, celles-ci doivent s'interroger sans relâche sur leur mission, non comme un exercice traditionnel de marketing, mais pour des raisons éminemment politiques.*

2 *Cette campagne donne beaucoup de hauteur à la marque, affichant, par les multiples relais médias et par les réseaux sociaux, sa volonté d'alimenter la* tech for good *et son engagement concret pour changer les villes grâce, aussi, à ses technologies.*

3 *La grande modernité de cette campagne tient à sa capacité à intégrer en amont la dynamique des réseaux sociaux. La communication publicitaire n'est alors plus une finalité ni un « assommoir » des spectateurs par la masse de l'investissement. Ce qui compte n'est pas l'affiche en elle-même, mais sa capacité à véhiculer de l'information, du débat, des relais médias, du buzz et toute sorte de questionnement.*

1. Voir page 54.

L'Oréal

« Because I'm Worth It »

Si l'histoire de L'Oréal doit beaucoup à l'avant-gardisme de ses produits, son succès repose sur une stratégie de développement basée sur l'innovation et une savante utilisation des outils marketing et publicitaires. L'Oréal doit aussi beaucoup à sa simplissime signature : « Parce que je le vaux bien ». Imaginée au début des années 1970 pour une teinture capillaire, elle s'est progressivement imposée à l'ensemble des produits de la marque. Une phrase connue du monde entier, indissociable du numéro 1 mondial de l'industrie cosmétique.

Parmi les marques les plus connues de la planète, L'Oréal occupe une place de choix. En 2018, elle était à la 48e place du classement Interbrand[1]. Son créateur, Eugène Schueller (1881-1957), chimiste de formation, met au point en 1907 les premières teintures de synthèse pour cheveux. Deux ans plus tard, il lance ce qui deviendra les fondations de l'empire L'Oréal. Sa capacité à se diversifier et à innover va ensuite permettre au groupe de devenir le mastodonte de l'industrie cosmétique que l'on connaît : de nombreux développements, des acquisitions (Monsavon, Vichy, Lancôme, Kiehl's, etc.) et des innovations, notamment DOP, le premier shampoing grand public créé en 1934, et la première crème solaire conçue en 1935.

L'Oréal, pionnier du marketing et de la publicité

La marque de cosmétiques a très rapidement compris l'importance du marketing et de la publicité. En avance sur son temps, Eugène Schueller a lancé plusieurs magazines grand public et des revues professionnelles pour femmes à la fin des années 1920. Ces publications seront de précieuses tribunes pour vanter les mérites de ses produits. Dans les années 1950, L'Oréal s'intéresse au marché des enfants et, dans cette optique, organise de nombreuses opérations marketing : des concours en tout genre, des radio-crochets, la journée des enfants propres. À l'époque, L'Oréal crée les berlingots DOP, des doses individuelles de shampoing, qui connaîtront un succès commercial durant plus de 25 années. En 1953, Eugène Schueller est distingué par l'Oscar de la publicité. L'année suivante, l'entreprise participe à la création de la société Stafco (statistiques françaises de consommation) à l'origine des premiers panels de consommateurs.

Le grand coup d'éclat publicitaire de la marque va naître un jour de 1971, sous la plume d'Ilon Specht, une jeune assistante de publicité de 23 ans travaillant pour l'agence new-yorkaise McCann Erickson. C'est elle qui imagine le slogan « Because I'm Worth It » (« Parce que je le vaux bien »), en pleine époque de l'émancipation féminine. C'est une révolution ! Pour la première fois dans la publicité, la femme prend le pouvoir et revendique le droit à être ce à quoi elle aspire. Ilon a raconté au

magazine *The New Yorker* quel était son état d'esprit quand elle a écrit ce slogan[2] : « J'étais révoltée par la vision de la femme véhiculée dans les pubs, et je refusais de créer un énième spot fait pour plaire aux hommes. Je me suis dit "allez vous faire voir", et j'ai rédigé le texte en cinq minutes. J'étais en colère et cela m'engageait personnellement. »

Un slogan universel et intemporel

Le génie de ces quelques mots réside dans leur universalité. La jeune publicitaire devait trouver une manière de justifier le prix de vente plus élevé de Préférence, la ligne coloration de L'Oréal

1. « Best Global Brands 2018, Rankings », sur Interbrand.com.
2. Malcolm Gladwell, « True Colors. Hair dye and the hidden history of postwar America », *The New Yorker*, mars 1999.

Paris, par rapport à ses concurrents.
Et de cette difficulté est né ce slogan qui va devenir la signature de toute une marque. Avec lui, la valeur d'une femme ne se mesure pas seulement à l'aune de sa beauté physique, mais aussi à l'estime qu'elle a d'elle-même. Pour la première fois, le message véhiculait son assurance, sa capacité de décision.

> « C'est un slogan très fort, car il est polymorphe et s'adapte à tous les combats. Il aurait pu aussi bien être utilisé par les féministes, les chirurgiens esthétiques ou les nutritionnistes. »
>
> Frank Tapiro, publicitaire et cofondateur de Datakalab.

Il valorise le consommateur L'Oréal et permet qu'il se distingue des autres. Il s'inscrit à la perfection dans son époque, néanmoins il perdure encore. « C'est un slogan très fort, car il est polymorphe et s'adapte à tous les combats, remarque le publicitaire Frank Tapiro[3]. Il aurait pu aussi bien être utilisé par les féministes, les chirurgiens esthétiques ou les nutritionnistes. » Le succès est tel que, dans les années 1980, le slogan va être utilisé pour l'ensemble des gammes de maquillage. En 1997, il fait son arrivée en France et devient celui de toute la marque. Il va progressivement évoluer vers « Parce que vous le valez bien », puis en « Parce que nous le valons bien ». Ce choix de la première personne du pluriel enlève l'aspect égotique de sa première version (« je ») pour signifier une plus forte adhésion à la philosophie et au style de vie de L'Oréal, à laquelle toutes les femmes peuvent souscrire (« nous »).
Le slogan ou la signature de marque sera également adapté à la ligne pour hommes : « Parce que vous le valez bien aussi ». Traduit dans plus de 40 langues, il s'adapte aux différents marchés en fonction des pays et des stratégies commerciales.

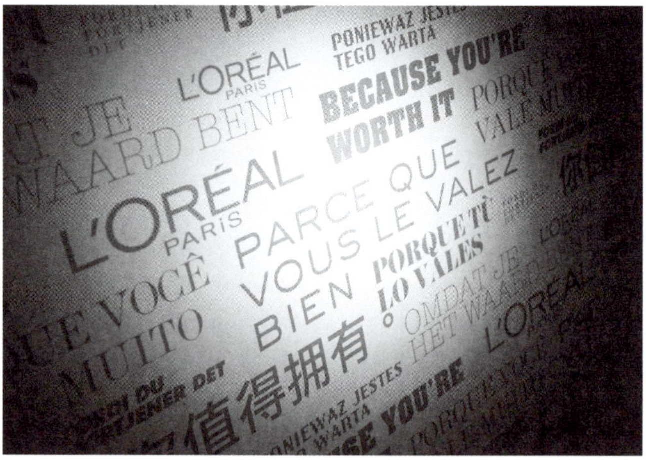

3. Camille Labor, « Un slogan bien enraciné », *Le Monde*, décembre 2011.
4. Hélène Guillaume, « Le slogan le plus beau du monde », *Le Figaro*, novembre 2011.

Un slogan qui s'appuie sur une pléiade de stars

« Ce slogan nous a encore démontré sa modernité et son actualité lors de notre arrivée en Chine, en Inde, au Brésil et, demain, en Afrique » expliquait Cyril Chapuy[4], directeur général de la division Luxe de L'Oréal. « Je rencontre dans ces pays, des femmes en train de s'émanciper, de prendre le pouvoir, et pour qui ces mots sont forts, comme ils l'ont été il y a quarante ans dans la société américaine. Je l'ai vécu en Chine en 1996, avec Gong Li, et en Inde, il y a trois ans, avec Sonam Kapoor, une étoile grimpante du cinéma bollywoodien qui ose raconter dans les interviews qu'elle se sent libre et pas du tout en accord avec la tradition du mariage arrangé. »

La marque s'est appuyée sur de très nombreuses égéries, de 18 à 73 ans pour donner encore plus de poids au « slogan le plus beau du monde ». Ce large panel de femmes, de Jane Fonda à Leïla Bekhti, en passant par Beyoncé, Gong Li, Aimee Mullins (athlète handisport) ou Claudia Schiffer, a permis à de nombreuses femmes et jeunes filles de s'identifier à elles. Et pour les hommes, la stratégie est la même, avec Pierce Brosnan en passant par Éric Cantona. La signature « Parce que je le vaux bien » a définitivement installé L'Oréal comme le numéro un mondial de l'industrie cosmétique.

Avant que l'on commence à parler d'« expérience utilisateur », L'Oréal avait déjà compris tout l'enjeu que cela représente. La force de ces mots clament comme une évidence que L'Oréal met tout en œuvre pour satisfaire sa clientèle exigeante en respectant la personnalité unique de chaque consommateur. Cette signature est exceptionnelle : rares sont celles capables de couvrir toute une marque, d'être universelles et dont le message demeure intemporel.

À retenir

1 *Avec la signature « Because I'm Worth It », on donne la parole aux femmes qui, jusqu'alors, n'avaient peu ou pas voix au chapitre.*

2 *La force du message transcende les époques, les frontières et les cultures. Cet universalisme fait de cette signature de marque l'une des plus connues de l'histoire de la publicité, si ce n'est la plus connue. Outre sa portée commerciale, elle contient un message politique, à la portée immense.*

3 *Trop de mots, trop de phrases peuvent tuer un message. La simplicité est un atout essentiel dans la communication. Ce slogan est simple, épuré, facile à retenir et immédiatement associé à L'Oréal.*

4 *La réussite d'une marque ne repose pas que sur sa communication. La signature de marque « Parce ce que je le vaux bien » a sans doute participé au succès de L'Oréal, mais l'entreprise doit d'abord sa réussite à sa capacité d'innovation : elle dépose de nombreuses demandes de brevets chaque année.*

Kit Kat

La pause tranquille

Depuis plus de 50 ans, Kit Kat nous incite à faire une pause et à croquer dans ses barres de biscuit chocolaté avec son slogan culte « Have a break, have a Kit Kat ». Un mantra universel qui traverse les époques et les frontières sans prendre une ride.

À l'origine même du terme « Kit Kat » se retrouve l'idée de « parenthèse plaisir ». L'utilisation de ce nom pour désigner un type de nourriture remonte au XVIIIe siècle quand des tourtes à la viande de mouton, les *mutton pies*, étaient servies sous le nom « Kit-Kats » ou « Kit Cats » dans la taverne de Christopher Catling lors des réunions du club politique et littéraire londonien, le Kit-Cat Club. Le nom du club et celui des tourtes à la viande de mouton étaient issus de l'abréviation du nom de l'aubergiste. Le terme devint avec le temps synonyme d'en-cas et de pause gourmande. Deux siècles plus tard, en 1911, l'entreprise Rowntree's dépose les marques « Kit Kat » et « Kit Cat » en Angleterre en vue de commercialiser des chocolats pour répondre à la demande accrue de produits de confiserie et parce que la préférence du public britannique s'orientait vers le chocolat au lait au lieu des produits à base d'essence de cacao, plus amer. Apparues en 1935, les premières barres chocolatées et croustillantes de la marque sortent sous le nom de « Rowntree's Chocolate Crisp » avant d'opter deux ans plus tard pour « Kit Kat Chocolate Crisp ». La même année, dans les encarts publicitaires des journaux, Kit Kat commence à utiliser le mot « *break* » pour vanter ses produits, jouant ainsi déjà sur le parallèle entre le fait de briser les barres de chocolat et de prendre un moment de détente[1]. Mais il faudra attendre 1958 pour que le fameux « *Have a break, have a Kit Kat* » apparaisse dans les campagnes promotionnelles de la marque grâce à l'idée brillante de l'agence publicitaire londonienne J. Walter Thompson (JWT) et du créatif Donald Gilles. Un slogan qui fait tout de suite mouche et reste actuel plusieurs décennies après son apparition. Avoir à son actif une formule aussi intelligente, amusante et décalée est un plus pour assurer la promotion d'un produit, mais pas une fin en soi. La poule aux œufs d'or du géant Nestlé[2] en a conscience et, au fil des ans, va faire de ce mantra le cœur de sa communication.

Le salarié stressé, une nouvelle cible

Dans un monde où le travail est devenu une valeur fondamentale, Kit Kat se différencie par son culte de la pause, son ode à la procrastination. Pourtant, à la manière du personnage de bande dessinée créé par Franquin, Gaston Lagaffe, capable de fournir un énorme boulot afin de trouver des solutions géniales qui lui permettent ensuite d'en faire le moins possible, Kit Kat se creuse intensément les méninges pour renouveler sans cesse l'expression de son amour de la détente, poussant toujours plus loin le concept de break. Un modèle de déclinaisons sur le long terme, ponctuées par de nombreuses campagnes mémorables et uniques en leur genre.

L'univers du travail est un terrain de chasse idéal pour la marque anglaise qui, depuis ses débuts, a fait le choix de s'adresser principalement aux adultes. La marque cherche donc à favoriser la pause Kit Kat plutôt que la pause clope ou café. Deux exemples témoignent de cet attrait pour le monde de l'entreprise : la campagne « Break Delivery » (ou « Breaks a Domicilio » en version originale), lancée en 2012 sur les réseaux sociaux au Mexique par l'agence Gelattina, et « La Quête du Break Ultime » conceptualisée pour la France par JWT Paris. La première incitait les salariés à rejoindre la page Facebook de la marque et à y expliquer de manière créative pourquoi ils avaient besoin de faire une pause. Les participants sélectionnés recevaient ensuite une livraison surprise de nombreuses friandises de la marque. La seconde opération, lancée en janvier 2008, proposait un court-métrage d'animation en images de synthèse mettant en scène un trader au bord de la crise de nerfs qui, grâce à une pause Kit Kat, atteignait le « break ultime », laissé à la libre imagination du spectateur. Cette campagne, accompagnée d'un concours permettant de remporter un vol dans l'espace, critique le principe de l'extrême concurrence au travail et a également marqué les esprits pour son heureux timing. En effet, la campagne a été lancée au même moment où l'affaire Jérôme Kerviel, ce trader de la Société Générale accusé d'avoir fait perdre 4,9 milliards d'euros à la banque à cause

1. Au travers de diverses formulations : « The break at 4 o'clock — a Chocolate Crisp » ; « Give yourself a break at teatime » ; « Give yourself a break at 4 o'clock ».
2. Dans son rapport annuel de 2016, Nestlé parle de Kit Kat comme étant la « troisième plus grande marque de chocolat au monde ». En 2012, 540 Kit Kat étaient vendus par seconde.

> Il faut aussi savoir déjouer les codes de la publicité conventionnelle [...], mais il faut aussi aller chercher le public là où il se trouve, y compris sur son lieu de travail.

de prises de risque inconsidérées, a été dévoilée. Une opportunité pour Kit Kat, d'autant que le personnage de sa publicité avait une ressemblance physique assez déroutante avec Kerviel.

Adapter la pause au monde actuel

Kit Kat est également dans l'air du temps, quand elle prend le parti de la déconnexion, un phénomène de plus en plus important à une époque où chacun scrute machinalement son smartphone à tous les moments de la journée.
En 2012, toujours avec la complicité de JWT, Kit Kat décide d'installer à Amsterdam des Free No Wifi Zones. Conçu comme un banc circulaire rouge, le dispositif invite les passants à s'asseoir, pour savourer un Kit Kat, mais aussi échanger, lire le journal et se relaxer, grâce à une technologie qui bloque les ondes wifi dans un périmètre de 5 mètres. Le message de la campagne est explicite : « Le monde devient une grosse zone wifi. Il est disponible dans les bars, les restaurants, les trains, les aéroports, les supermarchés. Il y a même du wifi sur le mont Everest. [...] Il est temps de faire un break. »
Résolument moderne, tournée vers l'humain et pensée pour lutter contre certaines habitudes de la vie courante pouvant devenir toxiques, cette approche sera cultivée par Kit Kat à travers d'autres initiatives. En 2013, c'est le cas du partenariat avec Google pour communiquer autour du lancement de la plateforme Android Kit Kat, car la dernière version de l'époque du système d'exploitation Android de Google portait le nom Kit Kat. JWT Amsterdam proposait alors, durant trois jours, aux passants de s'asseoir à un moment précis sur un banc accolé à un panneau publicitaire pour tenter de gagner une tablette Google Nexus 7.
En 2018, JWT place des Kit Kat Delayed Flight Machines dans les aéroports pour offrir ses produits aux voyageurs lorsqu'un vol est retardé. Connecté aux horaires des avions, le distributeur scanne le billet de l'usager et lui donne un cadeau s'il reconnaît l'existence du retard. En 2016, en collaboration avec JCDecaux et l'agence JWT, la marque installe près des arrêts de bus à Bogota, en Colombie, des panneaux publicitaires d'un nouveau genre. Capables de

produire une vibration au moment où quelqu'un s'adosse contre eux, ces panneaux proposaient des massages gratuits aux voyageurs attendant leur bus.
Des exemples qui démontrent le savoir-faire de la marque pour « hacker » les supports de communication traditionnels. La marque a aussi proposé des panneaux publicitaires montrant une affiche qui ne semble pas être intégralement collée et qui laisse deviner le début du slogan, comme si le colleur d'affiches avait fait une pause. Kit Kat s'associera avec d'autres marques pour provoquer le même effet de surprise. Il faut imaginer l'amusement des Colombiens qui, en 2015, après avoir croisé une affiche publicitaire pour une banque, montrant un homme en train de peindre un salon, tombent quelques jours plus tard sur la même affiche qui propose le même décor, à la différence que, cette fois, l'homme a délaissé son pinceau pour savourer un Kit Kat.
Kit Kat a réussi à accomplir l'exploit d'associer son produit à un moment de détente et de plaisir quotidien. Et surtout, par son souci permanent de créativité, la marque a toujours su renouveler le concept de pause et l'adapter à l'air du temps : peu importe sa forme, la pause Kit Kat est universelle, comme ces barres chocolatées vendues dans plus d'une centaine de pays et qui s'écoulent à plus de 22 milliards d'unités par an.

À retenir

1 *Créer un slogan à partir d'un jeu de mots rappelant son produit, c'est bien. L'associer également à une habitude du quotidien, voire à un geste universel, c'est mieux.*

2 *La force de Kit Kat n'est pas seulement d'aller à contre-courant en proposant des pauses dans un monde en perpétuelle accélération, mais aussi de suivre l'évolution de ce monde-là en développant de nouveaux concepts de pause.*

3 *Pour mieux se démarquer et surprendre la cible, il faut savoir déjouer les codes de la publicité conventionnelle, à travers le détournement du mobilier urbain et la création de supports d'affichage originaux, mais il faut aussi aller chercher le public là où il se trouve, y compris sur son lieu de travail.*

Brand
Success

« La difficulté n'est pas de comprendre les idées nouvelles, mais d'échapper aux idées anciennes. »

John Maynard Keynes
(1883-1946), économiste.

Peta

De l'agit-prop à l'agit-com

Si la stratégie de communication de Peta figure parmi ces 50 réussites exceptionnelles, c'est pour insister sur un succès incontestable. L'association, qui a acquis un statut de marque à part entière, est le symbole de l'activisme moderne, celui qui s'éloigne du militantisme traditionnel fondé sur des outils parfois efficaces, mais vieillissants et faibles sur le plan de l'écho médiatique. Elle constitue l'apothéose de la société du spectacle et de l'activisme médiatique au service d'une cause.

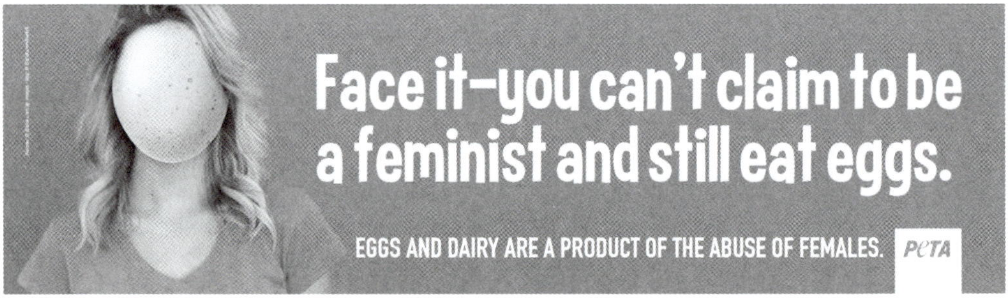

People for the Ethical Treatment of Animals (en français, « Pour une éthique dans le traitement des animaux »), ou Peta, est une association fondée aux États-Unis en 1980 par deux activistes, Alex Pacheco et Ingrid Newkirk, souhaitant agir en faveur du respect des animaux. Ils se font connaître dès la première année à travers une polémique qui va nourrir la présence médiatique de l'association, construisant ainsi les premiers fondements de sa légitimité. La bataille engagée concerne la cruauté envers les animaux, en particulier les singes, utilisés pour des tests en laboratoire. La mise en accusation d'un prix Nobel, finalement innocenté, la publication de photos effroyables (et dont on ne sait pas réellement s'il s'agit d'un habile montage ou de vrais clichés), largement reprises par les médias, donnent à Peta la notoriété dont elle a besoin et qu'elle nourrira abondamment par la suite.

Un combat, plusieurs terrains

Ce qui caractérise l'association, au-delà de sa notoriété acquise par la nature de ses combats et sa manière de militer, est une équation assez rare dans l'univers caritatif. Il y a de grandes institutions, parfois étatiques, qui se battent sur des terrains différents (par exemple la Croix rouge ou la Fondation de France). Elles n'embrassent pas un combat spécifique, ce qui peut les rendre difficilement visibles. À l'opposé, de nombreuses associations militent pour une cause unique qui justifie leur existence. Elles se battent contre la maladie de Charcot, comme l'ALS Association soutenue par l'Ice Bucket Challenge[1], luttent contre le sida, le cancer, la pauvreté, etc.
En ce qui concerne Peta, l'articulation est plus complexe et sans doute plus « moderne » dans son potentiel médiatique. Elle se bat pour une cause unique, mais sur différents terrains de bataille. Aucune confusion n'est possible quant à son but et la diversité des actions nourrit cette vocation globale. Peta fonctionne un peu comme une grande marque, avec une raison d'être, un *brand statement* très clair : le droit des animaux et leurs intérêts, « peu importe qu'ils soient attendrissants, utiles aux humains ou que leur espèce soit en danger, et peu importe que les humains se préoccupent de leur sort[2] ».

1. Voir page 82.
2. Petafrance.com.

L'association est particulièrement proche d'un certain public sensible à ses causes, qui accepte la nature parfois violente et généralement spectaculaire de ses contestations. Elle s'est vite imposée à travers le monde comme la référence en matière de combat en faveur de la condition animale.
Elle bénéficie d'aides de nombreux États, d'institutions et peut surtout compter sur la fidélité de 6,5 millions d'adhérents.

L'art et la manière de se faire remarquer

Si Peta est l'une des associations parmi les plus connues, cette notoriété ne vient pas seulement de la cause. L'universalité des combats de Peta la rend naturellement populaire : essais cliniques sur les animaux, abus de la pêche intensive ou de l'élevage de poissons, combats de coqs ou tauromachie, maltraitance des animaux domestiques, abus dans les abattoirs, procédés cruels de fabrication alimentaire, fourrure... Mais d'autres facteurs et dimensions expliquent son succès inégalé. L'animal occupe une place centrale dans la vie quotidienne des gens, en particulier des enfants.
Le sujet est donc déjà très ancré dans la culture et la société, à la différence d'autres combats moins connus, comme celui contre des maladies rares.
La particularité de Peta est de savoir « casser le mur de l'indifférence » des médias. Pour Peta, les médias ou les réseaux sociaux ne sont pas les récepteurs des messages : ils sont l'objectif. Il convient donc de comprendre leurs attentes et de faire avec. La cause prime sur la pureté morale des moyens qui sont tous bons : s'asperger de sang devant l'entrée d'un

théâtre ; courir sur l'estrade d'un grand couturier utilisant de la fourrure ; proposer des campagnes dites « scandaleuses » et qui seront refusées par les médias ; montrer la réalité la plus crue des abattoirs ; dénoncer la maltraitance des animaux ou les tests utilisés par l'industrie cosmétique... Cette stratégie de l'obstination à toucher le public le plus large possible repose sur le principe que la cause animale ne peut laisser personne indifférent.

Peser dans le débat et les décisions

Peta a rapidement compris que la finalité et la réussite de ses combats, ne pouvaient se limiter à la seule surexploitation médiatique. Elle s'appuie sur un certain nombre d'experts de haut niveau dans ses rangs et cherche, et réussit, à peser sur toutes les parties concernées par ses luttes. De nombreuses actions de lobbying sont menées auprès des administrations, des personnels politiques nationaux et locaux, du monde des affaires et des avocats. En 2002, Peta a ainsi persuadé 40 sociétés de signer un moratoire sur le cuir produit en Inde, où les animaux seraient malmenés, en s'appuyant sur des avocats et des experts afin de produire des dossiers très solides. En 2007, Coca-Cola et Pepsi ont décidé de suivre les recommandations des activistes de l'association et ont cessé les expérimentations sur les animaux. Dans les années 2010, Peta a déployé une stratégie très habile en achetant les actions de plusieurs dizaines de sociétés afin de peser sur leur conseil d'administration. En s'ouvrant ainsi les portes des entreprises, les activistes peuvent trouver un terrain de diffusion de leurs idées, mais également déployer une stratégie préventive en avertissant les investisseurs de ces compagnies des risques que représentent certaines pratiques.

Faire parler de soi

Grâce à des photos et des vidéos, Peta a toujours nourri la médiatisation de ses actions, développé le débat et favorisé l'engagement de ses activistes. Les réseaux sociaux n'ont fait qu'apporter des supports supplémentaires, de nouveaux outils de mise en relation pour diffuser ses mobilisations. L'utilisation fréquente d'artistes (comme Arielle Dombasle posant nue pour promouvoir le véganisme) fait monter les scores de viralité et crée « un phénomène sur le phénomène ». Réelles ou symboliques, les tactiques très agressives menées par l'association depuis sa naissance sont la conséquence d'une réflexion sur la société des médias. Pour Peta « *no publicity is bad publicity* ». L'association a rapidement recruté des militants aguerris qui ont su tirer les leçons des échecs des activismes traditionnels : tous les moyens sont permis y compris flirter avec les limites éthiques et l'intégrité des médias. « Nous ferons des choses extraordinaires pour faire connaître la cruauté envers les animaux au monde, car nous avons appris par expérience que les médias ne considèrent malheureusement pas ces terribles faits assez intéressants à couvrir. Il est parfois nécessaire de secouer les gens[3]. »

Avec Peta, une nouvelle manière d'agir est apparue et son modèle sera imité et adapté par les ONG. Par exemple, Act Up recouvrira d'un préservatif l'obélisque de la Concorde à Paris, en décembre 1993. Cette action donnera à l'association de lutte contre le sida une notoriété jamais égalée par ses actions précédentes et sera une source d'inspiration pour ses opérations futures. Les activistes du mouvement féministe Femen vont également s'inspirer de Peta, avec des happenings lors de conférences de presse, de manifestations et de meetings, généralement les seins nus et le corps recouvert de slogans. Le corps devient un support de communication attirant les médias à la recherche de nouveauté et d'images-chocs, comme le montrent aussi le « die-in » (sit-in de plusieurs dizaines de personnes qui font les morts) ou le « zap » (maculer de sang un opposant).

3. Peta.org.

À retenir

1 *Peta s'est imposée, partout dans le monde, comme le groupe d'action et de combat en faveur de la cause animale. En matière de médiatisation, le but, comme pour une marque, est de capter l'essentiel, à savoir l'attention, sans se dévaloriser.*

2 *La force de l'association, comme celle des grandes marques, est de savoir articuler une grande mission fédératrice qui va inspirer une pluralité de « combats » (d'innovations, d'offres, de services, de produits) lesquels, à leur tour, vont nourrir la force directrice.*

Michel et Augustin

Les entrepreneurs guérilleros

Yaourts, biscuits, mousses au chocolat, jus de fruits, sablés... Depuis son lancement en 2004, la marque Michel et Augustin diversifie ses produits, mais communique toujours de la même façon, en s'inspirant de la guérilla marketing et en mettant en scène chaque composante de son succès. L'objectif est de faire connaître l'univers gustatif des « trublions du goût » tout en promulguant l'entrepreneuriat. Un double discours surprenant pour une marque du secteur agroalimentaire.

Le culot ne coûte pas très cher, mais peut rapporter gros. Le cas de la marque Michel et Augustin en est un bon exemple. Devenue aujourd'hui une entreprise fructueuse[1] tombée dans l'escarcelle du leader Danone[2], elle n'a pas toujours eu la force de frappe financière pour faire face aux géants de l'agroalimentaire. La marque l'affirme elle-même dans une vidéo retraçant ses débuts, postée sur sa chaîne officielle YouTube : « Notre budget publicitaire en sept ans ? Le prix de cinq Kangoo avec toutes les options. » Une goutte d'eau dans l'océan qui n'a cependant pas empêché le duo de se faire connaître en mouillant sa chemise et en multipliant les *happenings*.
À défaut de pouvoir s'acheter tous les panneaux publicitaires de France afin de faire connaître leur entreprise et leurs produits, les fondateurs Michel et Augustin ont privilégié un système D entre débrouille, détournements et dérision.

De l'audace pour rivaliser

À les voir arpenter les quais du métro parisien ou les trottoirs de la capitale vêtus uniquement d'un pagne et de fausses taches noires de vache collées sur le torse, on a presque du mal à croire que Michel de Rovira et Augustin Paluel-Marmont sont les créateurs de la marque Michel et Augustin. Ces deux anciens élèves du collège jésuite Saint-Louis-de-Gonzague, dans le 16e arrondissement de Paris, tentent des choses que de nombreux patrons n'oseraient jamais envisager, ne serait-ce qu'une fois dans leur vie. Ces amis de longue date, tous deux passés par une école de commerce avant de s'intéresser à la pâtisserie et la boulangerie[3], n'ont pas vraiment la gueule de l'emploi, ou plutôt le comportement que l'on associe généralement aux dirigeants d'entreprise. Pourtant, c'est à travers ce genre d'opérations de *street marketing* (ou marketing sauvage), initiées dès le début, que la marque va étoffer sa réputation année après année, construire son identité et lui permettre de séduire des lieux prescripteurs comme Colette, La Grande Épicerie de Paris ou les Galeries Lafayette, avant de s'attaquer à la grande distribution et d'investir dans des canaux de communication plus conventionnels comme l'affichage et la pub télé.
« Agiter notre imagination et non notre portefeuille : c'est notre credo, expliquait ainsi Michel de Rovira au site d'information GPO Magazine, en 2015. Nous sommes dans un métier où de grands groupes comme Danone, Unilever ou Nestlé investissent assez facilement une dizaine de millions d'euros en plan de lancement dans la communication. [...] Notre seule façon d'émerger est d'utiliser une communication vraiment différente, tant sur le fond que sur la forme. C'est pour cette raison que nous avons fait le choix d'une communication décalée qui correspond d'ailleurs à notre intention initiale. »
À l'occasion de la mise sur le marché de leurs produits « La Vache à boire », Michel et Augustin ont entre autres hacké le lancement de « Les 2 Vaches » de Danone : ils ont envoyé un yaourt, des échantillons et un prospectus de leur marque à chaque journaliste se rendant à la conférence de presse de Danone. Ils ont aussi réussi à déposer une bouteille de leur « Vache à boire » sur le pupitre de Bill Gates, lors du Salon des entrepreneurs, en 2007, à Paris.

Le coup d'éclat Starbucks

Le fun et l'audace de la marque vont connaître leur apogée en juin 2015, grâce à un coup de génie. Pas besoin de longues sessions de *brainstorming* pour créer l'événement. Tout démarre par un appel téléphonique, un vendredi soir, à l'antenne new-yorkaise de Michel et Augustin. À l'autre bout du fil, l'assistante du PDG de Starbucks[4], Howard Schultz, explique vouloir des échantillons de la marque pour un comité de dégustation organisé le lundi suivant à Seattle. Le samedi matin,

1. Selon *Les Échos*, 50 millions d'euros de chiffre d'affaires en 2018.
2. Le géant de l'agroalimentaire détient 95 % des parts de Michel et Augustin depuis avril 2019.
3. Après différentes expériences professionnelles, Augustin a décidé d'obtenir un CAP-BEP de boulanger en 2001. Une fois l'aventure lancée, il sera imité par Michel, titulaire d'un CAP de boulanger depuis 2013.
4. Voir *Brand Success*, tome I, page 196.

à Paris, plutôt que de payer une expédition express de ses produits, l'équipe décide d'envoyer deux personnes sur place, Charlotte Cochaud et Hassan Strauss, respectivement Brand Content Manager Vidéo et chef de projet audiovisuel du fabricant à l'époque. Et pour convaincre Starbucks en moins de 48 heures de laisser les deux Français s'entretenir avec son patron, Michel et Augustin décident de lancer la campagne #AllezHowardunCafé sur les réseaux sociaux, incitant tous les fans de la marque à relayer le message. Cette drôle d'aventure, improvisée et humaine, sera couronnée de succès et permettra non seulement aux produits d'être vendus par l'enseigne américaine, mais aussi de contribuer à renforcer l'image positive de la marque : son positionnement original consiste à mettre toujours en avant ses employés avec le plus de transparence possible.

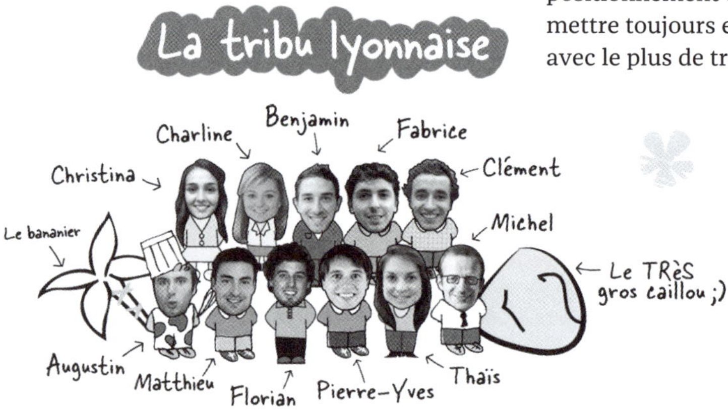

La com' de l'entrepreneuriat et du bien-être au travail

En effet, une simple visite sur le site internet de Michel et Augustin permet de se rendre compte immédiatement du caractère original de la marque et de son obsession pour un modèle d'entreprise plus conviviale et responsable. Au quotidien, comme pour ses temps forts ou ses lancements, elle alimente sans discontinuer ses réseaux de communication pour montrer celles et ceux, souvent mis en retrait, qui travaillent et participent à l'essor de l'entreprise. Toutes les étapes d'élaboration des produits — de la conception en cuisine au design du packaging[5] en passant par les coulisses des opérations de com' — sont volontairement présentées sur leur site par les « trublions ». Ainsi, en plus du *storytelling* sur l'amitié de longue date qui unit ses fondateurs, Michel et Augustin renvoie volontairement l'image d'une entreprise idéale, quasi familiale, jusque sur les paquets de leurs produits où il n'est pas rare de trouver une photo des employés, les numéros de téléphone et les adresses mail des créateurs pour renforcer ce principe d'accessibilité — et collecter quelques données clients des consommateurs.

Cette ouverture sur le monde est symbolisées par un lieu-clé, la Bananeraie, le QG parisien de la marque qui fait également office de lieu d'événements, de rencontres et de formations. On y échange des idées et l'entreprise s'enrichit de la passion de chacun. Un véritable hymne à l'entrepreneuriat responsable :
« La marque s'est donné deux missions : partager en temps réel l'aventure avec le plus de monde possible et concevoir elle-même les produits en cuisine. Tous nos chefs produits ont un CAP pâtissier et peuvent ainsi tester leurs idées à la Bananeraie. Or, pour cela, il faut que ce soit des recettes simples, gourmandes et avec des ingrédients de qualité. Ce qui se retrouve ensuite tel quel dans nos produits[6]. »

Ainsi, en véritables francs-tireurs, avec des produits portant « une promesse de naturalité des ingrédients » et une image « rigolote[7] », les fondateurs n'ont pas seulement réussi à séduire le public et les professionnels, ils sont également parvenus à bâtir une entreprise résolument moderne, à la fois décalée et sérieuse, soucieuse du bien-être de ses salariés et de la qualité de ses créations. « Chez Michel et Augustin, la morosité n'a pas lieu d'être », a déclaré Michel de Rovira, en 2015. Un mantra qui se retrouve dans la stratégie marketing de l'entité et qui vaut donc autant pour les étals de ses magasins que pour ses bureaux. Un miroir qui reflète pleinement son identité. Michel et Augustin a su séduire à la fois les consommateurs et les partisans d'une nouvelle forme d'entreprise qui accordent autant d'importance à la qualité de vie au travail qu'aux profits générés par ses produits.

À retenir

1 *Ne pas avoir de budget communication significatif n'empêche pas de communiquer : il suffit de faire preuve de culot et créativité.*

2 *Le cas #AllezHowardunCafé est l'exemple type d'une communication réussie sur les réseaux sociaux, associant humour, dimension humaine, audace et mise à contribution de la communauté. Nul doute qu'elle aurait également permis à l'entreprise de générer de l'empathie auprès de son public même en cas d'échec.*

3 *Montrer que l'on est une entreprise sympathique, qui valorise le bien-être au travail, passe aussi par le fait d'ouvrir ses locaux à tous, de raconter le travail quotidien de ses employés et de les valoriser. Une approche qui renforce aussi le lien de confiance entre le consommateur et la marque.*

5. Michel et Augustin possède une agence de design en interne pour se démarquer du packaging de ses concurrents et être maître de sa communication.
6. Charlotte Cochaud, « Ce qui n'a pas été dit sur le partenariat entre Starbucks et Michel et Augustin », Lareclame.fr, 2015.
7. Michel de Rovira, interviewé par Gabriel Dabi-Schwebel, fondateur de l'agence 1min30, en 2013.

Daft Punk

Du neuf avec du vieux

***Daft Punk dans* Brand Success *? S'agit-il d'une hérésie ? Absolument pas ! Ce duo n'est pas qu'une énorme réussite musicale. C'est un parfait cas d'étude marketing, entre culture du secret et clins d'œil au passé ; c'est une marque, avec un logo et une silhouette identifiables ; c'est un produit taillé pour générer un succès* harder, better, faster, stronger.**

Pour comprendre le phénomène Daft Punk dans sa globalité, il convient d'abord de s'attarder sur la pratique du *sampling* (échantillonnage). Née dans les années 1940-1950, popularisée par les pères fondateurs de la musique concrète et électroacoustique (Pierre Henry, Pierre Schaeffer...), avant de devenir essentielle pour des genres musicaux très divers (rap, musique électronique, pop, rock...), cette pratique consiste à extraire une partie d'un enregistrement préexistant pour l'utiliser, en l'altérant ou non, et donner lieu à une nouvelle création. Une manière de piocher dans ce qui a déjà été fait, pour innover plus que plagier, inventer plus que copier, citer et rendre hommage plus que falsifier. Cette approche a été élevée au rang d'art par les Français Thomas Bangalter et Guy-Manuel de Homem-Christo.

Une machine à tubes, mais surtout une machine à recycler

Dès 1997[1] et la sortie de *Homework*, chef-d'œuvre intemporel, le duo Daft Punk montre un talent insolent pour le recyclage. Sur ce disque qui va faire perdre la tête à plus d'un danseur aux quatre coins de la planète, la house, l'électro et la techno s'abreuvent et se nourrissent subtilement d'un nombre important d'emprunts, plus ou moins identifiables, plus ou moins cachés, provenant d'artistes illustres ou méconnus. Ainsi, si le mélomane néophyte imagine écouter de la musique uniquement sortie de l'imagination fertile d'un groupe français, les oreilles les plus averties réussissent à déceler çà et là plusieurs sources d'inspirations brillamment triturées, très souvent issues des années 1970, du disco et du funk. Le titre *High Fidelity* échantillonne *Just the Way You Are* de Billy Joel. L'hymne *Da Funk* récupère des éléments de *Bounce, Rock, Skate, Roll* de Vaughan Mason et de *I'm Gonna Love You Just a Little More Baby* de Barry White. Le morceau *Indo Silver Club* ? Une subtile transformation de *Hot Shot* de Karen Young.

Démontrant la dextérité des deux artistes ainsi que la richesse de leurs influences et racines musicales, ces manipulations vont encore plus loin quatre ans plus tard, avec l'album *Discovery*[2] et les samples d'Eddie Johns sur *One More Time*, Sister Sledge sur *Aerodynamic*, George Duke sur *Digital Love*, Barry Manilow sur *Superheroes* ou encore Edwin Birdsong sur *Harder, Better, Faster, Stronger*. Par la suite, *Human After All*, sorti en 2005, continue de témoigner de l'attachement du groupe au *sampling*, tout comme *Random Access Memories*, album sorti en 2013 qui marque un tournant dans l'approche de Daft Punk. En effet, le groupe profite de son succès pour inviter des artistes qu'il aurait sans doute samplés auparavant, comme Nile Rodgers du groupe Chic, Paul Williams ou encore Giorgio Moroder. Une démarche qui, pour les marketeurs, représente un bel exemple de *co-branding* : la force de *Get Lucky*, le premier titre de l'album, vendu à près de 10 millions de copies, repose aussi sur la présence de Pharrell Williams et Nile Rodgers, deux stars intergénérationnelles. C'est aussi une façon d'exprimer le changement de statut du duo français : comme leurs invités sur le morceau, ils sont habillés en Yves Saint-Laurent, n'ont plus rien à prouver et appartiennent au cercle très fermé des superstars.

Revêtir sa propre légende

Au-delà du talent de production, la force de Daft Punk réside également dans cette manière de concevoir le *sampling* en dehors du cadre musical. Le casque flamboyant, apparence bien installée au panthéon de la pop culture, est en effet un clin d'œil à une autre formation française : Space. Créé en 1977 par Didier Marouani et Roland Romanelli, ce groupe de synthpop (ou electropop) a vendu plus de 20 millions de disques en trois albums à travers le monde, ce qui l'a hissé au rang de premier groupe français à obtenir un succès planétaire.

1. Même si les puristes pourront citer les maxis produits par le duo entre 1993 et 1996.
2. *Discovery* donnera d'ailleurs naissance à une série de clips et au long-métrage *Interstella 5555: The Story of the Secret Star System*, confiés à Leiji Matsumoto, le père d'Albator. Un nouveau clin d'œil de Daft Punk au passé et à leur enfance.

Sur la pochette de leur premier et mythique album, *Magic Fly* (1977), on voit trois personnages casqués (l'un à la batterie, les deux autres aux claviers), au look spatial et futuriste. Les membres du groupe porteront cette tenue en concert... comme le feront Thomas et Guy-Manuel deux décennies plus tard. « Il y a quelques années, ils ont dit qu'ils étaient les fils spirituels de Space, ça fait plaisir », assurera Didier Marouani en 2018.

L'attrait pour l'anonymat est un élément fort de Daft Punk. Même si des photos des deux DJ-producteurs existaient avant leur choix définitif de se muer en robots futuristes, la plupart des fans resteront longtemps dans l'impossibilité de connaître le visage des hérauts de la French Touch. « Il y avait une volonté de rester anonymes pour des raisons personnelles et qui collaient à la musique instrumentale, confiait le duo en 1997 aux *Inrockuptibles*. Par la suite, on a réalisé qu'il y avait un vrai déficit en termes de contenu lié à ce choix d'anonymat ce qui nous a encouragés à remplacer nos visages par des masques, puis des robots. On a créé un univers qu'on allait nourrir, enrichir. Car c'était aussi important que la musique en termes de processus créatif. » Savamment entretenu, ce mystère participera à la renommée des deux hommes en suscitant une grande curiosité et renforcera encore leur légende. Cette attirance pour la discrétion s'accompagne aussi d'un mutisme volontaire. Le groupe n'accorde que très peu d'entretiens à la presse et ne communique que très rarement sur ses projets en cours ou ses dates de tournées. Cela est idéal pour provoquer un effet de surprise à chaque prise de parole.

Le duo français n'a cependant pas inventé le principe de l'anonymat : le groupe de rock d'avant-garde The Residents avançait à visage couvert dès le début des années 1970, comme le guitariste alternatif Buckethead dans les années 1990. De son vrai nom Brian Patrick Carroll, ce dernier apparaît toujours masqué et avec un seau en carton renversé sur la tête, d'où il tire son nom de scène, et répond aux entrevues par l'intermédiaire d'une marionnette. Le groupe artistique Blue Man Group ou encore les métalleux de Slipknot sont aussi adeptes du port de masques. D'autres univers cultivent ce goût pour le mystère, comme la littérature, avec Elena Ferrante ou Thomas Pynchon, ou l'art contemporain, avec Banksy ou Invader. Cet anonymat est capable de susciter un grand intérêt et nourrit fantasmes, rumeurs et un nombre incalculable de théories plus ou moins alambiquées.

Un brand logo lui aussi culte

Le dernier coup de maître de Daft Punk concerne le logo du groupe. Dessiné par Guy-Manuel de Homem-Christo et inspiré, selon la légende, par la typo du titre du film de Michael Mann, *Thief* (1981), il trône sur les pochettes de *Homework*, *Discovery* et *Human After All*, les trois premiers albums de Daft Punk. Cette répétition variée (le texte se présente d'abord comme une broderie, ensuite comme du métal fondu et enfin sur un écran télé) permet au logo de devenir aussi célèbre que l'accoutrement de ses créateurs et leurs tubes planétaires.
Cette déclinaison sciemment organisée fait écho à celle de la formation pop-jazz-rock Chicago, ayant connu ses heures de gloires dans les années 1970 et 1980. Chicago a pris un malin plaisir à customiser son logo en le plaçant bien en évidence sur quasiment la totalité des pochettes de ses albums.
Le phénomène Daft Punk peut donc s'enorgueillir d'avoir su transposer dans le monde de la musique et du marketing la maxime attribuée au père de la chimie moderne, Antoine Lavoisier, « Rien ne se perd, rien ne se crée, tout se transforme ». Et si le duo est devenu un mythe au-delà de la musique, c'est grâce à cette stratégie universelle de *brand content*, où aucun détail n'est laissé au hasard, en raccord avec l'identité de ses créateurs, de leurs propres histoires et de leurs ambitions.

À retenir

1 *Piocher des codes du passé n'est pas honteux, si cela est fait avec talent, sincérité et intelligence. Daft Punk le prouve : le* sampling *peut autant fonctionner en musique qu'en marketing.*

2 *La technique du* sampling *a un autre avantage : les fans comme les consommateurs passent du temps à disséquer les messages, pour tenter de savoir ce qui tient de l'emprunt ou du clin d'œil, générant* de facto *la mythologie de la marque.*

3 *Cultiver l'anonymat et le secret pour bien maîtriser le discours officiel et alimenter les fantasmes durant les périodes de silence et d'absence : une stratégie de communication permanente.*

4 *Décliner le logo à chaque temps fort, tout en gardant la sève principale, pour asseoir la puissance de la marque.*

Pornhub

L'infréquentable fréquentable

Le côté sulfureux de la pornographie est un casse-tête pour la communication de n'importe quelle marque du secteur. Mais pas pour Pornhub. Ce géant du streaming X multiplie les campagnes à succès grâce à une stratégie qui légitime (voire démocratise) l'usage du porno et casse le cliché de l'utilisateur. Ses armes ? Rebondir sur l'actualité, faire de l'humour, soutenir des causes sociétales et environnementales, fédérer sa communauté, établir des partenariats inattendus et affirmer son expertise.

Depuis 2013, aucun événement sportif, culturel, sociétal ou technologique n'échappe à la division Insights de Pornhub chargée de mettre en relation les moments forts de l'actualité mondiale avec les données de fréquentation du site. Une fausse alerte au missile à Hawaii en janvier 2018 ? Cela se traduit par une chute du trafic habituel de 77 % suivie d'une hausse de 48 % après le retour à la normale. La finale de l'Eurovision 2019 ? Une bonne raison pour les Islandais, les Estoniens et les Suédois de ne pas se livrer au plaisir solitaire. Aussi amusantes qu'informatives, ces analyses et infographies réalisées par Pornhub donnent régulièrement lieu à de nombreux articles dans la presse.
Les médias sont également friands du bilan annuel du site qui épluche de long en large l'activité de la plateforme et les

appétences des internautes. En 2018, Pornhub révélait avoir totalisé 33,5 milliards de visites sur l'année (91 millions de visites quotidiennes, avec un temps moyen de passage de 10 minutes) et fournissait les grandes tendances des recherches des utilisateurs (leurs acteurs, actrices et mots clés préférés) ainsi que la liste des pays les plus assidus. Une manière ingénieuse d'insinuer que le porno est un langage universel.

Être drôle autour de la gaudriole

Pornhub a érigé au rang d'art sa maîtrise de l'humour et cela dans des registres différents. Pour célébrer un 1er avril, la plateforme avait créé deux chaînes vidéo parodiques : CornHub et HornHub. La première proposait uniquement des vidéos de maïs quand la seconde vantait les mérites des instruments à vent, en détournant les titres de vidéos X disponibles sur le site[1]. En 2017, l'entreprise a même fait une blague en faisant croire à ses visiteurs que les contenus consultés allaient être automatiquement partagés sur les réseaux sociaux. C'était l'occasion, au contraire, de promouvoir le système de navigation sécurisée de la plateforme. Autre signe de l'humour de la marque, l'opération Premium Places, en 2018. Cette idée géniale consiste à offrir un abonnement au service Premium aux habitants de villes et villages possédant des noms involontairement coquins (comme Pussy, Fucking, Anus, Orgy…) et souvent cibles de moqueries ou d'incivilités (vols de panneaux avec le nom des villes, selfies bruyants…). Mais la liste des initiatives est longue : commercialisation d'un maillot de bain servant à cacher les érections intempestives sur la plage ; création du label Pornhub Records pour que des artistes partagent leur musique sur le site ; Pornhub Space Program Sexploration, en 2015, pour lancer une campagne de crowdfunding sur Indiegogo afin de financer la production de la première sextape dans l'espace[2]. Cette tendance à l'autodérision a aussi attiré sur la plateforme l'humoriste américain Ryan Creamer. Il y a créé sa propre chaîne où il publie des vidéos dénuées de sexe en détournant les scènes habituelles des films pour adultes (le « boss » et sa secrétaire, l'agent immobilier, le plombier…) et en affichant toujours un sourire courtois.

Le sexe pour changer le monde

La communication de Pornhub se décline toutefois bien au-delà du simple registre de la blague. Depuis plusieurs années, la plateforme utilise sa notoriété pour médiatiser et aider des causes importantes. En plus de sa participation régulière à des collectes de fonds et à des actions de sensibilisation du dépistage des cancers du sein, de la prostate ou des testicules[3], Pornhub a mis en place des concours s'adressant aux étudiants du monde entier pour l'obtention d'une bourse d'études de 25 000 dollars. Elle a aussi créé une collection de vêtements pour lutter contre les violences

1. Comme *Peek into This Cornhole, In Need of a Hard Shucking, Shooting in Big Time…*
2. Une opération qui récoltera environ 210 000 euros, trop peu pour atteindre l'objectif initial fixé à 3 millions d'euros.
3. Pornhub reverse parfois une somme en fonction du nombre de visionnages de vidéos associées à une catégorie particulière. Par exemple, pour le cancer du sein, les catégories « Big Tits » et « Small Tits ».

domestiques avec la pornstar Christy Mac, victime de violences par le passé. L'entreprise a lancé deux services pour informer le public sur le sexe et ses risques : Pornhub Sexual Wellness Center, où intervient le docteur Laurie Betito, et la campagne Old School, animée par la pornstar Nina Hartley et s'adressant aux seniors. Ce sont des initiatives qui installent la marque comme un acteur responsable, capable de penser au bien-être de ses visiteurs au-delà de l'onanisme.
Cette dimension responsable se retrouve aussi dans les multiples opérations éphémères menées au fil des années pour inciter les utilisateurs à s'investir dans la sauvegarde de la nature, comme Save Arbour Day, journée de l'arbre durant laquelle le site s'engageait à planter un arbre toutes les 100 vidéos visionnées dans la catégorie « Big Dick ». 15 473 arbres seront ainsi plantés. La plateforme en partenariat avec Kleenex a travaillé à la mise au point de Wankerchief, un mouchoir réalisé à partir de fibres recyclées afin de réduire l'impact des pratiques solitaires de ses adeptes. Pornhub s'est intéressé à la reproduction des pandas en incitant les membres de sa communauté à partager leurs exploits « façon panda » dans la catégorie « Panda Style ». Un don de 100 euros aux organismes de conservation des pandas géants était ainsi versé pour chaque nouvelle vidéo. Peta[4] a utilisé la notoriété de Pornhub pour dénoncer l'abandon de chiens et de chats et promouvoir la stérilisation de ces animaux. En 2019, c'est avec le concours de l'agence BETC Paris que le géant du *streaming* a fait de nouveau preuve d'inventivité en lançant la campagne « Beesexual ». De nombreuses vidéos montrant des abeilles en train de butiner ont été postées sur le site, accompagnées de doublages réalisés par des acteurs et actrices pornographiques. Le but était de sensibiliser le public sur le rôle essentiel des abeilles dans la reproduction des plantes. Une démarche aussi drôle qu'engagée qui a permis à la marque de s'assurer une belle exposition dans des médias où un site pornographique n'a pas forcément vocation à figurer.

4. Voir page 54.
5. En plus de Pornhub, Redtube et YouPorn, MindGeek possède d'innombrables sites et sociétés de production, comme Brazzers, Digital Playground, Men.com, Reality Kings… Créée en 2014, l'entreprise est devenue le premier diffuseur de vidéos pour adultes au monde.
6. Il a été Global Creative Director de l'entreprise de 2014 à 2016.

Caresser sa communauté dans le sens du poil

Pornhub communique aussi abondamment sur les réseaux sociaux et auprès de sa communauté.
La plateforme est présente sur Instagram et Twitter où elle rassemble respectivement 6 millions et 1,25 million d'abonnés. Aria Nathaniel, Social Media Manager de l'entreprise, n'hésite jamais à se mettre en scène en jouant la carte du sexy et de l'humour, favorisant les échanges avec les internautes et sautant sur la moindre actualité. Sur Twitter, les interactions entre Aria et les sites concurrents, Redtube (personnalisé par Emma) et YouPorn (personnalisé par Katie), donnent souvent lieu à des scènes cocasses. Cela rappelle que les trois entités appartiennent à MindGeek, un empire du porno en ligne[5].

Mais c'est en 2014 que la marque réalise un véritable coup de maître : un concours mondial lancé pour dénicher son nouveau directeur créatif. Les participants devaient relever le défi d'imaginer une campagne print ou vidéo permettant de faire la promotion du site de manière détournée, puis de soumettre leur contribution aux votes des internautes. Un moyen de recevoir des propositions particulièrement audacieuses et inventives. C'est celle de Nuri Gulver[6] qui a gagné. On y voit un fond noir sur lequel apparaissent deux mains jointes formant un cœur, le tout accompagné du slogan « All you need is hands » (tu n'as besoin que de tes mains). La communication sur un sujet aussi tabou que le sexe est avant tout l'affaire de créatifs talentueux et Pornhub sait très bien comment les attirer et leur laisser l'occasion de s'exprimer.

À retenir

1 *Quand le domaine d'activité ne permet pas de communiquer de façon traditionnelle, la meilleure façon d'exister médiatiquement est de se rattacher à l'actualité par différents moyens, à travers l'analyse de données ou des partenariats portant sur des problématiques en vogue.*

2 *Pour légitimer une marque dans un secteur concurrentiel et attirer de nouveaux clients, l'identité est cruciale. Il ne faut pas la renier, mais la renforcer en utilisant l'humour et en prenant soin de la communauté, sur les réseaux sociaux et en dehors.*

3 *Avec certains sujets ou produits, il est difficile de convaincre les consommateurs. Ajouter une caution d'utilité publique à la marque peut charger la perception. Dans le cas de Pornhub, cela passe par la publication de statistiques détaillées (le message sous-jacent « Tout le monde regarde nos vidéos » dédiabolise le site) et la mise en place de plateformes permettant d'éduquer les internautes.*

GoPro

L'avènement du marketing communautaire

GoPro, c'est d'abord un produit innovant qui va ouvrir la brèche d'un marché quasiment inexistant, celui de la caméra individuelle embarquée. Mais ce qui va transformer la modeste entreprise californienne en leader incontesté de son secteur, c'est son habileté marketing qui repose sur une idée simple : faire de ses utilisateurs ses ambassadeurs et sa principale ressource publicitaire. Si la marque a déjà vendu plus de 30 millions de caméras, elle doit désormais faire face à une concurrence accrue prête à lui disputer un marché qu'elle a créé.

L'histoire de GoPro débute en 2001, lorsque le surfeur californien Nick Woodman, alors au chômage, cherche un moyen d'immortaliser ses exploits. Grâce aux 35 000 dollars prêtés par sa mère, il met au point une première caméra embarquée, avec fixation, résistante à l'eau et capable de prendre des images de qualité. Son prototype fait fureur auprès de ses potes. Il décide alors de lancer sa société dont le premier modèle sera commercialisé en 2005.

Du marketing viral au marketing « gratuit »

Pour faire connaître son invention, Nick Woodman distribue gratuitement quelques exemplaires de son produit à des sportifs. Séduits par le concept, ils vont poster des vidéos sur YouTube. Dès lors, le phénomène GoPro est lancé et profite de la nette régression du marché des caméscopes et de l'envie des utilisateurs de mettre en avant leurs performances sur les réseaux sociaux. Très vite, la caméra devient le *must-have* de tous les adeptes des sports extrêmes. Le phénomène va ensuite toucher tous les amateurs de sport et tous ceux qui souhaitent s'équiper d'une *action cam* — des adolescents en skateboard ou trottinette jusqu'aux cyclistes voulant enregistrer un potentiel accident dont ils seraient victimes. GoPro a créé un nouveau marché et se retrouve rapidement en position dominante. Entre 2009 et 2012, la société vend plus de 3 millions d'exemplaires !

L'omniprésence de la marque sur les réseaux sociaux va lui permettre de s'installer sur un marché mondial. Il suffit de taper « GoPro » sur YouTube pour se rendre compte du phénomène : plus de 66 millions de vidéos se réfèrent aujourd'hui à la marque. En 2012, on estimait qu'une vidéo GoPro était publiée toutes les deux minutes sur le web. La même année, l'entreprise consacrait l'essentiel de son budget marketing, soit 30 millions de dollars, à la promotion sur le web et sur les réseaux sociaux. Elle a fait en sorte que ses utilisateurs deviennent ses ambassadeurs, et que cela se sache et se voit. C'est tout le sens de son slogan : « Be a hero ». La définition des images et vidéo sont de très bonne qualité. Elles couvrent des sujets très divers comme le sport, la faune, la flore, l'aventure, les opérations de sauvetage, le chant, etc. En avril 2019, les 2 000 vidéos officielles de la chaîne de la marque ont dépassé les 2 milliards de vues sur YouTube. GoPro fait partie des principales chaînes de marque de la plateforme, avec des vidéos vues dans 240 pays. Nick Woodman a reconnu que sans Facebook et YouTube, GoPro n'aurait pas pu connaître un tel succès.

Cette stratégie repose sur une communauté très active ; la marque compte plus de 7 millions d'abonnés à sa chaîne YouTube, 15,7 millions d'abonnés sur Instagram, et son groupe Facebook totalise 10,7 millions d'abonnés. Pour animer son réseau, la marque incite régulièrement ses utilisateurs à y participer activement contre des cadeaux ou des prix. En 2018, elle a lancé un concours à l'occasion de la sortie d'un nouveau modèle : les meilleures vidéos faites par ce nouvel appareil et qui seront utilisées dans la vidéo de promotion de la marque se partageront un million de dollars ! Une opération ingénieuse et aguicheuse qui permet d'augmenter la visibilité face à une concurrence féroce. En 2015, GoPro a lancé un portail à destination des agences de publicité et des marques souhaitant utiliser les vidéos de ses utilisateurs dans leurs campagnes contre rémunération.

Là encore, il s'agit d'un système habile qui bénéficie à la fois aux auteurs de la vidéo, mais aussi à la marque. Outre sa communauté, GoPro a su lancer des opérations de communication très médiatisées. Elle multiplie les partenariats avec des institutions ou les entreprises, comme la Ligue nord-américaine de hockey (NHL) ou encore le réseau de chaîne de sport ESPN. En 2012, elle s'est associée à Red Bull (un partenariat logique au regard du positionnement des deux marques) pour l'incroyable saut de Felix Baumgartner depuis la stratosphère[1], suivi dans le monde entier. Cette vidéo très spectaculaire, prise par les caméras GoPro, totalise à ce jour plus de 21 millions de vues.

Un business model bien huilé confronté à la concurrence

Pendant des années, GoPro a enregistré une croissance insolente. Ce qui lui a permis d'afficher de très bons résultats financiers, ce sont avant tout les accessoires (boîtiers spéciaux, fixations) pour lesquels ses marges nettes sont plus importantes. En juillet 2018, GoPro a dépassé la barre des 30 millions de caméras vendues. Son créateur est devenu richissime. En 2013, il faisait partie des hommes de moins de 40 ans les plus riches de la planète et sa fortune aurait dépassé les 2 milliards de dollars. Mais ces dernières années, la marque a rencontré des difficultés. Elle doit désormais faire face à de nombreux concurrents qui rivalisent d'innovations : ces derniers proposent des modèles moins chers pour un résultat quasi équivalent. Sans compter les téléphones portables qui offrent maintenant une captation vidéo et des optiques de grande qualité.

GoPro se retrouve à un tournant de son histoire. L'entreprise ne pourra survivre longtemps en gardant le modèle qui l'a mené à un succès fulgurant. En 2016, après s'être lancée sur le marché des drones dans le but de diversifier ses activités, GoPro a finalement renoncé à ce secteur, ainsi qu'à celui de la réalité virtuelle. Elle a récemment décidé de vendre ses technologies sous licence à des fabricants tiers. L'entreprise a annoncé début 2018 la suppression de 20 % de ses effectifs, mais est parvenue à renouer avec les bénéfices au dernier trimestre.

S'inviter dans tous les foyers

En 2016, après 11 années d'existence, GoPro a dévoilé sa première publicité télévisée scénarisée. L'objectif avoué de la marque est de toucher un public plus large pour faire face aux difficultés qu'elle rencontre. En effet, si tous les geeks ou tous les amateurs de sensations fortes possèdent désormais une caméra GoPro, la marque doit élargir son marché. Mais l'entreprise possède une image très marquée vers le sport et les sensations extrêmes, et parmi les clients potentiels, certains présument que la caméra GoPro est trop technique pour eux. Ce qui pouvait être un frein pour toucher un plus large public. Comme l'explique l'un de ses directeurs marketing : « Nous devions démocratiser GoPro afin que la caméra s'invite dans tous les foyers, filmant toutes les expériences de vie, y compris les plus ordinaires.

1. Voir *Brand Success*, tome I, page 36.
2. « GoPro, première mégabrand de la génération réseaux sociaux ? », Placedelacomedie.com, 2014.

Mais la marque conservera toujours son ADN, car nous avons grandi dans un univers dynamique de surf, de skate, de neige et de sport automobile, et la GoPro fera toujours partie de ce que nous faisons et de ce que nous sommes. »
Si l'enseigne doit désormais faire face à des difficultés, son ascension reste un modèle du genre, grâce à une stratégie de communication et de marketing unique qui s'appuie sur ses clients se transformant en véritables ambassadeurs. Peu de marques ont su fédérer une telle communauté et l'animer avec autant de passion. Le nom GoPro restera associé à la caméra embarquée au point de la nommer, à l'instar de Frigidaire, par le nom de la marque éponyme. Elle restera dans l'histoire comme l'une des premières « mégabrand » de la génération des réseaux sociaux[2].

À retenir

1 *Le succès de GoPro s'explique d'abord par un produit innovant (sans rupture technologique fondamentale) apparu dans un contexte très favorable.*

2 *En s'appuyant sur une communauté d'utilisateurs très impliqués, la marque a su l'animer et la faire vivre (partenariats, concours, dialogue permanent sur les réseaux, événements, etc.).*

3 *Si cette communauté est un atout incontestable et qu'elle a participé à la réussite de GoPro, sa communication essentiellement centrée sur elle peut aussi devenir un handicap quand il s'agit d'élargir sa cible.*

4 *À l'image de Nespresso, GoPro a développé un écosystème complet et des accessoires sur lesquels elle réalise ses meilleures marges. Ce qui, dans un premier temps, peut être un atout pour consolider l'entreprise peut à terme la rendre vulnérable : les consommateurs ne veulent pas se sentir pris au piège dans un écosystème, surtout aujourd'hui, face à une concurrence qui propose des produits moins chers à qualité équivalente.*

IKEA

La designocratie

Parmi les plus grands* brand success *de l'histoire, comment ne pas parler d'IKEA ? La plus connue des entreprises suédoises a créé un modèle de développement et un système de distribution uniques lui permettant de proposer du mobilier design à un prix très compétitif. Sa stratégie de communication décalée et innovante a accompagné cet essor planétaire.

Quand on parle d'ameublement, la première marque qui vient à l'esprit est IKEA. En Europe, l'entreprise fondée en 1943 par le Suédois Ingvar Kamprad s'est imposée comme le principal acteur du domaine. L'enseigne est aujourd'hui présente dans une cinquantaine de pays à travers le monde avec 422 points de vente — des espaces qui ont eux aussi participé à la renommée de la société en raison de leur organisation particulière. On estime à près d'un milliard le nombre de visites annuelles enregistrées par ces points de vente et à près de 2,5 milliards les visites en ligne. IKEA compte 208 000 salariés et réalise un bénéfice annuel de 2,5 milliards d'euros. Sa particularité est d'être l'un des rares réseaux de distribution à ne commercialiser que sa propre production et d'être la seule enseigne indépendante de toute marque industrielle.

Un modèle particulier

IKEA, c'est d'abord l'histoire d'un fils de paysans suédois avec une précoce passion du commerce. À 17 ans, au début des années 1950, Ingvar Kamprad crée son entreprise de vente en porte-à-porte, puis va rapidement se consacrer à la vente par correspondance de meubles fabriqués localement. Il va ensuite acheter une menuiserie à Älmhult, en pleine campagne, où se situe encore aujourd'hui le centre de conception des collections du groupe. Son idée est de court-circuiter les intermédiaires, car il doit faire face à des boycotts, et de rationaliser au maximum les coûts.
Pour cela, il met au point des emballages plats, pratiques à transporter et à stocker afin que les clients montent eux-mêmes les meubles, avec comme credo celui de limiter au maximum le gâchis de matières premières. La formule qui fera le succès d'IKEA était lancée et un premier magasin ouvre ses portes en 1958. En 1963, la marque commence son internationalisation avec l'ouverture d'un point de vente en Norvège.
La force du groupe, c'est son organisation originale intégrant l'ensemble des métiers, de la conception à la distribution. Ce gain de temps et d'argent permet à la marque de proposer des produits en kit à des prix très compétitifs. La culture scandinave est mise en avant — simplicité, efficacité et fonctionnalité — et elle se fait remarquer aussi à travers les noms des produits, composés pour l'essentiel d'un mot d'origine scandinave. Pour se faire connaître, dès ses débuts, IKEA va utiliser le principe de la diffusion massive de son fameux catalogue.
Un objet devenu une icône. Il s'agit de l'une des plus importantes publications au monde et il représente un énorme

investissement (près de 70 % du budget publicitaire annuel en 2004). Sa production mobilise près de 200 personnes. Traduit en plus de 40 langues, il s'écoule chaque année à plus de 200 millions d'exemplaires.
Mais IKEA se distingue aussi pour ses magasins. Ils sont tous conçus selon le même modèle et obligent les clients à visiter l'ensemble des rayons qui s'étalent sur une superficie moyenne de 20 000 m², soit deux à trois fois celle d'un hypermarché. Une première partie, généralement au premier étage, sert de hall d'exposition, puis une autre regroupe des accessoires ou des objets, et une dernière contient les meubles en libre-service. Ces espaces offrent une expérience de vente unique : tout est fait pour que les visiteurs y passent le plus de temps possible avec une garderie pour les enfants et un restaurant.
Jusqu'ici, les espaces de vente étaient situés en périphérie des agglomérations, mais un premier magasin en hypercentre a été ouvert en 2019 à la Madeleine, à Paris.

Des campagnes qui détonnent

Ce modèle original n'explique pas à lui seul le succès de la marque. IKEA s'appuie sur une politique de communication à grande échelle, sur d'habiles campagnes, régulièrement remarquées et primées, notamment humoristiques. C'est le cas de « Rangez », en 2001, avec des spots télévisés mettant en scène des situations assez loufoques : une mère cherchant partout son enfant finalement parqué dans le panier à linge, ou encore un couple dont la femme est tuée par une fourchette traînant dans le canapé. Chaque pays développe ses propres campagnes en fonction des particularités de son marché. En France, c'est l'agence Buzzman qui s'occupe de l'entreprise depuis 2015. Elle a notamment réalisé la campagne « Mon fils », en 2016, avec un clip auréolé d'un Grand Prix Stratégies de la publicité, d'un Epica Award et d'une distinction au Cristal Festival. On y voit une mère regardant toujours son fils comme un enfant alors qu'il est en train de choisir sa nouvelle cuisine. Le point commun de ces publicités est « de positionner la marque comme le partenaire du quotidien, aux côtés du plus grand nombre, pour améliorer la vie de tous les jours[1] ». Par ailleurs, IKEA s'efforce d'être en phase avec son temps : en 1994, elle a mis en scène un couple homosexuel, une première dans une publicité à la télévision. Elle est l'un des pionniers du *street marketing* (bien avant les réseaux sociaux et la plupart des grandes marques), mais aussi un as dans l'événementiel. Parmi les nombreuses opérations réalisées, on peut citer celles dans le métro, que ce soit à Paris ou dans d'autres grandes agglomérations, avec l'installation d'un appartement dans une station au sein duquel résidaient plusieurs habitants et la pose de canapés sur les quais ou dans les rames. Il s'agit de dispositifs spectaculaires qui permettent de toucher sa cible principale, les 20-30 ans. En 2013, IKEA installe sur le parvis de la gare Saint-Lazare, à deux mètres du sol, une salle de bains « habitée » par un couple de comédiens. L'année suivante, trois cuisines totalement équipées, et que l'on pouvait réserver, avaient été installées dans la capitale. Là encore, ces mises en place permettent de prouver l'efficacité des produits et de marquer les esprits.

Une stratégie multicanal

Depuis 2015, la marque a commencé à rattraper son retard numérique, notamment face à des concurrents tels que Made.com ou AMPM de la Redoute. Le catalogue est enfin disponible en ligne et une plateforme permet de planifier des projets de cuisine ou de dressing. Plus récemment, IKEA a travaillé à l'utilisation du téléphone portable afin de faciliter les visites dans ses magasins. Print, télé, radio, web, événementiel..., la stratégie multicanal d'IKEA fait de la marque un acteur omniprésent qui prend le soin de développer la relation particulière avec les clients. Le club IKEA Family est un programme de fidélité en vigueur déjà depuis 1984 qui

1. « Comment IKEA réussit à rester au plus près du quotidien des Français », Lareclame.fr, 2017.

regroupe plusieurs dizaines de millions de membres à travers le monde et qui est un véritable modèle de ce genre d'initiative.

Malgré plusieurs scandales liés à son optimisation fiscale, en 2011, à la nourriture servie dans ses restaurants, en 2013 ou, plus récemment, à l'espionnage de ses salariés, l'enseigne a toujours su entretenir une image à part, une image indétrônable. Depuis des années, la recette fonctionne. Son logo actuel, créé en 1967 en noir et blanc, puis agrémenté avec les couleurs du drapeau suédois en 1983, n'a quasiment pas changé depuis — ce qui est assez rare pour être souligné. Ce qui fait l'ADN de la marque, c'est le très bon rapport qualité-prix couplé à des meubles au design moderne. Tant que l'enseigne continuera sur cette voie, son succès est garanti. IKEA est l'exemple de la marque contemporaine inspirée. Sans réellement l'affirmer, elle vise à une véritable démocratisation du design, au droit pour chacun de disposer d'un mobilier qui participe au bien-être.

À retenir

1 *Ce qui fait la réussite d'une marque est avant tout la qualité des produits qu'elle propose en rapport avec sa politique de prix. En ce sens, IKEA a toujours rempli parfaitement cette mission, sachant s'adapter aux époques et aux tendances, malgré une concurrence accrue avec l'apparition de nouveaux acteurs en ligne.*

2 *De tout temps, IKEA, grâce à une stratégie multicanal, a su entretenir son image et son capital sympathie, en séduisant sa principale cible (les étudiants et les trentenaires) avec des campagnes, nombreuses et décalées, qui fonctionnent toujours. Chaque année, elle se rappelle au grand public. Elle sait parfaitement fidéliser ses clients.*

3 *En développant un système qui lui permet d'optimiser les coûts de fabrication et de distribution et en imaginant des magasins dans lesquels les clients finissent toujours par dépenser plus que prévu, IKEA a mis au point un fonctionnement unique. Néanmoins, consciente de ses faiblesses (notamment au niveau numérique), la marque a su innover, comme avec l'ouverture récente d'un premier magasin en centre-ville. Une nécessité quand on est le leader pour ne pas se laisser rattraper par la concurrence.*

Lego

La brique, c'est chic

Représentant le jouet ultime et universel, capable de séduire de 7 à 77 ans, la petite brique danoise Lego est sans doute l'une des plus grandes inventions ludiques de tous les temps[1]. Une idée géniale qui a cependant dû se réinventer au fil des années pour rivaliser avec l'évolution permanente des loisirs et faire de la marque l'une des plus puissantes du monde, tout en associant à son nom le symbole de la créativité.

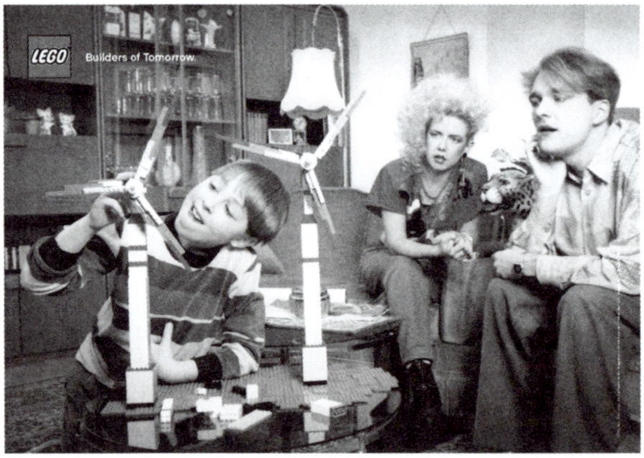

Lego, c'est avant tout l'histoire de la famille Kristiansen, originaire de Billund, une petite ville située au cœur du Danemark. L'entreprise est fondée par Ole Kirk Kristiansen, charpentier-menuisier, et transmise depuis lors de père en fils[2]. La grande dépression provoquant une baisse drastique des commandes d'armoires, fenêtres et portes, et la foudre ayant détruit l'un de ses ateliers, le patriarche des Kristiansen décide d'axer sa production sur la fabrication d'objets plus modestes comme les escabeaux ou les planches à repasser, et se lance également dans la fabrication de jouets en bois tels que des camions de pompiers, des voitures ou des maisons de poupée. Ce pivot apporte un premier succès national à la société, notamment avec son canard à roulettes très prisé par ses compatriotes. Dès lors, la petite structure prend en 1934 le nom Lego (abréviation des mots danois « *leg godt* », signifiant « bien jouer ») et poursuit son expansion en

1. La brique Lego fut élue jouet du siècle en 1999 par le magazine *Fortune* puis par l'association britannique des détaillants en jouets.
2. L'actuel président est Kjeld Kirk Kristiansen, petit-fils du fondateur.
3. Nommées « Self-Locking Bricks », elles furent commercialisées à partir de 1947.

se spécialisant dans le jouet. En 1947, l'entreprise commence à produire des jouets en plastique. Deux ans plus tard, elle commercialise la gamme « Automatic Binding Bricks », très inspirée des briques colorées alors proposées par le Britannique Kiddicraft[3] et crées par Hilary Fisher Page. Les bases du concept des briques Lego sont déjà posées : l'entreprise vend ses jouets comme des éléments permettant d'être assemblés pour réaliser d'innombrables constructions e t place l'enfant dans le rôle du créateur, n'ayant pour seules limites que son imagination et le nombre de briques. Mais le manque de stabilité des briques superposées pose problème. En 1958, année de la disparition d'Ole Kirk Kristiansen, son fils Godtfred dépose le brevet du Clutch Power, un système qui permet de clipser les briques entre elles. Une révolution, améliorée en 1963 avec le choix de mouler les cubes et rectangles en polymère thermoplastique, l'acrylonitrile butadiène styrène (ABS), toujours au cœur de la réussite des briques Lego. Une des forces de l'entreprise est d'ailleurs que les briques actuelles sont aussi compatibles avec celles issues des toutes premières productions.

Stimuler l'imagination des petits...

L'année 1963 est également cruciale pour l'identité de Lego. Godtfred Kirk Kristiansen établit des règles que doivent respecter les produits de sa compagnie : avoir un potentiel de jeu illimité ; s'adresser aux filles et aux garçons ; être amusants pour tous les âges ; pouvoir être utilisés durant de nombreuses heures et toute l'année ; permettre de jouer calmement ; être un jeu qui associe développement,

imagination et créativité ; avoir la possibilité d'incorporer des éléments additionnels ; faire en sorte que chaque détail réponde à une exigence de qualité ; lier la valeur du jeu au nombre de briques — plus il y a de briques, plus la valeur augmente. Ce sont ces règles qui donneront à l'entreprise un sens, des valeurs (la famille traditionnelle) et une philosophie d'action, tel un code de culture appliqué dans les stratégies marketing de la marque. Ainsi, si les boîtes modernes de briques Lego ne mettent jamais d'enfants en avant, privilégiant les saynètes autour d'une construction, certaines campagnes emblématiques de la marque ont fait des choix opposés. C'est notamment le cas, en 2012, pour « On pardonne tout à leur créativité », une campagne concoctée par Grey Paris pour Lego France et lauréate du 28e Grand Prix de la Publicité Presse Magazine. Dévoilant, entre autres, une petite fille qui remplace les touches d'un ordinateur portable par des briques Lego ou un enfant qui se sert des soutiens-gorge de sa mère pour parachuter ses figurines Lego, cette série de publicités est au cœur du récit consistant à ne jamais cloisonner le jeu. Un trait que l'on retrouve aussi dans les trois affiches de la campagne « The Builders of Tomorrow » de 2011 qui montre des enfants imaginer des nouvelles technologies, comme un téléphone portable, une ampoule halogène ou des éoliennes, devant des parents médusés. La campagne « Build the futur » de 2017 montrera des jeunes filles et garçons qui posent les briques de leur propre avenir en étant installés à l'intérieur de leur construction qui représente un habit de cosmonaute, de pompier ou de guitariste de rock. Deux manières pour Lego d'insinuer que tous les esprits créatifs commencent par d'abord stimuler l'hémisphère droit de leur cerveau avec des assemblages de briques multicolores.

... et des grands

Lego utilise un ton plus mature pour séduire les adultes, ceux qui décident d'acheter les boîtes de briques pour leur progéniture, ou pour eux-mêmes. Cela se traduit par des clins d'œil à l'histoire, comme avec l'affiche « Builders of Tomorrow » de 2007, une mise en scène avec des enfants de la célèbre photographie *Lunch atop a Skyscraper* de 1932, montrant des ouvriers qui prennent une pause déjeuner assis sur une poutre à 240 mètres d'altitude. On peut citer aussi la campagne « Making History », pour les 50 ans de la marque, où trois célèbres clichés historiques sont reproduits en Lego : l'homme qui fait face au tank sur la place Tian'anmen, la chute du mur de Berlin et la victoire de Mohammed Ali contre Sonny Liston. Lego n'hésite pas non plus à jouer la carte du minimalisme, comme avec deux campagnes de 2006 : l'affiche « Periscope » et la série « Built It ». La première, qui accole au logo de la marque le slogan « Imagine », montre une grande plaque de Lego bleue formant la surface d'une mer, où est plantée une pièce en forme de périscope. La seconde se compose de trois photos de lieux, une caserne de pompiers, un hangar à avion et un quai de gare, dans lesquels sont entreposées un tas de briques Lego géantes.

Diversification et partenariats

Lego a appris à se diversifier pour continuer à séduire avec l'apparition de ses premières boîtes thématiques dans les années 1970 et la création de nouvelles marques, comme Duplo pour les plus jeunes, et Technic pour le marché des adolescents et pour concurrencer Meccano. De nombreux partenariats vont être noués avec des licences importantes pour développer des univers autour de comics, de films, de dessins animés ou de jeux vidéo. Lego a aussi choisi d'investir d'autres secteurs du loisir, comme le monde vidéoludique (avec plus d'une cinquantaine de titres sortis sur différents supports depuis 1995) et, surtout, les films d'animation.
La société a marqué les esprits en 2014 avec la sortie de *La Grande Aventure Lego* réalisée par Phil Lord et Chris Miller.

4. Le film va remporter de nombreuses récompenses et atteindre les 257 millions de dollars de recette aux USA (1,5 million d'entrées en France).
5. *La Grande Aventure Lego* va avoir deux suites, et un *spin off*, le film *Lego Batman* de 2017.
6. D'autres parcs ouvriront par la suite en Californie et en Floride, en Allemagne, en Malaisie, au Royaume-Uni, à Dubaï et au Japon.
7. Fanbase, en français, désigne une sous-culture propre à un ensemble de fans et qui est organisée ou créée par ces personnes.
8. Comme l'encyclopédie Brickipedia, un wiki créé par des fans en 2006, qui recense tous les savoirs relatifs à la marque.

Ce long-métrage a obtenu un succès critique et public[4] qui va permettre à Lego de mettre un pied dans les salles obscures[5] tout en continuant à promouvoir son image de façon décalée et actuelle.

Laisser les fans s'exprimer

Le géant danois a toujours pris soin de raconter et partager son histoire de multiples façons. Dès 1968, la société va ouvrir son premier parc à thème, Legoland, dans sa ville de Billund[6]. Mais c'est avec internet que l'entreprise va passer un cap dans sa relation avec les « Adults Fan Of Lego » (AFOL), car ce jouet si fédérateur a constitué au cours du temps une fanbase[7] solide. La stratégie digitale de Lego laisse une grande liberté à sa communauté de fans, donnant ainsi naissance à d'innombrables fausses publicités, films et créations d'amateurs, souvent de très bonnes factures, ainsi qu'à des sites de qualité[8]. En 2008, la société a lancé au Japon « Lego Ideas », une initiative de *crowdsourcing* qui permet aux utilisateurs de Lego de suggérer de nouveaux jeux et sets. Si une proposition obtient 10 000 votes et qu'elle est acceptée par les créatifs de Lego, elle est alors mise en vente. Le créateur de la boîte reçoit 1 % de l'argent gagné par la vente du produit. Et chaque nouveau projet approuvé se transforme alors en événement pour toute la communauté. De multiples joueurs de Lego ont ainsi pu réaliser leur rêve d'associer leur inventivité et leur nom à la marque qu'ils apprécient depuis leur enfance. Une communication simple, qui voit toutes les pièces s'imbriquer naturellement. Ole Kirk Kristiansen aurait sans doute apprécié.

À retenir

1 *Pour ne jamais oublier l'identité de sa marque, Lego s'est très vite imposé son propre code de conduite. Un code qui rappelle son histoire, ses valeurs fondatrices, l'intérêt de ses produits et ses points forts.*

2 *Lego a fait évoluer sa communication pour s'adresser à toutes les générations et tous les profils de joueurs : quand elle s'adresse aux adultes, elle parle aux enfants qu'ils étaient. Et quand elle parle aux enfants, elle les incite d'abord à être imaginatifs.*

3 *La marque entretient une relation forte avec sa communauté, en lui laissant une grande liberté et en étant à son écoute.*

Ice Buckett Challenge

Une mobilisation inattendue

En 2014, le succès fulgurant de l'Ice Bucket Challenge fait de ce cas événementiel un parfait enseignement pour réussir une mobilisation caritative : en deux mois, 17 millions de personnes dans le monde, dont 2,5 millions aux États-Unis, ont donné plus de 115 millions de dollars pour la lutte contre une maladie quasi inconnue du grand public.

En été 2014, l'Ice Bucket Challenge s'est propagé à une telle vitesse que personne ne sait vraiment comment le phénomène a débuté. Il semblerait qu'Anthony Senerchia en soit à l'origine. Cet Américain, mort à 46 ans en 2017, était atteint de sclérose latérale amyotrophique, ou maladie de Charcot. En lien avec l'association américaine ALS, il cherchait une manière originale de sensibiliser le grand public à cette maladie dégénérative, peu connue et peu médiatisée, qui prive progressivement le malade de l'usage de ses muscles. Pour cela, il commence par défier son cousin, golfeur professionnel : celui-ci devait se verser un seau d'eau glacée sur la tête puis désigner trois amis qui disposeraient de 24 heures pour réaliser pareille performance ou alors faire un don à l'ALS Association, en principe d'un montant de 100 dollars. Le choix était simple : accomplir ce « petit exploit » ou donner de l'argent pour une bonne cause... Le défi fut vertueusement détourné. En l'espace de deux mois, perdants comme gagnants allaient doter l'association de plus de 100 millions de dollars en dons alors qu'elle avait péniblement atteint la somme de 30 millions sur la totalité de l'année. Le phénomène épidémiologique des paris et des défis bénéficia des accélérateurs que sont les célébrités. Des milliers de vidéos ont été tournées par des personnalités de tous les univers, originaires des États-Unis puis du monde entier, et ont été diffusées sur les réseaux sociaux et les chaînes de télévision.

Une viralité totale

La viralité a fonctionné de manière exceptionnelle. D'abord, il y a la viralité individuelle, qui correspond au désir d'une personne de s'associer à un mouvement qu'elle trouve juste, légitime et utile. Ensuite apparaît celle liée à l'engagement de personnalités comme Lady Gaga, Mark Zuckerberg, les présidents Barach Obama et Georges W. Bush, Bill Gates, Justin Bieber. Cet engagement va jouer un rôle majeur dans la réussite du challenge. Puis, la viralité collective va donner à des groupes sociaux, dans des environnements très différents, la possibilité de s'exprimer, de former un collectif visible et médiatique. Cela a conduit des centaines d'entreprises, d'écoles, d'universités, de clubs, d'associations, d'habitants de petites villes à se filmer. Enfin, il y a la viralité des gens communs, des « potes et des copines », des membres d'une collectivité, d'une entreprise, d'une classe. Cette dimension est essentielle à la réussite de l'événement, car les dons ne sont pas venus d'une minorité de célébrités, mais, grâce à leur intermédiaire médiatique, ce sont plus de 3 millions de donneurs qui ont apporté plus de 110 millions de dollars à l'association.

Comment expliquer un succès peu prévisible, unique par son ampleur et par sa vitesse de propagation ? La puissance exceptionnelle de la mobilisation et la réussite dans un temps très limité proviennent de la parfaite conjonction de plusieurs facteurs. Le premier est celui de l'importance prise par le *social media marketing* : en trois mois plus de 17 millions de vidéos sur l'Ice Bucket Challenge ont été partagées sur Facebook, visionnées plus de 10 milliards de fois par plus de 440 millions de personnes. Cette réussite est avant tout la traduction de ce que l'ère numérique peut à la fois produire et permettre : la diffusion instantanée d'une information relayée et amplifiée, qui prend en quelques jours l'ampleur d'un phénomène. C'est en ce sens un levier parfait pour favoriser le sentiment d'être partie prenante d'une mobilisation en cours : on devient acteur d'un événement qui se déroule sous nos yeux. Les réseaux sociaux favorisent le sentiment d'une solidarité « à distance », d'un engagement à coups de clics sans bouger de derrière un écran.

Des célébrités et une culture participative

La participation de célébrités venues d'univers très différents favorise les phénomènes de mobilisation et d'imitation. Ces célébrités vont largement relayer les vidéos et leurs propres followers vont être des leviers efficaces de propagation du phénomène. Les paris du challenge vont être relayés par toutes les chaînes de télévision aux États-Unis, qui adorent montrer des célébrités dans des situations incongrues, créant ainsi un effet boule de neige : la médiatisation nourrit la médiatisation.

La culture participative a été au cœur de la réussite du challenge : les 17 millions de vidéos émanent en majorité de millions d'individus lambda qui transforment leur solidarité passive en un activisme valorisant sur les réseaux sociaux.
Les milliers de défis et de discussions sur le web sont autant de petites gouttes qui, ensemble et dans un temps record, construisent une véritable déferlante.
Les médias modernes, dont les réseaux sociaux forment l'archétype, sont participatifs et donnent aux audiences des possibilités d'agir, de s'engager et de participer à un mouvement. La brillante astuce contenue dans ce challenge — la nomination par le vainqueur de trois autres personnes — utilise le principe de viralité qui est au cœur des médias sociaux en ligne et de leur modèle économique. Nommer publiquement, c'est entraîner des gens dans un processus et favoriser la propagation du challenge.
Un autre facteur est décisif dans cette réussite : le choix du bon moment. L'Ice Bucket Challenge a eu lieu en été, une période de l'année propice à ce type d'initiatives, quand les médias sont à l'affût de reportages anecdotiques et que la concurrence d'autres collectes est plus faible. D'autre part, les vidéos sont plus faciles à réaliser en extérieur par beau temps qu'en plein hiver.

Rendre l'activisme amusant

La nature de cette opération a aussi permis de mobiliser bien au-delà du vivier de personnes sensibles aux collectes de fonds. Le défi est une forme presque transgressive d'activisme : on quitte l'univers du drame, de la commisération, de la perspective mortelle de la maladie pour, à l'opposé, installer une forme vivifiante de militantisme avec le caractère amusant et léger de la performance. La fin justifie les moyens et une collecte classique empreinte d'une dramaturgie connue et intégrée par les gens aurait fortement diminué l'impact et le désir de participer.

C'est une caractéristique de la philanthropie de masse que de « détourner le drame » afin de mobiliser plus largement. La dynamique du jeu, comme celle du défi public et de la nomination, sont certainement des vecteurs exceptionnels de mobilisation par rapport à des opérations plus exigeantes, plus sérieuses qui misent davantage sur l'impact dramatique.
Cette opération si médiatique a été l'objet de quelques critiques. Certains ont affirmé que l'intention des donateurs n'était pas tant de soutenir une cause caritative, mais plutôt d'atteindre une visibilité médiatique. On a aussi souligné la nature « ponctuelle » du phénomène plutôt que l'envie d'installer une action durable et fiable.

Les effets collatéraux positifs

L'Ice Bucket Challenge marque un tournant dans la mobilisation, surtout en raison de son internationalisation. Les vidéos, la notoriété planétaire de dizaines de célébrités, les relais médiatiques dans le monde entier ont contribué à créer des événements similaires dans différents pays, accroissant considérablement la collecte en faveur de la recherche contre cette maladie. Le challenge a eu aussi un effet très positif sur les malades : « Au quotidien, la perte d'espoir est importante, car aucun traitement ne vient. Le Ice Bucket Challenge nous a montré que des miracles peuvent se produire. Ça peut en laisser espérer d'autres, scientifiques cette fois. C'est symbolique bien sûr, mais cette dimension est importante[1]. » Cette dynamique a permis de prolonger les résultats au-delà de la vague médiatique. En 2015, l'ALS Association a vu son budget doubler, atteignant les 40 millions de dollars. En France, l'Association pour la recherche sur la sclérose latérale amyotrophique a vu son budget passer de 980 000 euros en 2013 à 2,1 millions d'euros l'année du challenge.

1. « À quoi a vraiment servi le "Ice Bucket Challenge" ? », *Le Monde*, 30 juillet 2015.

À retenir

1 La communication d'une grande cause entre en concurrence avec toutes les autres demandes d'aide. Elle doit donc porter les ingrédients qui créent l'impact et l'envie d'agir : la valeur médiatique et participative, la modernité des moyens et des leviers d'action.

2 Si la fin peut justifier les moyens, alors l'enseignement de l'Ice Bucket Challenge serait qu'il est préférable de mobiliser les gens sur des engagements qui ne sont pas trop exigeants, qui ne dramatisent pas trop et qui identifient clairement les enjeux.

3 Une fois encore — c'est le cœur de la modernité — l'action de communication n'est pas une finalité qui se cantonne à un événement, mais un processus multiple qu'il convient de planifier dans le temps et dont il faut maximiser la dynamique épidémiologique.

Benetton

Du suramour au désamour

Plébiscitée pour ses vêtements colorés, Benetton s'est fait connaître du grand public par ses campagnes d'affichage innovantes et provocatrices, signées par le photographe italien Oliviero Toscani. Mais cet âge d'or a progressivement décliné à cause de plusieurs scandales liés à la production et à l'essoufflement de la stratégie de la provocation qui a fini par se retourner contre ses créateurs. Une parfaite illustration de cette « grandeur et décadence » qui touche tant de grandes institutions.

La saga Benetton débute lorsque Luciano Benetton et ses frères, Gilberto et Carlo, décident de commercialiser, en porte-à-porte, des pulls tricotés par leur sœur, Giuliana. En 1963, les premières boutiques ouvrent en Italie à travers un réseau de distributeurs exclusifs, alors que la tendance du secteur est à la grande distribution. Le succès de ces pulls en laine colorés est rapidement au rendez-vous, car ils tranchent avec la monotonie des autres vêtements en laine de l'époque. L'aventure est lancée et, en 1969, un premier magasin hors du territoire ouvre ses portes à Paris.

La couleur, argument de différenciation

Benetton doit d'abord son succès à une innovation technologique qui permet d'avoir des vêtements en maille aux couleurs uniques. La marque opte pour la maille « teinte sur pièce » : les pulls sont plongés dans des bains de couleurs,

modifiables au gré des tendances.
À une époque où le noir et blanc est à l'honneur, la marque propose près d'une cinquantaine de couleurs par collection. Une offre large qui va devenir l'axe principal de sa communication et lui permettre de développer fortement sa notoriété. C'est à partir de 1982 que débute la collaboration avec le photographe Oliviero Toscani. Elle repose sur une équation simple, en phase avec la mondialisation et le multiculturalisme qui s'imposent dans les codes de la communication de la décennie : les coloris sont multiples, à l'instar de la couleur de peau des humains, et c'est dans cette diversité que résident l'espoir, le bien-être et les clés du vivre ensemble. Cette communication sur les couleurs unies et le mélange de cultures permet à la marque de faire passer un message de fraternité sur les différences en faisant appel au fun.
La communication de Benetton se veut universelle : ses campagnes sont identiques à travers le monde, tout comme ses magasins. En 1985, la publicité de l'agence Eldorado, qui a créé le fameux slogan « United Colors of Benetton », a reçu le Grand Prix de la Publicité Presse Magazine et le Grand Prix de la Communication publicitaire, avant d'être ovationnée au Festival international de la publicité à Cannes (devenu le Festival international de la créativité). Le positionnement de la marque devient alors un véritable fait de société par son originalité, son efficacité dans le développement très rapide de la marque, ainsi que pour sa créativité largement traitée et reprise par les rédactions des magazines de mode.

À la fin des 1980, Benetton est l'une des plus belles réussites dans l'univers de la mode. Elle colle parfaitement aux aspirations de la société en devenant le symbole d'une jeunesse engagée dans de nouveaux combats et pour le droit à la différence. Et Benetton est dans toutes les luttes : le VIH, la peine de mort, les guerres, les droits de l'homme, les épidémies… Ces campagnes réussissent à résoudre l'une des équations les plus complexes du marketing et de la communication, en créant des liens entre les produits et la marque, entre la marque et l'entreprise (clients, magasins, distributeurs, journalistes) et, enfin, entre la marque et la société.

L'affichage, argument de persuasion

D'un côté, il y a la richesse de la campagne, avec son renouvellement fréquent et ludique. De l'autre, le choix média de l'affichage qui donne à la marque une puissance et une aura sans comparaison. S'afficher dans la rue à la vue de toutes et de tous, clients et non-clients, est un élément fort de démarcation. Cette volonté de privilégier l'affichage — alors que la presse magazine était, et est probablement encore, le média favori des marques de mode — a permis d'amener la campagne dans la rue et de la faire entrer dans l'actualité en lui donnant un rôle de média. L'affichage permet de toucher une majorité de jeunes, de leaders d'opinion, d'individus pas intéressés d'emblée par l'offre produit, mais qui se sentent en harmonie avec la marque, avec son expression publicitaire et son message sous-jacent. À l'époque, Benetton faisait partie des marques les plus populaires ; elle dépassait largement le seul cercle de ses clients.

À partir de 1990, la stratégie « United Colors » évolue et l'on assiste à un effacement progressif du produit comme « héros du récit ». Le terme « *color* » devient davantage une affirmation qu'un moyen d'évoquer l'offre. La stratégie est désormais d'investir moins et de choquer davantage pour booster la couverture médiatique. Benetton va ainsi passer d'une logique publicitaire à haute dose de créativité à une stratégie de communication événementielle qui fait de la publicité non plus une fin en soi, mais un vecteur pour maximiser le rédactionnel. Dans un premier temps, cette stratégie va porter ses fruits. Benetton va devenir une « entreprise citoyenne », « consciente » et « engagée ». Mais dans cette escalade, la marque va devoir placer la barre toujours plus haut. Le *shockvertising* recherché par Olivero Toscani fonctionne parfaitement : on ne compte plus les retombées médiatiques dans le monde, les débats télévisés, les scandales et les protestations. Benetton dépense moins en communication, se cantonnant parfois à une seule parution pour obtenir 100 fois plus de retombées. En 1992, une affiche montre un curé embrassant une nonne. Puis, l'année suivante, Beneton publie une double page dans le quotidien *Libération* présentant des photographies en couleurs, cadrées sur des sexes, alternativement masculins et féminins, de toutes races et de tous âges, et mises en page côte à côte, le tout accompagné de son slogan. Ce n'est plus l'investissement média qui compte, mais la force de provocation qui est source de bruit médiatique « gratuit ».

En route vers le désamour

Après une période exceptionnelle, les dernières campagnes provocatrices vont avoir des effets plus contradictoires. Cette escalade va progressivement affaiblir la marque, laissant le devant de la scène à des adversaires, eux-mêmes innovants, tels que Zara ou H&M. Les scandales successifs vont créer une distanciation avec certains clients, doublée d'une contestation naissante au sein des réseaux de distribution. Ce qui hier passait pour du militantisme est désormais vécu comme un opportunisme inscrit dans une démarche purement commerciale. Les articles négatifs sur la marque et sa stratégie non légitime en matière de communication se multiplient. La marque va aussi connaître des boycotts redoutables, notamment en Allemagne, aux États-Unis et dans les pays scandinaves. En 1992, elle dispose de 650 enseignes et réalise un chiffre d'affaires (CA) de 2,2 milliards de francs. Trois ans plus tard, elle ne compte plus que 350 magasins pour un CA de 1,2 milliard.

Puis, les scandales vont s'enchaîner : travail des enfants en Turquie, accaparement des terres des tribus mapuches en Patagonie, etc.

Après quelques opérations avec l'ONU et l'Unesco, cherchant une orientation plus positive qui vise à s'extraire des regards accusateurs, Benetton va renouer avec sa stratégie de *shockvertising*. En 2011, elle lance la campagne Unhate qui met en scène une série de photomontages présentant des chefs d'État en train de s'embrasser sur la bouche. Le baiser entre le pape Benoît XVI et l'imam de la mosquée al-Azhar du Caire, Ahmed el-Tayeb, suscite la plus vive polémique. Là encore, le produit passe au second plan. Pour sa collection printemps-été 2013, elle fera appel à Lea T, mannequin brésilienne transgenre. Rien d'inédit dans ce choix : Lea T, assistante du directeur artistique de Givenchy, Riccardo Tisci, est déjà l'égérie de Givenchy depuis 2010.

Les retombées sur les ventes ne sont plus comparables avec celles des années 1980 et la couverture médiatique n'égalera pas celle des années 1990 avec ses grands scandales. Ce qui était auparavant choquant semble devenir banal, voire inintéressant.

Chaque nouvelle campagne « choc » est aussi l'occasion pour le public de se remémorer les stratégies passées. Mais ces retours médiatiques ne lui sont pas toujours favorables : le public semble plus sensible à la manipulation, à l'écoblanchiment (*greenwashing*) et sa méfiance vis-à-vis des marques est désormais installée.

À retenir

1 *Benetton a su proposer des vêtements disponibles dans toutes les couleurs symbolisant le multiculturalisme, la diversité, l'universalité de l'amour, et a marqué l'imaginaire collectif de toute une génération.*

2 *La tolérance, Benetton en a fait son fonds de commerce. La marque a joué sur la défense de valeurs sociales (proches de ses valeurs commerciales), en optant pour une démarche plus médiatique et impliquante, qui se différencie des stratégies des autres marques de mode (le mannequin, la belle photo, la signature, etc.).*

3 *La provocation a été pour Benetton une manière de renforcer son identité. Les vêtements ont peu à peu disparu des publicités pour laisser place à l'activisme, une démarche payante au début. Un meilleur contrôle de la spirale médiatique aurait été nécessaire. Un engagement traduit par la pub ne suffit pas aujourd'hui car le public ne se contente plus que l'on « effleure » les problèmes sociétaux.*

4 *Ce cas illustre aussi l'importance du lien qui unit une marque à ses consommateurs. Au début, tout fonctionne : le message, le rapport entre la marque et les aspirations des clients, une stratégie qui dépasse l'offre en donnant du sens et des valeurs qui ne sont pas strictement commerciales. Puis, les mêmes ingrédients qui ont fait le succès vont fonctionner en sens contraire, créant d'abord des questionnements, puis du doute et de la distanciation, et enfin un véritable divorce.*

Dim

La liberté chevillée au corps

Toujours bien placée dans le cœur des Français (et surtout des Françaises) après plus de 60 ans d'existence, Dim doit sa longévité à ses produits, mais aussi à une communication qui a su anticiper et accompagner l'émancipation de la femme. Une stratégie sans accroc.

Si réussir à traverser les époques est déjà un exploit admirable pour une entreprise, que dire quand l'une d'elles parvient à lier intimement son histoire à celui d'un mouvement sociétal, devenant une sorte de marqueur temporel de l'évolution du monde et de ses clients ? Dim n'est vraiment pas une marque comme les autres. Elle a su dès le début des années 1960 coller à l'air du temps et à l'évolution de la condition féminine. Mais avant de devenir la marque qui « dit tout de vous », Dim a d'abord été une réussite industrielle, propulsée par Bernard Giberstein[1], un grand défenseur de la liberté sous toutes ses formes.

Un combattant visionnaire aux manettes

Né en 1916 à Varsovie, au sein d'une famille de la bourgeoisie polonaise, le futur « homme aux bas nylon[2] » ambitionne de devenir ingénieur agronome. Contraint par le numerus clausus, qui limite le nombre de juifs pouvant être autorisés à exercer certaines professions, il part en 1935 faire ses études à la grande École horticole de Gembloux (aujourd'hui l'Institut technique horticole), en Belgique, et revient chaque été en Pologne pour les vacances. En mai 1939, il rate de peu l'examen pour l'obtention du diplôme. Cet échec va lui sauver la vie, car en restant dans le « plat pays » jusqu'en septembre pour la session de rattrapage, il échappe au pire : sa famille restée en Pologne subira la déportation et disparaîtra dans les camps nazis. Lorsque la Belgique est envahie par les armées allemandes en mai 1940, Bernard Giberstein s'engage dans l'armée polonaise en exil aux côtés de l'armée française. En juin 1940, lors de la capitulation de l'armée française, il se trouve avec son bataillon en bordure de la frontière suisse. Ils franchissent la frontière, mais sont capturés et internés avec 16 000 soldats de l'armée polonaise dans un camp en Suisse. Durant son incarcération il a néanmoins pu poursuivre ses études d'agronomie à l'université de Winterthur, près de Zurich. Il s'évade en 1942, rejoint la résistance près de Chambéry, et fait passer des familles juives de France en Suisse. Il sera arrêté trois fois par la Gestapo, parvenant à s'échapper deux fois. La troisième fois, il sera condamné à mort, le 23 août 1944, mais échappe miraculeusement au poteau d'exécution, car les troupes allemandes fuient face à l'avancée des troupes du débarquement allié. Il obtient son diplôme en 1946, puis se lance dans le commerce de jus de pommes en Belgique, mais l'aventure tourne court. Se souvenant alors du succès des bas donnés par les soldats américains aux femmes françaises à la Libération, l'homme s'intéresse de près à ce produit qui fera sa renommée. Il part aux États-Unis afin de négocier l'importation de premiers métiers à tisser et découvre la fabrication des bas en nylon avec couture. À son retour, Giberstein, conscient du potentiel du nylon, crée ses premiers ateliers de confection à Troyes et nomme son entreprise Bégy[3]. Il installe ensuite un atelier de fabrication, à Autun, dans une grande pièce mise à sa disposition par l'évêque au sein de l'école Sainte-Marie. Visionnaire, Bernard Giberstein délaisse la soie, une matière luxueuse, chère, et qui fait des plis, au profit du nylon plus résistant qui gaine les jambes et leur donne une coloration bronzée. Après avoir importé des métiers à tisser circulaires, Giberstein lance en 1956, des bas sans couture, dont il a breveté la fabrication, alors que ces derniers ne représentaient que 3 % du marché. L'abandon des bas formés pour des bas droits, qui épousent davantage la jambe de la femme, est un succès, ainsi que l'idée de la vente de bas à l'unité, pour permettre de ne pas racheter une paire entière quand l'un file. En 1958, il crée « Le bas dimanche », à une époque où les Françaises s'endimanchaient encore pour sortir.

Une communication déjà habile et sincère

Cofondateur de l'agence de communication RSCG, Jacques Séguéla explique bien[4] le but qu'afficha Dim dès 1962 dans les salles de cinéma avec son film publicitaire « Les Parisiennes » : « Moulinex a dit "je libère la femme", mais il l'a fait d'une façon matérielle. Il l'a un peu déchargée des fonctions

1. Créateur de l'entreprise, il quitte Dim en 1973 après son rachat par BIC, puis il se suicide en 1976. La société appartient aujourd'hui à HanesBrands.
2. Référence au documentaire *L'homme aux bas nylon* (Skopia Films, 2018), réalisé par Éric Bitoun, avec le soutien de la Fondation pour la Mémoire de la Shoah.
3. Nom correspondant aux premières syllabes du prénom et du nom Bernard Giberstein.
4. Dans le documentaire *L'histoire glamour de Dim* (Skopia Films, 2016) d'Éric Bitoun.

ménagères. Dim est allé beaucoup plus loin : il a donné à la femme la possibilité d'affirmer sa féminité, et a fait descendre la féminité française dans la rue. » Tout s'accélère en 1963, avec la rencontre déterminante entre Giberstein et Marcel Bleustein-Blanchet, fondateur de Publicis, avec qui la marque va connaître ses plus belles réussites. Suite aux conseils de l'homme de communication, peu convaincu par le fait de garder le mot « dimanche », les produits phares de la société deviennent « les bas Dim[5] ».

En 1968, tandis que les jupes raccourcissent sous l'impulsion des stylistes Mary Quant et André Courrèges, l'entreprise lance un nouveau produit, le collant, qui très vite remisera les bas qui ont construit sa réputation. Maurice Lévy, successeur de Bleustein-Blanchet chez Publicis, raconte que Giberstein était venu à l'agence avec une paire de collants roulés en boule en disant : « Voilà le collant tel qu'il sort de mes machines. Si je veux le repasser, le plier et l'emballer, cela triple son coût. » C'est là qu'est apparue l'idée du cube : en sortant de la machine, les collants étaient emballés tels quels dans une boîte cubique. C'est ainsi qu'est née la collection « Tels Quels ».

L'agence met aussi en œuvre une campagne télévisée, car l'année 1968 marque aussi l'autorisation des publicités de marques à la télévision française. Le spot, moderne par son minimalisme, est confié à Just Jaeckin, jeune photographe travaillant alors sur la très populaire émission à destination des femmes *Dim Dam Dom* et qui, plus tard, deviendra mondialement connu pour ses films érotiques, notamment *Emmanuelle* et *Histoire d'O*. C'est le début d'une longue série de publicités marquantes, rapidement dotées d'une musique reconnaissable entre toutes.

Une musique éternelle

« Tatata-Ta-Ta-Ta[6]. » Vous avez sans doute reconnu la signature musicale de Dim[7]. Chantée par un homme ou une femme, à plusieurs ou en solo, avec ou sans paroles, en version rock, cha-cha-cha ou tango, elle est associée à Dim d'abord dans le clip « Les Ânes » (1970) puis « Les Chameaux » (1971), deux publicités dévoilant des collants colorés. Le fameux thème musical, composé par Lalo Schifrin pour le film canadien, *Le Renard* (*The Fox*), réalisé par Mark Rydell en 1967, est choisi par le réalisateur des deux publicités, Yvon-Marie Coulais, et a été réorchestré par le compositeur et arrangeur Hugo Montenegro avec un tempo rapide aux sonorités pop. Il deviendra le leitmotiv musical de la marque Dim. La mélodie sera réutilisée dès 1971 pour « Le Slip[8] », campagne réalisée par le photographe américain William Klein. On y voit cinq jeunes femmes qui dansent, rient et s'amusent

5. L'entreprise changera officiellement son nom en 1965.
6. Ou « Ré sol la si bémol ré mi bémol », pour les adeptes du solfège.
7. En 2015 et 2016, le baromètre des identités musicales de marques lancé par AtooMedia (Bimm.atoomedia.com) révèle que l'identité sonore de Dim est la préférée des français dans le secteur de la grande consommation.
8. Aussi connu sous le nom « Bande de filles ».
9. « Gros Léon » de Hugh Hudson, en 1974 ; « Pour voir des seins comme ça » d'Adrian Lynne, en 1975 ; « Le serveur » de Ridley Scott, en 1977 ; « Diam's » de Jean-Paule Goude en 1988 ; etc.
10. Avec des slogans comme « En Dim, vous êtes libre, vous êtes belle » ou « Le plus beau Dim, c'est vous ».

en collants. Klein réitérera en 1973 avec deux autres campagnes séduisantes, l'une pour le nouveau collant « plat devant et rond derrière », l'autre pour le slogan « décidément, la mode, c'est Dim », transmettant toujours cette ode à l'insouciance, à la provocation sans vulgarité, à la sensualité, à l'espièglerie et à la vie qui ne cessera d'être au cœur de la communication de la marque.
Réalisées par des talents reconnus ou en devenir[9], les campagnes Dim ne disent jamais aux femmes quoi faire. Elles leur conseillent d'être elles-mêmes, de faire ce qu'elles veulent pour leur propre plaisir[10]. Un positionnement que la marque saura aussi appliquer au renouveau de l'homme.
Près de 70 ans après sa création, Dim n'a plus la même aura. Bien que toujours populaire et appréciée par la gent féminine pour son rapport qualité-prix et son image sympathique, elle n'est plus vue comme un symbole de

libération par la nouvelle génération. Néanmoins, le désir d'émancipation soutenu par la marque, l'une des premières au monde à avoir pris conscience de l'impact sociétal que peut avoir la publicité, a porté ses fruits : la femme libre de Dim est devenue la femme du XXIe siècle. Reste qu'au-delà de quelques notes de musique semblables à un véritable *strategic asset*, un actif stratégique, la marque se retrouve associée à bien plus qu'à un produit : c'est aussi un état d'esprit, une certaine vision du monde. Un atout considérable qui peut dynamiser Dim quand elle le souhaite.

À retenir

1 *La publicité, même pour un produit de grande consommation, peut aussi servir à faire avancer la société, à condition qu'elle soit sincère et bien réalisée.*

2 *Les premières notes du thème de Lalo Schifrin, facilement reconnaissables et automatiquement associées à Dim, démontrent l'importance de la signature sonore dans la communication télévisuelle. Plus qu'un simple gadget, celle de Dim est carrément devenue un logo musical. Pour être efficace et pour différencier la marque de ses concurrents, une empreinte sonore doit être courte. Elle a aussi besoin de temps pour s'installer.*

3 *Quand on souhaite véhiculer et porter un message de modernité à travers ses produits et sa communication, s'adjoindre les services de jeunes talents et esprits créatifs au cœur de cette même modernité est capital.*

Brand
Success
Brand
Success
Brand Success
Brand Success
Brand Success
Brand Success
Brand Success
Brand Success

« La créativité, cette étincelle qui transforme une stratégie en une idée capable de mobiliser la tête et le cœur des individus. »

Mercedes Erra,
présidente exécutive d'Havas Worldwide
et fondatrice de BETC.

Energizer

Le lapin survolté

L'exemple d'Energizer relève du schéma classique dans lequel le leader, solidement installé, est attaqué par son challenger. Dans ce cas, Duracell, trop sûr de sa position, n'a pas pris au sérieux son outsider Energizer qui l'a copié et a détourné avec impertinence pour mieux faire et pour, finalement, s'imposer durablement au premier plan de son secteur.

Depuis ses débuts, la publicité humanise des animaux pour leur capital sympathie et leur charme. Le consommateur peut s'identifier à l'animal, le trouver mignon ou puissant, de Grosquick qui devient un lapin, au tigre d'Esso, en passant par le lapin Duracell. Cela humanise la marque et permet de passer des messages tout aussi rationnels que dans une communication classique. Une des meilleures démonstrations a été faite par OMO et sa campagne avec des singes en 1994.

Contester le leadership de Duracell

Depuis des années, Energizer cherche à s'imposer sur le marché des piles électriques. Pour cela, à partir de 1988, date à laquelle elle débarque en France, la marque va littéralement copier le symbole universel du leader du marché, le lapin rose de Duracell, et le tourner en dérision. Il s'agit d'un combat entre le leader qui domine et oriente le marché et l'outsider qui veut aller plus loin. C'est exactement ce que va tenter de faire Energizer avec une stratégie osée et insolente, à l'image de son lapin qui quitte le monde des représentations enfantines pour rentrer dans celui de l'adolescence contestataire. Tout est fait pour valoriser une marque jeune et novatrice, prête à tout pour être originale et décalée, et qui revendique en même temps la même promesse que son challenger : que ses produits durent plus longtemps. En 1973, la marque de piles Duracell met en scène pour la première fois le célèbre lapin rose au tambour. L'animal symbolise l'énergie des piles Duracell, censée être supérieure à celle de ses concurrents, car elle dure plus longtemps. Quand les autres objets s'arrêtent, ceux équipés de la pile Duracell continuent d'agir. Pendant 15 ans, le lapin rose Duracell construit la notoriété et l'image de la marque. La campagne permet à Duracell de gagner des parts de marché face à des concurrents qui manient des registres publicitaires conventionnels ou se cantonnent à des coups médias limités dans le temps.

Mais voici qu'en 1988, une campagne prenant pour vedette un lapin rose est lancée aux États-Unis par Energizer. On y voit un lapin portant des lunettes de soleil et des sandales bleues et affublé d'une grosse caisse de fanfare avec le sigle Energizer. C'est le début de la guerre marketing des lapins sur le marché de la pile électrique, et chacune des marques opte pour un registre différent, voire opposé.

L'audace du détournement

Duracell représente la marque historique : c'est un lapin connu, installé, tranquille, mature, qui renouvelle spot après spot la même promesse sur un registre créatif sympathique, mais sans provocation ni étonnement. La stratégie d'Energizer consiste à assumer pleinement sa position d'outsider, en promettant de durer plus longtemps que les autres, ce qui est le bénéfice principal recherché par les consommateurs. Le produit en lui-même ne présentant finalement pas d'innovation notoire ou de disruption. Mais Energizer, dont l'origine remonte à la fin du XIXe siècle, va se positionner en tant que marque jeune, avec un lapin plus moderne, insolent et provocateur. Cette démarche va redonner vie au produit et créer la surprise, face à un Duracell qui semble assoupi.
En parodiant les publicités Duracell, la stratégie de « continuité dans la différence » est audacieuse et osée. Elle joue sur la carte de l'humour. En réalité, toute la logique d'Energizer est de pousser la comparaison afin de redéfinir le passé et l'avenir. La marque cherche à favoriser la confrontation entre un univers normé, habituel, tranquille, qui incarne la « vieille génération », et un autre plus vivant et plus audacieux.

Cette campagne rappelle l'initiative de Pepsi « A new generation » qui conduira à la création du « Pepsi Challenge[1] », et celle du loueur de voitures Avis, « We try harder[2] » contre son éternel concurrent Hertz, deux cas emblématiques d'outsiders qui doivent faire davantage et mieux que le leader. En choisissant l'angle sarcastique dans sa campagne, Energizer tourne en dérision le lapin Duracell et défie le géant sur son propre terrain. Elle va même plus loin que son concurrent : le gros lapin Energizer continue de jouer jusqu'à la fin de la publicité. Il est partout, n'a aucun complexe, assume une fonction de « trouble-fête » qui convient à tout outsider. Les consommateurs ont perçu le nouveau lapin Energizer comme cool et dur à cuire. Initialement conçu comme une parodie, le lapin Energizer a rapidement pris son envol et est devenu une icône de la culture pop. Au cours des 20 années qui ont suivi, 115 campagnes avec le lapin Energizer vont être créées en intégrant d'autres personnalités de la culture pop. En ce sens, il s'agit d'un cas qui possède de nombreux points communs avec la campagne « Get a Mac » d'Apple[3], dans sa guérilla marketing avec Microsoft.

> « Il faut être original, mais pas à tout prix : l'originalité n'est pas forcément le territoire, c'est parfois le ton. […] La capacité à se moquer et être un trublion, c'est ce qu'Energizer a réussi. »
>
> Jean-Paul Brunier, Global Client Leader au sein du groupe Publicis

Une stratégie payante

L'audace, l'impertinence, l'insolence et la vivacité ont conduit à une réussite remarquable et des résultats incontestables. Energizer personnifie un état d'esprit plus moderne et plus « cool », des dimensions positives de détermination et de persévérance. Avec le temps, elle est devenue une marque reconnue, prenant une position forte sur le marché et demeurant, pour nombre d'Américains, une sorte d'icône à la fois jeune, pop et insolente. Principale outsider, elle a su se frayer un chemin dans le rang des grandes marques : le lapin Energizer a été classé parmi les dix plus grandes icônes publicitaires de tous les temps.

Désormais, lorsque Duracell communique, c'est aussi de la publicité pour Energizer. Certaines enquêtes ont démontré qu'entre 1989 et 1995, période où la guerre des lapins fut la plus forte, les scores de confusion chez les téléspectateurs auraient atteint 40 %, et la majorité des consommateurs pensaient que,

1. Voir *Brand Success*, tome I, p. 192.
2. Voir *Brand Success*, tome I, p. 70.
3. Voir page 108.

quel que soit le lapin, ils étaient tous associés à une seule marque : Energizer. Cela montre combien il est important pour un challenger de se différencier clairement face au leader. Avec son approche sarcastique, Energizer a su marquer les esprits des consommateurs.

« Le marketing est une affaire de bon sens, explique Jean-Paul Brunier, Global Client Leader au sein du groupe Publicis.

Plus on est proche de l'observation des gens, plus on a compris ce qui fait fonctionner les icônes de marque du leader, les génériques du marché, ce que les gens attendent, sa position de challenger avec l'obligation d'être différent, meilleur on est. Il faut être orignal, mais pas à tout prix : l'originalité n'est pas forcément le territoire, c'est parfois le ton. On ne mesure pas suffisamment ce que les entreprises et les marques ont dans le ventre : c'est la capacité à se moquer et être un trublion. C'est ce qu'Energizer a réussi. »

La marque de boissons à base de jus de fruits Minute Maid s'est approprié le célèbre lapin rose au tambour dans une campagne parue en France en 2002. Dans cette pub, le lapin ne tirerait donc pas son énergie de ses piles, mais de ce qu'il boit en douce pendant qu'il n'est pas sous le regard des caméras. Parodie ou détournement, la guerre des lapins se poursuit...

À retenir

1 *Ce cas est une source d'inspiration pour le marketing et la communication des marques outsiders, coincées par les positions du leader si elles n'ont pas un vrai potentiel de différenciation produit ou une supériorité rapidement comprise et reconnue.*

2 *On retrouve une constante : celle de marques qui n'ont pas de meilleur choix que de prendre des risques.*

3 *La marque incarne un talent et une audace incroyables sur le marché historique, en parodiant le symbole du leader. C'est un choix osé qui a porté ses fruits.*

4 *La parodie Energizer a su marquer par la justesse de sa signature « Keep Going and Going and Going » qui illustre la performance des piles Energizer et qui sera reprise à différentes époques par des artistes, des hommes politiques.*

Levi's

L'icône qui traverse le temps

Au panthéon des marques, Levi's fait sans doute partie des plus connues, des plus emblématiques et iconiques. Inventrice du jean et du fameux modèle 501, élu vêtement du XXe siècle par le* Time Magazine, *elle s'est construite sur l'innovation. Une culture d'entreprise qui transpire dans sa communication. Et qui dit jean, dit forcément Levi's.

L'histoire de Levi's, c'est avant tout celle d'un jeune Allemand, Loeb Strauss, qui immigre aux États-Unis et rejoint San Francisco, en pleine ruée vers l'or (1848-1856). Il crée sa société, Levis Strauss & Co., en 1853, à l'âge de 24 ans, pour faire de l'import de fournitures. Strauss transporte dans ses chariots des toiles de tente et des bâches en toile denim brune qu'il vend aux orpailleurs et aux mineurs.

Assez rapidement, le commerce du néo-Américain à peine trentenaire, que ses proches et ses employés appellent « Levi », commence à prospérer et à se spécialiser dans les tissus pour les vêtements professionnels. Il importe notamment une toile de laine et de soie en armure de serge, connue sous le nom de denim (de Nîmes). Cette toile de ton beige, réputée pour sa résistance, est par la suite teintée en bleu indigo à Gênes pour en faire un vêtement bon marché, résistant et moins salissant que le beige. Un des clients de Strauss, Jacob Davis, tailleur à Reno dans le Nevada, lui achète ses toiles et taille dedans des pantalons de travail renforcés par des rivets en cuivre au niveau des points sensibles, les poches et la braguette, pour satisfaire les exigences en matière de solidité d'une cliente dont le mari est bûcheron. Devant le succès de son pantalon auprès des bûcherons et des chercheurs d'or, et pour éviter les contrefaçons, il envoie une lettre à Strauss en 1872 pour lui proposer de partager les fruits de la commercialisation de son invention en échange du paiement, par Strauss, de la somme nécessaire au dépôt du brevet. Jacob Davis joint à la lettre deux pantalons de sa fabrication, dont l'un en denim. Ce qui permet le succès de la collaboration Jacob Davis et Loeb Strauss, outre le choix du denim qui devient le seul tissu utilisé pour la fabrication à partir de 1860 et le renforcement par des rivets, c'est d'avoir privilégié la confection de pantalons et non pas de salopettes comme le fait la concurrence. À l'origine, le pantalon est désigné sous le terme « *waist overalls* » (salopette à ceinture) par opposition aux « *bib overalls* » (salopette à bretelles), mais par la suite c'est l'appellation « jeans » (contraction de « de Gênes », déformée par la prononciation locale) qui finira par s'imposer.

La culture de l'innovation et de la démarcation

En 1873, brevet en main, les deux associés lancent un premier pantalon baptisé « XX », un modèle taillé dans du denim, renforcé par des rivets ce qui permet de se distinguer de la concurrence. Mais en 1890, la société perd son brevet et son exclusivité et, pour anticiper les imitations, elle décide de mettre en avant ses modèles en denim de la Amoskeag Manufacturing Company[1], qui ont une réputation de solidité, notamment grâce à leur couture en double X.

C'est ainsi que naît le fameux 501 dont le nom proviendrait de la bobine de tissu utilisé pour le premier exemplaire. Vêtement de travail ample, il va prendre au fil du temps les caractéristiques qu'on lui connaît, notamment le modèle à cinq poches qui verra le jour au début du XXe siècle. En 1912, la société, solidement installée sur la côte ouest, va étendre ses activités à l'ensemble des États-Unis. La marque crée la Koverall, un combishort en denim d'une seule pièce, à destination des enfants. Ce vêtement lui vaudra un prix à l'Exposition universelle de 1915. Puis, après avoir lancé la Kover-Ups, une combinaison pour hommes, elle va mettre sur le marché en 1918 les Freedom-Alls, un vêtement de travail et de loisir pour les femmes. C'était une tunique ceinturée, portée par-dessus un sarouel et serrée à la cheville pour être portée avec des bottes. Ce vêtement répondait au rôle plus important et plus actif joué par les femmes dans les pays occidentaux à la fin de la Première Guerre mondiale.

L'obsession de la marque est de se distinguer. Dès ses débuts, en plus des rivets, elle ajoute à ces vêtements des boutons ronds facilement reconnaissables. Puis elle va généraliser son *accurate* en 1873 avec une double surpiqûre sur les poches arrière. En 1886, elle accole une étiquette en cuir au dos des pantalons avec la mention « *It's no use they can't be ripped* » (il n'y a rien qui puisse les déchirer) et une illustration qui montre deux chevaux tentant d'écarteler un jean (Levi Strauss aurait réalisé ce test à ses débuts).

1. Amoskeag Manufacturing Company était une immense manufacture textile située à Manchester, dans le New Hampshire, aux États-Unis. Créée en 1831, considérée comme le plus grand centre de production de toiles en coton et de denim du continent américain, elle fermera ses portes en 1935, la veille de Noël.

Dix ans plus tard, un bon de garantie est fourni avec chaque vêtement. En 1936, une petite étiquette rouge, la Red Tab, est placée sur la couture de la poche arrière droite, afin que le jean soit reconnaissable face à la concurrence. Lee apparaît sur le marché en 1911, en mettra une fermeture éclair à la braguette en 1926, ainsi que Blue Bell en 1919, qui deviendra ensuite Wrangler. La crise de 1929 va permettre au jean, bon marché et solide, de connaître une large diffusion auprès des paysans, des ouvriers et des travailleurs urbains. En 1930, Levis Strauss & Co. va commencer à utiliser l'image du cowboy et le jean va faire son apparition au cinéma et dans la culture populaire. Étudiants, artistes, femmes, le jean fait progressivement oublier son statut de vêtement de travail, au point que Levi's va supprimer les rivets des poches arrière afin qu'ils n'abîment pas les sièges.
En 1935, le très chic magazine *Vogue* publie une publicité de la marque. La Seconde Guerre mondiale sera l'occasion d'exporter le jean en Europe. Il deviendra ensuite un élément de transgression et de rébellion, se réinventant au fil des époques. Tout le monde porte le jean, dans toutes les couches sociales. Enfilé par Marilyn Monroe, James Dean, les rockeurs ou encore les hippies, ce pantalon sera associé aux mouvements contestataires et pour l'égalité.

Des publicités marquantes

Levi's ne se lance réellement dans la publicité qu'à partir des années 1920 et c'est dans les années 1980 qu'elle va entamer une épopée publicitaire qui marquera de nombreuses générations, en développant l'image d'un vêtement transgressif. À cette époque, les jeans sont démodés et les ventes ne font plus recette. En 1982, l'agence BBH (Bartle Bogle Hegarty) se voit confier le budget publicitaire de la marque. Ses trois premières campagnes (« Rivets » en 1982, « Stitching » en 1983 et « Airport » en 1984, dans laquelle un jean est introduit clandestinement en Russie) vont mettre en avant la solidité du jean de San Francisco, mais les ventes ne suivront pas. Il fallait en revenir à ce qui rend le jean unique : sa symbolique de subversion. On la retrouvera avec le spot « Laundrette » (1985) dans lequel on voit un jeune homme entrer dans une laverie et se mettre en sous-vêtement pour laver son 501, sur une musique de Marvin Gaye. Les ventes vont augmenter de 800 % et vont rendre très populaire le jean délavé (*stonewashed*).
À partir de cette date, le fabriquant va enchaîner les succès (d'estime, du public et de la part des professionnels), avec la même recette : une information sur le produit, une bande-son qui fait mouche et une petite touche sexy. « Drugstore », une vidéo en noir et blanc réalisée par Michel Gondry en 1995, va obtenir le Lion d'or au Festival international du film publicitaire à Cannes et entrer dans le Guinness Book comme étant le film publicitaire le plus primé de tous les temps. Le clip met en scène un jeune homme sans complexes, qui va acheter des préservatifs dans un drugstore de l'Amérique profonde, laborieuse et puritaine. Puis, lorsqu'il va chercher

sa petite amie, il découvre que le pharmacien qui l'a préalablement servi en est le père. Le message est clair : le 501 est destiné aux jeunes révoltés, les rendant plus désirables et sexy. En 1999, la campagne avec la marionnette Flat Eric, pour la collection « Sta-Prest », permettra à son créateur, le musicien Quentin Dupieux sous le pseudonyme de Mr Oizo, de vendre des millions de disques du morceau *Flat Beat*. Cette série de clips plaisait tellement au public qu'il en oubliait parfois que c'était le jean qui devait être le héros et non pas la marionnette orange. Et la saga continue en 2002, avec le très lyrique spot « Odyssey » qui décrochera un Lion d'or à Cannes... Régulièrement, Levi's revient sur le devant de la scène et se rappelle au bon souvenir de tous.

Levi's est une légende qui a su traverser les années et surmonter des périodes difficiles. Aujourd'hui, dans un marché ultraconcurrentiel, le fabricant tente de se démarquer en misant sur sa responsabilité vis-à-vis de ses sous-traitants et en mettant en avant des produits durables. Mais ce qui construit aussi les marques légendaires, c'est leur logo. Celui de Levi's est connu de tous et souvent imité. Dénommé « Batman », il a été créé en 1967 par l'emblématique Walter Landor, designer de renom et pionnier des techniques de recherche sur le *branding* et sur la consommation. L'avantage de ce logo et qu'il est adaptable selon les époques et les besoins. Ainsi, même en enlevant la plupart de ses éléments, ou en changeant la couleur, en reconnaît toujours l'identité de la marque.

À retenir

1 *Le socle qui fait la réussite des grandes marques est, et restera toujours, leur capacité d'innovation. Levi's est l'inventeur du jean et elle ne cessera d'apporter des innovations à ses produits.*

2 *Ce qui permet à une marque de tenir dans le temps, c'est à la fois sa capacité d'innovation et de renouvellement, mais, surtout, sa capacité à garder ses racines et ce qui a fait son succès. Si Levi's renouvelle sans cesse ses produits et ses collections, elle s'appuie sur les classiques qui l'ont construite, comme l'iconique 501. Celui-ci évoluera au fil du temps, afin de s'adapter aux époques, mais gardera toujours ce qui a fait son succès.*

3 *Dans la communication et la publicité, la créativité et le sens du message sont les deux éléments fondamentaux. Deux facteurs que Levi's n'a jamais oubliés et qui lui ont permis de signer des campagnes publicitaires qui sont devenues des références, à la fois pour le public et les professionnels.*

Obama 2008

« Yes, We Can »

La campagne qui a permis à Barak Obama d'être élu président des États-Unis en 2008 s'impose comme un cas d'école. L'audace et la modernité des moyens de mobilisation marqueront à jamais l'histoire politique et feront d'internet (sites web, blogs et réseaux sociaux) l'autre grand gagnant de cette campagne. C'est un parfait exemple de* brand success *: le futur président, au-delà d'une personnalité unique, a été supporté par une vraie démarche de gestion de marque.

Les élections de 2008 étaient les premières depuis 1928 qui ne comportaient pas de candidat préalablement président ou vice-président. La cote de popularité désastreuse de Bush, le président en exercice, a contraint le candidat du Parti républicain, McCain, à prendre ses distances vis-à-vis de lui.
Mais rien n'indiquait que la voie vers la Maison-Blanche était toute tracée pour le candidat démocrate afro-américain. Au-delà des considérations politiques, sociologiques, ethniques ou culturelles, ce qui rend la première campagne présidentielle du candidat Barack Obama particulièrement exceptionnelle ce sont les leviers marketing et communicationnels sur lesquels elle s'est appuyée. D'une part, une dynamique unique, traduite par des initiatives locales et nationales, notamment l'intensification du volontariat et de l'engagement individuel

avec le sentiment de vivre une expérience exceptionnelle, qui sont des piliers du marketing gagnant d'aujourd'hui. De l'autre, l'utilisation du géomarketing[1] (qui s'imposera plus encore en 2012), avec un talent rare pour segmenter l'électorat selon les groupes religieux, culturels et ethniques[2].
Enfin, il s'agit d'un ensemble de campagnes dans la campagne (« Change », « Hope ») qui s'inscrit dans un « esprit cool ». Cette démarche a nui à son concurrent, John McCain, âgé de 72 ans, ancien pilote de l'armée américaine et héros de guerre, présenté comme le candidat de l'establishment, mais malmené par une vague de ressentiments des républicains qui lui reprochaient la législation qu'il avait promue pour favoriser l'immigration.
De plus, Obama disposait d'un budget de campagne de 745 millions de dollars, un record à l'époque, soit le double de celui de son adversaire républicain.

Un candidat dans son époque

Au fond, ce qui explique le succès de cette campagne c'est que le candidat Obama a su s'appuyer sur des outils et des pratiques qui, à l'époque, n'étaient pas très répandus dans le monde politique, alors qu'ils sont aujourd'hui devenus la norme. Barack Obama et ses conseillers ont rapidement compris que les médias sociaux seraient les meilleures voies, les plus rapides et les plus mobilisatrices pour toucher les populations en grand nombre.

1. Le géomarketing est la branche du marketing qui consiste à analyser le comportement des individus économiques en tenant compte des notions d'espaces.
2. Les études segmentées basées sur les origines ethniques sont formellement interdites en France.

Au lieu d'en faire un outil parmi d'autres, ils en firent le vecteur principal de la relation avec les électeurs. Grâce au ciblage publicitaire unique que proposent ces plateformes, ils ont pu toucher le cœur leur électorat potentiel avant les autres. L'équipe démocrate s'est aussi orientée vers de « nouvelles formes de journalisme ». Contrairement à la campagne des républicains qui misait largement sur les médias d'information traditionnels (grandes chaînes de télévision et presse quotidienne) l'équipe d'Obama a accordé une place de choix aux relais d'opinion, influenceurs, blogueurs professionnels ou amateurs, et à toutes les nouvelles formes d'expression journalistique, jusqu'alors mises de côté par les politiques — avant que les *fake news* ne s'invitent dans les campagnes électorales plus récentes.
Tandis que John McCain a dépensé une part importante de son budget dans les outils traditionnels de télémarketing — des méthodes considérées comme de plus en plus intrusives et parfois rejetées par l'opinion publique —, le staff d'Obama, lui, s'est plutôt concentré sur les réseaux sociaux, grâce à des tactiques de géolocalisation, et sur une démarche relationnelle plus « soft ».

La force de la simplicité au service du collectif

Plutôt que de se perdre en longs discours, la force d'Obama a été d'émettre, d'installer et de développer une idée claire. Une idée qui est entrée en symbiose avec le désir des citoyens, et qui fut l'incarnation du changement dans sa plus simple expression : on se souvient des célèbres affiches signées Shepard Fairey avec les termes *change*, *hope* ou *progress*.

Inspirées de l'affiche représentant Che Guevara, elles ont introduit une touche de contre-culture et séduit un large public. Une simplicité redoutablement efficace qui s'est appuyée sur la créativité. Lorsque le candidat Obama s'est adressé aux Américains de tous âges, de toutes les cultures, de tous les États du pays, depuis des primaires jusqu'à la campagne présidentielle, il a rapidement incarné le changement, cette valeur puissante, facile à communiquer, à comprendre, à partager et à développer. Au lieu de « vendre » le candidat comme un « produit », le positionnement de la campagne d'Obama a été de chercher à démontrer qu'il est la « solution » aux problèmes des gens. Ce marketing du partenariat, de la relation, de la marque *client minded* a certainement fait beaucoup, créant le sentiment (largement validé dans tous les sondages) que le candidat Obama se préoccupait plus des problèmes et de la vie des gens que ses concurrents aux primaires et à la présidence. D'ailleurs, quoi de plus probant que de traduire la valeur centrale du changement par un « nous » collectif ? Son fameux slogan « Yes, We Can » est encore largement utilisé. Si la formulation « Yes, I can », plus traditionnelle, avait été utilisée, l'impact aurait été très différent.
Pour élaborer ces messages, Obama a aussi utilisé massivement la technique marketing du test A/B (*A/B testing*) qui consiste à proposer plusieurs variantes d'un même objet ou d'un message, qui diffèrent selon un seul critère (par exemple, la couleur d'un emballage), afin de déterminer la version qui est la plus efficace et de l'utiliser à large échelle. Cette technique a permis à l'équipe de campagne d'obtenir 2 880 000 souscriptions supplémentaires et donc autant d'adresses e-mail avec effets bénéfiques principaux : le nombre de bénévoles pour la campagne a augmenté proportionnellement à celui des souscripteurs et des donateurs.
Pour mettre en œuvre ce plan de communication et de marketing, le candidat démocrate s'est donc appuyé sur un large réseau de fans et de bénévoles qui ont porté haut et fort le message de leur candidat, avec passion et enthousiasme. Cela donnera un coup d'accélérateur à la dynamique créée par la campagne. Les équipes vont être constamment valorisées et mises à l'honneur, notamment sur les réseaux et au travers les nouveaux outils internet. C'est le principe marketing qui consiste à responsabiliser les « clients » en tant qu'ambassadeurs de la marque, au lieu d'en faire des « acheteurs passifs ».

Un tournant dans la communication politique

Cette campagne marque aussi une fin de la communication négative. En 1964, le film « Daisy[3] » constitua l'apothéose de cette manière de communiquer : ce clip de quelques secondes, réalisé en faveur du futur président Johnson et qui ne sera diffusé qu'une seule fois, a détruit le candidat républicain en suggérant qu'il pouvait utiliser la bombe atomique. Un demi-siècle plus tard, ce parti-pris ne fonctionne plus. Alors que son opposant se radicalisait, prônant l'affrontement, le candidat Obama ne déviait pas de sa ligne de communication : la vie peut être meilleure si l'on croit au changement et si l'on s'occupe de tout le monde.

3. Voir *Brand Success*, tome I, page 146.

Dans l'Amérique de 2008, en pleine crise des subprimes et au début de la Grande Récession, cette vision constructive trouvait plus d'écho auprès des électeurs que les traditionnelles petites phrases des querelles politiciennes.
L'équipe d'Obama a tout mis en œuvre pour développer le sentiment d'appartenance et l'envie de faire partie de l'aventure grâce à une exceptionnelle compréhension des mécanismes d'implication. Chaque contributeur, chaque bénévole, avait la sensation de faire partie d'un grand mouvement et d'une grande famille, même en ne donnant qu'un seul dollar.
Ces pratiques posent les bases du marketing actuel : faire vivre une expérience, la partager, créer une communauté et susciter l'envie.

À retenir

1 Chaque grande campagne de communication s'est construite sur une rupture. Celle d'Obama en 2008 a su dépoussiérer les traditionnelles campagnes politiques dans les méthodes, les discours ou la manière de lever des fonds... Le candidat a aussi été capable de faire preuve d'autodérision

2 Faire simple est souvent plus difficile. Et simplicité peut rimer avec créativité. C'est le pari qu'a réussi l'équipe d'Obama, avec des slogans efficaces et habilement déclinés, et une mise en scène épurée.

3 La démarche de cette campagne est à l'image de ce qui se fait aujourd'hui : les marques proposent des expériences. Elles fédèrent une communauté qui partage ses impressions. Celle-ci est impliquée en amont dans la conception et en aval sur les retours. La marque est agile et capable de réagir très rapidement.

4 Alors que le candidat McCain basait sa communication sur le schéma classique du « moi et eux », Barack Obama a su mettre en avant un message universel qui implique tout le monde, toute une société, avec « Yes, We Can ». Ce « nous » a créé un formidable élan. Il a su articuler habilement le besoin d'un discours pour tous, y compris les minorités.

Apple

« Get a Mac »

Principalement diffusée sur les téléviseurs des Américains et des Anglo-Saxons, récompensée à de nombreuses occasions, cette campagne constitue un cas d'école de publicité comparative, un mode de communication assez peu utilisé en France. Dans une course folle au leadership, elle va permettre à Apple de gagner des parts de marché et de s'installer définitivement comme une marque cool, décalée et plus moderne, qui propose à ses clients une expérience unique, différente de celle du PC.

La communication comparative existe depuis longtemps aux États-Unis. Elle est arrivée en France depuis peu, avec un encadrement très fort. Outre Atlantique, elle apparaît comme un mode de communication courant, presque standardisé. On peut attaquer un concurrent, le nommer et affirmer sa supériorité sans avoir à fournir une démonstration très rigoureuse. Mais dans l'Hexagone, la publicité comparative, entrée dans le corpus juridique en 1992, est régie par plusieurs articles du code de la consommation et doit obéir à des règles très précises. En France, on considère en effet que cette pratique peut aisément déraper vers des formes de dénigrement et de concurrence déloyale.

Un contexte particulier

Aux États-Unis cette forme de communication est gérée par la National Advertising Division qui favorise un système d'autorégulation, considérant que la complexité d'une réglementation gouvernementale ou une politique interventionniste de l'Administration dans le monde des

affaires serait plus dommageable. Depuis les années 1970, la publicité comparative a même été encouragée, selon le principe que cette bataille de comparaison et d'évaluation des avantages entre marques favoriserait une meilleure information. Selon les statistiques, la publicité comparative américaine n'a jamais dépassé les 10 % de l'ensemble des investissements des annonceurs. Mais son impact est décuplé par le caractère événementiel de sa pratique et par le fait qu'elle s'appuie sur la confrontation des entreprises dans leur lutte pour la suprématie, en matière de notoriété, d'image, mais également d'investissements.
La communication comparative permet à des outsiders de lancer les hostilités, et certains cas sont devenus des références, comme les attaques de Pepsi Cola contre Coca-Cola[1], les campagnes déployées par Avis contre Hertz avec sa fameuse signature « We try harder[2] », ou encore les attaques de Nintendo contre Sega. Il faut ajouter à cela le célèbre film « Daisy[3] » du candidat Lyndon Johnson, encore présent dans la mémoire de plusieurs générations d'Américains, qui a réellement déstabilisé la campagne de son concurrent à la présidence des États-Unis, Barry Goldwater. C'est donc dans ce contexte, où la méthode comparative est très courante, qu'Apple lance en 2006 son offensive contre le PC. Mais personne n'est dupe : c'est Microsoft qui est visée.

1. Voir *Brand Success*, tome I, page 192.
2. Voir *Brand Success*, tome I, page 70.
3. Voir *Brand Success*, tome I, page 146.
4. Voir Melissa Schilling, *Les visionnaires*, FYP éditions, 2019.

Une comparaison symbolique et orientée

En 2006, l'agence TBWA Chiat/Day, qui a déjà réalisé les plus célèbres campagnes d'Apple, produit une vingtaine d'annonces bâties sur la comparaison entre deux univers, celui d'Apple et celui de Microsoft. Par la suite, une soixantaine de spots publicitaires sont également produits à un moment crucial pour les deux marques. La campagne étudiée ici confronte les deux leaders du marché de l'informatique que sont Steve Jobs et Bill Gates à travers deux personnages, l'un symbolisant Mac, l'autre Microsoft. Elle durera trois ans et sera déployée aux États-Unis, au Canada, en Nouvelle-Zélande, en Australie, en Grande-Bretagne et au Japon. Elle répondait à la volonté d'installer Apple comme une marque leader et non plus comme un outsider sur le marché des ordinateurs portables ou comme étant réservée qu'à certains secteurs d'activité. Le renouveau de la marque et le récent succès de certains produits qui incarnaient la modernité technologique ont conduit Apple à sortir de son « ghetto », une niche de geeks et d'aficionados, tout en conservant ses racines et son image avant-gardiste.
L'ambition était de positionner Apple comme une alternative libératrice, avec un rapport à l'outil totalement différent, une expérience incomparable et une facilité d'utilisation. Toutes ces qualités seront comparées à la lourdeur et à la complexité attribuée aux produits de Microsoft. La marque à la pomme devait devenir la référence d'une technologie moderne, un véritable « vélo pour l'esprit », selon la formule de Steve Jobs[4], mise en contraste avec l'image passéiste : la lourdeur et la complexité incarnées par la concurrence.

Une campagne d'influence

La campagne comparative ne s'appuie pas sur des démonstrations scientifiques complexes ou rébarbatives, mais sur les avantages apportés par l'utilisation du Mac. On ne cherche pas à persuader, mais à mettre les gens de son côté, en particulier ceux qui vont apprécier l'audace de la communication d'Apple. Il ne s'agit pas d'une campagne d'image, encore moins d'une campagne de produits, mais d'une politique d'influence, développée en valorisant l'un des protagonistes par l'humour, l'audace de la comparaison et le « détail qui tue ». Il suffit de se référer aux deux acteurs omniprésents dans la campagne : Justin Long incarne le héros sympathique, cool et décontracté qui personnifie le Mac, et John Hodgman, moins débrouillard, plus lourd et pataud représente toute la pesanteur et l'inertie de Microsoft. L'attaque d'Apple ne repose pas sur du factuel, mais sur de l'impression.

À travers les films et la vingtaine d'annonces papier, l'état d'esprit de la campagne reste la même : une politique de communication comparative qui va à l'essentiel en évitant toute argumentation basée sur des éléments concrets qui pourraient être contestables. Cette pertinence donne une énorme force à la démonstration de la supériorité d'Apple. En renouvelant sans cesse le spectacle et en jouant sur le comique de répétition, Apple réussit à mettre « les rieurs » dans sa poche. L'attente du « prochain coup » d'Apple est symbolique d'une démarche qui ne veut pas persuader, mais influencer. Deux visions du monde s'opposent : celle d'hier, lourde et ennuyeuse, et celle de demain, passionnante et cool, à laquelle on souhaite s'identifier. Cette capacité à créer de la sympathie pour Apple ne vient pas seulement des différences mises en scène des personnages et des situations. Contrairement à une campagne qui veut faire valoir les supériorités de la marque, il s'agit ici de démontrer les faiblesses du leader qui est attaqué. Il fallait d'abord faire prendre conscience des défauts du PC avant de vouloir vendre les mérites du Mac.

Installer le rendez-vous

La profusion des expressions et la multiplicité des créations sur différents supports rendent la communication comparative plus vivante et interpellent davantage. On a le sentiment que chaque nouvelle annonce ou spot télévision va provoquer une nouvelle provocation, et Apple, l'outsider qui attaque, en tirera tous les bénéfices. La multiplicité des expressions fonctionne selon la mécanique d'un feuilleton et, en créant l'attente,

on donne de l'importance au sujet. Cette campagne défie les lois du genre, car on compare deux mondes, deux styles de vie, deux approches quasi philosophiques, deux visions. Dans cette opposition, l'argumentation technique et la démonstration quantitative sont réduites au strict minimum.
Cette campagne, qui a reçu le Grand Effie Award en 2007, fut un énorme succès. En 2010, *Adweek* la considérait comme la meilleure campagne de la décennie. Pour Valcort Marketing, il s'agissait d'une des grandes campagnes iconiques de l'histoire de la communication. L'outsider est devenu le leader innovant.

Cette campagne est particulièrement symbolique des trois grandes conditions qui font la réussite des marques.
Elle « respire » l'intelligence et le courage stratégique en décidant de se confronter au leader par une démarche comparative fictive. Elle dispose d'une impertinence de ton et d'une légèreté qui répondent à l'objectif de valoriser Apple tout en créant une perception plus négative de Microsoft, et sans avoir à déployer une batterie de tests et de comparatifs techniques. Elle fait appel au ressenti, aux impressions. Enfin, elle sait parfaitement saisir les nouvelles valeurs, les attentes du public et l'état d'esprit de l'époque.
Dans ce domaine, comme dans d'autres secteurs, rien n'est jamais acquis définitivement, et Apple apparaît aujourd'hui encore comme une marque innovante, mais moins proche des gens, moins sympathique et, selon les termes qu'elle a utilisés pour décrire le Microsoft d'alors, « moins cool ».

À retenir

1 *La communication comparative peut être à la fois terriblement efficace et dangereuse. Choisir ce mode d'action nécessite de disposer de « munitions » pour pouvoir riposter pendant et après la bataille, car il y a toujours un après.*

2 *La communication comparative ne fonctionne pas seulement sur des dimensions rationnelles. Au terme du « conflit », ce qui compte c'est le ressenti, l'évolution des clients potentiels ou la consolidation des clients actuels, leurs sentiments et leurs relations à la marque.*

3 *La communication comparative, au-delà du désir de créer le scandale et de bénéficier de fortes retombées médiatiques, est une démarche qui demande des moyens pour s'engager dans une bataille et contrer les offensives des concurrents. C'est un levier qui peut être très utile aux outsiders, mais qui doit être manié avec précaution car les retours de bâton venant du leader ne sont ni rares ni indolores.*

Unicef

Tap Project

En 2007, l'Unicef lance une initiative caritative unique : 1 dollar contre 40 jours d'eau potable pour un enfant africain. Cette idée, sortie du chapeau d'un créatif extraordinaire, va révolutionner l'engagement et susciter une adhésion sans précédent, simplement en invitant les restaurants à faire payer l'eau à leurs clients au cours d'une journée spéciale.

Cette célèbre campagne, qui recevra l'une des plus grandes consécrations de la profession, le Titanium Lion 2007 du Cannes Lions International Advertising Festival pour son innovation, débute par une proposition d'une étrange simplicité. Le patron du magazine *Esquire* offre à David Droga – l'un des plus brillants créatifs de l'histoire, ancien Worldwide Chief Creative Officer de Publicis qui, à l'époque de la campagne, vient juste de créer son agence – une page de publicité pour soutenir une initiative ou une marque capable d'inspirer un changement positif pour le monde. L'Unicef, qui venait tout juste de rejoindre l'agence Droga5, cherchait alors un projet novateur pour soutenir ses différentes causes dont celle de l'accès à l'eau. L'histoire de Tap Project vient de débuter.

Compréhension, valorisation et appartenance

Ce cas démontre que le talent créatif, l'intuition, l'impulsion permettant à une idée de devenir projet et de se concrétiser reposent souvent sur un triptyque gagnant. Cette idée exceptionnelle remplit les trois conditions de la loi du succès : compréhension, valorisation et appartenance. La compréhension est certainement la contrainte la plus simple à prendre en considération. Pourtant, c'est souvent celle qui crée l'échec parce qu'on sous-estime les difficultés, en imaginant que les lecteurs ou les spectateurs aient le temps de chercher la quintessence du message. Dans le cas présent, il suffisait de comprendre (et de faire comprendre) que plutôt que de consommer gratuitement les immenses verres d'eau servis traditionnellement dans tous les restaurants américains, des plus basiques aux étoilés, les établissements demanderaient la somme très modique d'un dollar pour une bonne cause.

Au cours d'une journée événementielle, le World Water Day (rapidement devenu Wold Water Week), on proposerait aux propriétaires des restaurants et à leurs clients de payer ce qui est habituellement gratuit afin de financer les efforts de l'Unicef dans le domaine de l'eau : l'idée était forte, simple, positive et surtout parfaitement compréhensible pour ceux qui allaient la médiatiser et la mettre en pratique.

La valorisation va au-delà de la compréhension parce qu'elle donne plus de sens et donc plus d'envie de participer, en particulier dans le cas d'actions caritatives dans lesquelles le don n'est que le départ d'un déroulement vertueux. Il ne s'agit pas de donner de l'argent pour une vague promesse d'aide quelque part…

À travers le Tap Project, chaque dollar donné à l'Unicef, et donc chaque décision du client au moment de l'addition, permettra de fournir à un enfant l'accès à de l'eau potable durant 40 jours. Lors de la première journée de cet événement, l'effort permit de financer le projet de l'Unicef à raison de plus de 100 000 dollars. Au cours des années qui suivirent, les dons augmentèrent considérablement, dépassant au total les 2,5 millions de dollars. Quand on comprend que plus de 4 000 enfants meurent chaque jour de maladies liées au manque d'eau ou à la consommation d'eau non potable et que le don d'un dollar peut aider à fournir 40 jours d'eau potable à un enfant qui en a besoin pour sa survie, la valorisation passe par l'appréciation de ce que signifie réellement ce petit geste. Sur le plan psychologique, c'est immense.

La dernière condition est que le geste individuel soit clairement et rapidement rattaché à une dynamique collective, à un esprit communautaire, à ce « Yes, We Can[1] » qui a connu de belles réussites.

La communication des grandes causes cherche souvent à favoriser l'idée du groupe agissant, à ne pas enfermer le donateur dans le simple moment solitaire de la signature d'un chèque ou d'un clic sur un écran. L'estime de soi et l'estime des autres demeurent les moteurs essentiels pour faciliter le passage à l'acte. Et quel meilleur lieu qu'un restaurant, lors d'un repas d'affaires qui se termine, pour donner parce qu'on se doit de le faire, face aux invités, au restaurateur, au serveur… ? C'est la belle idée sous-jacente au Tap Project : agir pour le bien des autres, pour le nôtre, mais aussi, pour avoir le soutien de son entourage.

1. Voir page 104.

Une mobilisation tous azimuts

La « recette » des trois dimensions a également fonctionné très bien sur le plan des relations médias et des réseaux informels, car la mobilisation ne pouvait réussir que si elle obtenait l'accord des restaurateurs. L'idée maline vint de la compréhension très juste du microcosme new-yorkais, de ces dizaines de grands cuisiniers et patrons d'établissements qui font la vie des affaires et des nuits de la ville. Ils furent les premiers mobilisés parce que les équipes de Droga et de l'Unicef avaient compris qu'ils avaient affaire à des prescripteurs, des « haut-parleurs » qui ne seraient pas seulement des donateurs, mais aussi des influenceurs de premier ordre. Ainsi, en 2007, les plus grands chefs de New York furent mobilisés, entraînant dans leur sillage environ 500 établissements, mais également les grands journalistes et les principaux médias, dont toutes les télévisions locales et nationales. Des événements furent organisés, avant et le jour même, grâce à l'activisme de personnalités touchées par l'initiative. L'événement caritatif devint rapidement un événement médiatique car l'Unicef et les équipes de relations presse ont su en faire un rendez-vous *people*. La fin justifie les moyens quand ce phénomène de peopolisation démultiplie les présences rédactionnelles sur tous les quotidiens de la ville, les radios et les chaînes de télévision : entre 2007 et 2011, le projet dépasse les frontières de New York en bénéficiant de l'accompagnement d'autres agences de communication généralement concurrentes. L'événement reçoit le soutien actif de Giorgio Armani qui crée une collecte spécifique pour tout achat de ses parfums Acqua di Giò, d'eBay, de célébrités comme Taylor Swift, Robin Williams ou Rihanna…
Suite à l'immense succès médiatique et à l'accroissement notable des dotations (particuliers et entreprises), le projet est étendu sur la durée et au niveau géographique, parfois de manière peu structurée. Comme l'a expliqué David Droga, « peu importe le canal que vous utilisez pour collecter des fonds pour ces problèmes d'eau, car il s'agit toujours d'eau ». L'Unicef met en pratique la philosophie initiale, cette « coalition de tous petits gestes » qui, mis bout à bout, ont une réelle influence. Ainsi, à partir de 2014, en association avec la maison de couture italienne, l'idée fut proposée de challenger les « accros » au téléphone mobile : pour chaque période de 10 minutes de portable inactif pour tout participant au challenge, Armani et l'entreprise de bouteilles d'eau S'well offriraient à un enfant l'équivalent d'une journée d'approvisionnement en eau potable. Une stratégie qui conjugue un message compréhensible, une action valorisée et un esprit communautaire.

Quelques règles d'or

La réussite de ce projet de l'Unicef permet, une fois de plus, de mettre en avant plusieurs caractéristiques communes à la plupart des 100 cas recueillis dans les deux volumes de *Brand Success*. Avant tout, il y a la simplicité, qui n'a absolument rien à voir avec le simplisme : cette force permet d'expliquer un projet en quelques phrases parce qu'il repose sur une idée puissante qui tire son pouvoir de son évidence. Ensuite, on trouve la logique épidémiologique qui consiste à toucher en premier lieu ceux qui vont faciliter la valorisation de l'idée, mais surtout sa diffusion, grâce à leur pouvoir d'influencer, de réseauter et de faire en sorte que le projet initial devienne rapidement celui d'une minorité active qui dispose de bonnes connexions. Enfin, il y a la double récompense, si fréquemment citée dans les ouvrages de psychologie sociale. Elle correspond parfaitement aux sphères de la communication : la capacité d'un message de satisfaire à la fois l'estime de soi et celle des autres. Autrement dit, le fait que l'action proposée par une campagne puisse être non seulement valorisante aux yeux de celui qui agit, mais valorisée aux yeux des autres, des publics, des proches, des influenceurs, des prescripteurs, de l'environnement professionnel…

En revanche, un projet si fortement marqué par l'idée initiale doit être très vigilant face à deux risques presque inévitables. Le premier est celui de la répétition qui naît du succès initial, considérant que ce qui a fonctionné pourra durer… Or on sait combien il est difficile de se renouveler, surtout de se remettre en question quand tout va bien. Trop souvent, dans ces initiatives caritatives, quand une idée fonctionne on tend à la faire durer trop longtemps, oubliant la règle d'or qui consiste à changer quand tout fonctionne et non quand on est dans une phase plus négative. Ainsi, en France, après avoir bouleversé les habitudes du monde caritatif, le Téléthon est devenu une habitude, une évidence, un spectacle qu'on zappe et qu'on oublie. Le second risque est celui du renouvellement gadget : quand l'émetteur, généralement une institution ou une association, cherche à renouveler le projet sans réellement souhaiter le changer, préférant une mauvaise réforme à une bonne transformation. Dans ces cas, on tend à « habiller le changement » sans réellement l'entreprendre.

À retenir

1 *Une grande idée nécessite beaucoup de talent, d'intuition, de compréhension de l'air du temps et une capacité élevée d'observation des environnements.*

2 *Une grande idée, pour qu'elle puisse se diffuser, doit à la fois toucher le cerveau et le cœur, créer de l'intérêt, mais également susciter l'envie. Plus elle est simple à comprendre et à mettre en œuvre, plus elle a des chances de réussir.*

3 *Mener une bataille pour une mission caritative oblige à bien comprendre le processus épidémiologique qui facilite la diffusion et son attractivité : dans le cas présent, débuter par les restaurateurs les plus influents permet de toucher les autres, les VIP, donc les médias, et toutes les catégories d'influenceurs.*

Budweiser

« Whassup »

Née au tournant du XXIe siècle, cette campagne iconoclaste et étonnante, aux antipodes des codes traditionnels de la bière, fait partie du top 10 des meilleures réalisations depuis 2000. Aux États-Unis, le marché de la bière en bouteille est soutenu par la place centrale que la boisson occupe dans la vie quotidienne. Mais Budweiser va faire face au développement de toutes sortes d'innovations : bières mexicaines[1] ou européennes, formules lights, bières sans alcool, nouveaux packagings, etc.

Cette campagne arrive tel un OVNI dans le paysage de la communication de cette industrie et rafle tous les prix professionnels. Objet de dizaines d'études, il s'agit d'un sujet remarquable, car, au-delà du levier commercial que représente la publicité, on touche avec ce cas à un véritable phénomène de société.

Derrière le spectacle, la justesse de communication

Le secteur de la bière, boisson sociale par excellence, propose une large diversité d'offres et s'illustre régulièrement dans la communication publicitaire. Plusieurs campagnes font partie des références historiques, de Carlsberg à Guinness[2], en passant par Heineken ou Corona. Et l'humour demeure un levier fréquent dans cet univers marqué par la convivialité. La campagne « Whassup » débute avec le nouveau siècle. Elle se fonde sur un court-métrage réalisé par Charles Stone III, qui le montre affalé sur un canapé, conversant au téléphone tout

1. Voir page 128.
2. Voir page 200.

en regardant un match à la télévision. Au fur et à mesure, d'autres amis se greffent dans la conversation et tout le monde s'interpelle par un « *whassup* » sonore. Les dialogues reposent sur une saisissante économie de mots : à la question « *whassup?* » (« ça va ? »), la réponse « *nothing, watching the game, having a Bud* » (« rien, je regarde le match en buvant une Bud ») est suivie d'une succession de « *true, true* » (qu'on pourrait traduire par « bien, bien »). C'est le minimalisme au service d'un moment banal, mais agréable, de la vie quotidienne. L'expression d'un bien-être, d'un « rien » qui ne se prend pas au sérieux, d'une discussion sans profondeur, le fait de se dire simplement qu'on va bien et qu'on est « entre potes ».
L'agence DDB, à la recherche d'une nouvelle campagne remarquable à diffuser durant la finale de la ligue de football américain de l'année 2000, tombe littéralement amoureuse de ce moment de vérité qui s'inscrit dans la modernité, loin des représentations conventionnelles de la convivialité ou du discours savant sur la qualité d'une bière. Elle décide de s'adresser au réalisateur et aux participants de la création initiale pour réaliser un sport de 60 secondes diffusé pendant le Super Bowl. On y voit des amis afro-américains répétant des « *whassup* » tonitruants au téléphone, en buvant de la bière devant le match. Ce minimalisme va produire un impact maximal pour la marque.
Malgré des critiques en interne chez le brasseur lors des premiers passages à propos d'une possible dévalorisation de la marque et de ses consommateurs, un véritable raz-de-marée va déferler dans les colonnes des médias. Ce gimmick s'est installé comme une référence, utilisée par les humoristes et dans les émissions de télévision. Ce qui n'était qu'une « formule » publicitaire devient un phénomène populaire. C'était l'objectif recherché par les créateurs de la campagne, qu'une tournure de langage devienne une puissante *talk value*.

La communication moderne et la notion essentielle de talk value

En quelques semaines, la campagne a fait la une de l'actualité des professionnels de la communication, puis des journalistes. Une nouvelle tournure de langage, un spot mettant en scène uniquement des jeunes afro-américains et des dialogues réduits à leur plus simple expression, tout allait à contre-courant des modes opératoires traditionnels de valorisation de la bière. La campagne a réussi à surmonter les critiques exprimées à l'encontre du spot publicitaire, principalement celles relatives au caractère trop urbain, trop minoritaire ou trop dévalorisant. Les équipes marketing de la marque ont compris que derrière l'expression populaire se cachait une des réalités du quotidien des consommateurs. Être bien entre potes, se parler de tout et de rien, et même rester sans se parler, être « ensemble » même chacun de son côté, avec une Budweiser à la main. Mais c'est surtout l'expression « *whassup* » et sa diffusion dans toute la société qui va répondre à l'objectif de faire de cette campagne une *talk value*, ce qu'on dénomme trivialement « faire le buzz ». La communication par le spot publicitaire n'est alors plus une finalité, mais un levier pour une diffusion plus large, pour que le message soit repris dans les médias et les réseaux qui forgent l'opinion publique.

Dans le cas de cette campagne, trois circuits de diffusion parallèles ont permis de passer d'une expression créative percutante à un phénomène populaire. D'une part, ce simple mot est devenu une formule exploitée à outrance dans les médias pour se faire remarquer. Et les médias ont servi à populariser le « *whassup* », en concordance avec la stratégie de *talk value* espérée et initiée par la marque et son agence. D'autre part, les nombreux prix qui ont récompensé cette campagne[3], lui ont permis d'occuper régulièrement les colonnes des journaux et les écrans des émissions TV.
La campagne a été l'une des premières à pouvoir se réclamer du principe de viralité, même si l'on donne aujourd'hui un autre sens à cette manière de communiquer à cause de l'arrivée des médias sociaux. Elle est devenue un « phénomène de rue » et, comme le déclarait Keith Reinhard, président de DDB Worldwide, « la campagne a été virale avant même que nous sachions ce que signifiait viral, quand des gens dans le monde entier ont commencé à se saluer joyeusement avec cette nouvelle expression urbaine ».
Le web de l'an 2000 n'était pas comparable avec ce qu'il est devenu de nos jours. Les spécialistes de la communication avaient compris qu'il s'agissait d'un support stratégique pour toucher les jeunes actifs et qu'il pouvait influencer les médias et les journalistes à la recherche de nouvelles sources d'information et de contenu. Sur le site de la marque, on pouvait visionner la campagne et apprendre comment dire « *whassup* » en 30 langues différentes. Tout a été pensé pour favoriser la viralité, depuis les lancements de différentes versions du spot jusqu'à l'édition de cassettes VHS en passant par les forums de discussion sur la campagne.

> « La *talk value*, dans un monde largement dominé par les réseaux sociaux, apparaît comme une solution pour réussir à émerger et à capter un minimum d'attention. »

La dimension culturelle de la communication

En se reliant à une sorte de « nouvelle Amérique » et à un nouvel ensemble de comportements et traits culturels, la marque s'est offert une notoriété flambant neuve. Car Budweiser n'est ni un outsider inconnu ni une bière locale au goût étonnant : créée à Saint-Louis en 1876 par la société Anheuser-Busch[4], elle est généralement considérée comme étant un archétype de bière américaine, légère, rafraîchissante et peu corsée. Cette campagne ne doit pas être prise au premier degré, en se limitant à la drôlerie d'une scène qui change un peu des habitudes de la communication des grandes marques de bières. Elle est la manifestation d'un courage important

3. Dont le prestigieux Grand Prix de Cannes, le Lion, le Grand Clio Award. En 2006, la campagne a intégré le Clio Hall of Fame.
4. Rachetée par InBev pour 52 milliards de dollars (70 dollars par actions). Le nouveau groupe formé par ce rachat, Anheuser-Busch InBev, est le premier producteur de bière au monde.

qui consiste à faire un grand saut en avant pour ne plus rester englué dans les perceptions du passé. Budweiser avait besoin d'élargir sa clientèle. Elle ne pouvait donc plus se satisfaire d'être associée à une image de tradition. « Whassup » incarne la volonté d'obtenir l'adhésion des jeunes générations, en mettant en avant leur mode de vie et leurs comportements. L'époque n'est plus à l'hyperactivité et à l'archétype anglo-saxon de la réussite des yuppies blancs des deux décennies précédentes, ou dans le dépassement par le sport et la symbolique de la virilité. Les spots « Whassup » sont le signe de l'envie d'une marque d'être considérée comme ayant une culture plus ouverte, en installant au cœur du récit des jeunes issus des communautés noires et hispaniques, même si la publicité veut s'adresser à toute la population. Au-delà des bénéfices commerciaux engrangés grâce à la campagne, l'expression « *whassup* » est rentrée dans la culture populaire. Ces jeunes affalés devant un écran, ensemble sans se dire grand-chose, ne sont pas les plus beaux exemples à offrir, mais c'est aussi cela l'Amérique et la génération des milléniaux. Donc, c'est aussi cela Budweiser.

À retenir

1 *La transformation du processus de communication est marquante dans cette campagne, et la* talk value, *dans un monde largement dominé par les réseaux sociaux, apparaît comme une solution pour réussir à émerger et à capter un minimum d'attention.*

2 *Se transformer, modifier la perception que les publics ont de la marque (tradition/modernité, vieux/jeunes) est toujours plus facile à faire avec de petits pas. Mais une accumulation de petites actions ne se traduit pas toujours par la révolution attendue et donc la nécessaire rupture.*

3 *L'art du marketing et de la communication tient en bonne partie de la parfaite maîtrise du temps, de la juste compréhension des changements culturels et sociaux et du moment optimum pour, soi-même, agir en ce sens.*

Métro de Melbourne

« Dumb Ways to Die »

La ville de Melbourne voyait le nombre d'accidents ferroviaires augmenter chaque année sur ses lignes et dans ses gares. La campagne « Dumb Ways to Die » a permis de réduire de 20 % le nombre d'incidents en moins d'un an. Ce résultat démontre que les responsables publics ont bien saisi l'impact d'un message décalé dans les campagnes de prévention et de sensibilisation pour mener des actions efficaces. Ce cas remet en question les publicités-chocs dont le but est de susciter des réactions.

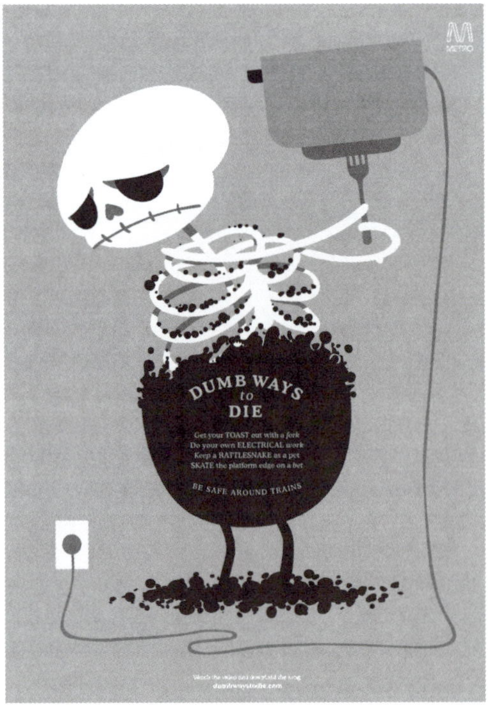

« Dumb Ways to Die » (littéralement « des façons stupides de mourir ») est né du constat suivant : trop souvent, des accidents, parfois mortels, ont lieu dans les stations de métro et sur les voies ferroviaires. Ce sont majoritairement des accidents insensés, voire aberrants, que l'on pourrait éviter avec un peu plus d'attention collective. C'est en partant de ce constat que la compagnie de métro australienne et la ville de Melbourne ont décidé de lancer, en 2012, une grande campagne de prévention et de sensibilisation sur les comportements à risque aux abords des voies.

Le contre-pied des campagnes classiques

Pour comprendre l'impact de cette campagne, il est important de se pencher sur les pratiques de publicité préventive et montrer comment l'approche humoristique et décalée de « Dumb Ways to Die » bouscule les codes du genre. Depuis les années 1980, les messages à caractère provocant, les images choquantes et les slogans-chocs priment lorsqu'il s'agit de communiquer sur une cause commune. En effet, l'escalade d'images jouant sur la peur et le *shockvertising* agissent comme véritable levier pour « faire réagir » et provoquer des réactions, comme les publicités de l'organisation mondiale de protection de l'environnement WWF qui œuvrent pour la préservation des espèces. Les publicitaires tout comme les annonceurs voient dans cette succession de messages-chocs une façon de conduire à une prise de conscience qui débouchera au passage à l'acte. Mais ces publicités jouent-elles vraiment le rôle d'activateur de conscience ? Pourraient-elles provoquer l'effet inverse ? Ces images choquantes peuvent jouer sur l'émotion et la culpabilité de certains, mais être traumatisantes pour d'autres. Comme nous pouvons le constater dans le cas de la campagne de la Sécurité routière avec Karl Lagarfeld[1], destinée à sensibiliser les gens sur l'importance du port de la ceinture de sécurité, la surenchère d'images-chocs crée finalement de la banalisation, alors que l'humour et le décalage semblent favoriser l'engagement des citoyens. En effet, l'humour fait partie des émotions les plus efficaces pour agir et impacter l'attention du spectateur, le sortir de sa routine pour aboutir à une action positive. C'est pour cette approche différente, son contre-pied et son ton humoristique que la campagne « Dumb Ways to Die » figure dans ce second tome.

Une stratégie positive

À la tête de cette campagne, l'agence de communication australienne : McCann. Animée par la volonté d'attirer l'attention et de favoriser l'engagement des citoyens autour d'un sujet commun, leur sécurité, l'agence — tout comme la compagnie de métro et la ville de Melbourne — souhaitait sortir du message sérieux, alarmiste et parfois soporifique utilisé lors de campagnes de prévention. Le but de la campagne était donc de contourner les codes de la publicité institutionnelle traditionnelle pour permettre à chacun de s'identifier, de se sensibiliser et d'agir différemment. L'objectif étant que chaque individu, de tous âges, se sente concerné et comprenne le message fort : ne mourrez pas stupidement ! Pour y parvenir, la campagne s'appuie sur une recette payante : une chanson entêtante et répétitive, un univers enfantin, des petits personnages attachants et une fin trash et tragique. Dans ce clip de 3 minutes, chaque scène débute avec un personnage représenté dans son quotidien. Une balade en forêt ou un trajet en voiture pour se rendre au travail se terminent de façon tragique, à la suite d'une prise de décision stupide. Le personnage en forêt est dévoré par un ours à cause de son manque de vigilance ; le bonhomme qui se tient au bord des rails avec ses écouteurs sur les oreilles est happé et heurté par un métro ; et celui qui fait le trajet en voiture est percuté par un train en voulant forcer les barrières de sécurité.

1. Voir page 36.

Tous ces événements mis en scène, et qui finissent par accident mortel, créent un lien direct avec le message mis en avant : soyez attentifs dans les transports en commun.
Cette campagne n'a pas été créée *ex nihilo*. Elle s'est inspirée de la web-série américaine *Happy Tree Friends*, devenue une série télévisée « déconseillée aux petits enfants et aux grands bébés », selon ses créateurs Kenn Navarro, Aubrey Ankrum et Rhode Montijo, et elle-même fortement inspirée de la série fictive *Itchy & Scratchy* incluse dans les épisodes des *Simpson*. Elle parodie des séries d'animation destinées aux enfants et montre des actes de violence qui contrastent avec l'aspect candide et ingénu des personnages, ce qui crée l'effet comique. *Happy Tree Friends* est

> La campagne s'appuie sur une recette payante : une chanson entêtante et répétitive, un univers enfantin, des petits personnages attachants et une fin trash et tragique.

diffusée depuis plus de 10 ans dans le monde entier et raconte l'histoire de 21 petits animaux innocents qui après les débuts d'une vie joviale et enfantine meurent dans d'horribles circonstances très détaillées.
En s'appuyant sur le registre d'*Happy Tree Friends* et les codes du cartoon, la campagne « Dumb Ways to Die » bénéficie de la notoriété spontanée de cette série d'animation et multiplie ainsi son impact sur le grand public.

L'implication plutôt que l'interaction

« Dumb Ways to Die » n'est pas uniquement une campagne de prévention, c'est un mécanisme complet d'engagement. Une App a été créée, disponible sur iOS et Android. Elle est devenue en quelques jours numéro un des jeux téléchargés, dans 85 pays, devant Candy Crush. Plus de 5,7 millions de joueurs ont tenté de prendre les bonnes décisions pour sauver la vie des petits personnages.
« Dumb Ways to Die », c'est aussi une chanson composée par le célèbre musicien australien Ollie McGill. Mise en vente sur iTunes, elle a atteint le top 10 mondial sur la plateforme de musique d'Apple en seulement 24 heures.

Outre les nombreuses déclinaisons, la publicité a su vivre par elle-même, notamment grâce à sa forte viralité.
En effet, sur YouTube des dizaines de vidéos de reprises ont vu le jour, notamment celles qui présentent différentes manières de mourir dans la 4e saison de *Game of Thrones* et qui a été visionnée 6 millions de fois en quelques jours. Ou encore la parodie *Dumb Ways to Die 2*, qui a totalité plus de 21 millions de vues. Mais les internautes ne sont pas les seuls à faire vivre l'événement. Pour donner suite au buzz engendré autour de la première vidéo, l'agence a poursuivi l'aventure de ses petits personnages avec un spot spécial Saint-Valentin ou encore lors de sa campagne « Dumb Ways to Kill Oceans » destinée à la protection des océans. Une page web

dédiée a été mise en place pour sensibiliser les internautes à la pollution et à l'impact de l'homme sur les océans. Le principe est resté le même, utiliser les petits personnages dans le but de sensibiliser et d'engager l'internaute à la protection marine, et plus généralement à l'écologie. En bénéficiant de cette portée médiatique, notamment grâce à sa présence sur de nombreux médias et hors médias, la campagne s'est offert une popularité immense à travers le monde : elle a créé du lien avec le public et a marqué les esprits.
Cette campagne brillante a réussi à faire baisser les accidents ferroviaires l'année suivante de 20 % aux abords des trains et du métro de Melbourne. Avec plus de 15 millions de vues en moins d'une semaine, elle a réussi à faire beaucoup parler d'elle des mois durant.
En outre, elle a été distinguée par les professionnels à travers de nombreuses récompenses : quatre grands prix aux Cannes Lions, avec le prix Radio, le prix PR, le prix Direct et le prix du Film.

À retenir

1 *L'humour et le décalage peuvent constituer de formidables leviers de communication pédagogique lorsqu'ils sont utilisés à bon escient. La campagne a ainsi rencontré un véritable enthousiasme populaire (et des parodies).*

2 *« Dumbs Ways to Die » est une campagne à 360 degrés : un plan global, avec une application et une chanson à succès.*

3 *La campagne a tellement bien fonctionné qu'elle a été déclinée à d'autres univers et poursuivie dans le temps.*

American Legacy

« The Truth »

Quand des professionnels de la communication sont confrontés à la difficulté immense de développer un discours contre l'usage de la cigarette, la fierté de s'engager dans cette bataille passionnante se heurte à une réalité marquée par plus d'échecs que de réussites. Une campagne a su atteindre des résultats jamais espérés face à la puissance de l'industrie du tabac : « The Truth ».

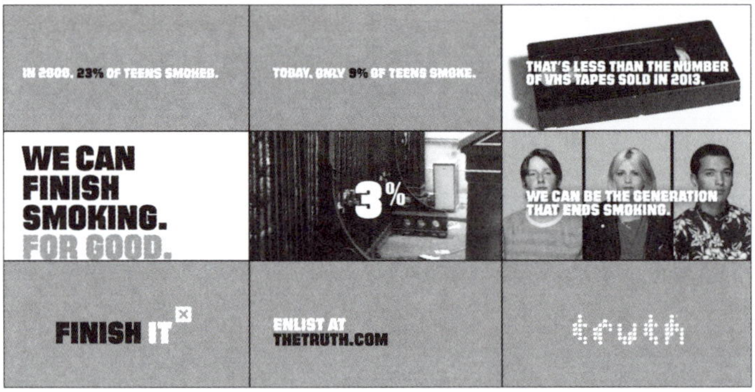

Aux États-Unis, on estime qu'après la sortie de la campagne 450 000 jeunes ont arrêté de fumer entre 2000 et 2002 ; l'économie en soins médicaux a été évaluée entre 2 et 4 milliards de dollars et le nombre de fumeurs âgés de 12 à 17 ans est passé de 28,8 à 18 %[1]. Largement encensée par les spécialistes de la lutte antitabac, par les associations et par les médias, primée dans de nombreuses compétitions du monde de la communication aux États-Unis, « The Truth » est sans doute une campagne très complexe à expliquer. Pour l'analyser, il faut se confronter à des paradoxes que seuls les États-Unis sont capables d'offrir : un très étrange annonceur, deux agences qui s'unissent, une campagne à la fois omniprésente et insaisissable…

1. Source : *The American Journal of Public Health.*

Une campagne particulière

Paradoxalement, l'American Legacy Foundation, annonceur à l'origine de la campagne, n'est pas une association destinée à combattre la cigarette, mais c'est une émanation officielle des entreprises du secteur. À la suite d'une multitude de procès, un accord fut trouvé en 1998 entre l'union des fabricants de cigarettes et les avocats généraux de 46 États américains afin de régler les poursuites intentées par les États pour recouvrer des milliards de dollars dépensés pour le traitement de maladies liées au tabagisme. Il fut notamment décidé de lancer une campagne de communication destinée à empêcher les adolescents de fumer (encore que les textes de l'accord précisaient qu'il était souhaité, ne pas dénigrer la cigarette).

Deuxième paradoxe, les agences qui concouraient pour créer la campagne décidèrent d'unir leurs forces, ce qui est très rare. Ainsi, Arnold Worldwide et Crispin Porter + Bogusky, vont œuvrer de concert. Ils se nourrissent d'une variété d'études, mais surtout d'une juste compréhension des comportements et des attentes des adolescents, généralement peu adeptes des campagnes qui insistent sur la résistance à l'envie de fumer (« Just Say No »), et qui présentent la dépendance de manière très négative. Celles qui soulignent les dangers mortels pour les jeunes de 12 à 17 ans sont même contre-productives. Il faut dire que même si la campagne a pu bénéficier d'un budget important dépassant les 150 millions de dollars, cette somme est sans aucune comparaison avec les efforts immenses déployés par les fabricants de cigarettes pour le lancement de nouvelles marques ou de nouveaux produits (packagings, goûts, cigarettes parfumées…). À cela s'ajoutent les multiples campagnes promotionnelles développées dans tous les réseaux de distribution par les fabricants et les millions de dollars investis dans toutes les formes de sponsorings sportifs.

Dernier paradoxe, sans doute le plus difficile à saisir : le caractère multiforme de la campagne, qui est loin de se résumer au spot télévisuel mettant en scène des sacs destinés à emballer des corps. « The Truth » a pour ambition d'exister de manière protéiforme, avec de multiples expressions événementielles, des opérations de *street marketing* et des expressions publicitaires diverses sur les sites, les blogs ou les réseaux sociaux.

S'attaquer aux fabricants plus qu'à la cigarette

La campagne est un rassemblement d'une diversité d'expressions créatives, de moyens et d'arguments. Lancée tout d'abord en Floride durant cinq ans, de 1998 à 2003, elle prendra ensuite une envergure nationale. Cette première campagne, d'un budget de 25 millions de dollars, fut véhiculée par 33 spots publicitaires différents, à la télévision et à la radio, ainsi que par plusieurs affiches. Il s'agissait de mettre en scène les supporters du tabac, en premier lieu les industriels, et de créer une « unité » des jeunes face aux manipulations, mensonges et autres campagnes démagogiques des entreprises, telles Marlboro ou Philip Morris. De manière très originale, la campagne ne s'attaquait pas à la cigarette ni à ses dangers pour l'organisme, mais elle constituait une attaque quasi militante et pleinement politique des industriels — alors qu'elle était payée par ces

mêmes entreprises ! Au lieu de culpabiliser le fumeur, la communication se focalisait sur les manipulations et leurs conséquences. On ne visait pas spécifiquement les jeunes ni les fumeurs. On n'accusait pas directement la cigarette, mais les fabricants et leurs pratiques. La campagne allait encore plus loin en transformant la « mythologie » du tabac, accusant la cigarette d'être un instrument au service des trusts et des grands fabricants et non le symbole de la révolte, de l'indépendance ou de la jeunesse.
À partir de 2000, la campagne prit son envol sur le plan national en poursuivant dans cette direction : mettre le camp de la rébellion et du non-conformisme du côté des non-fumeurs, faire des fabricants des trusts destinés à mentir qui ne respectent pas les jeunes, créer par tous les moyens un fossé entre les entreprises et la cigarette afin de focaliser l'antipathie sur les premières. Cette campagne politique eut pour heure de gloire le fameux spot publicitaire montrant un happening morbide avec 1 200 jeunes enfermés dans des sacs mortuaires devant l'immeuble de Philip Morris, le leader du secteur. Ce chiffre évoquait le nombre de morts quotidiennes dues à la cigarette aux États-Unis. Quelques spots plus tard, le débat public était relancé grâce à l'impact spectaculaire et à la médiatisation des images si prenantes de la campagne.
La communication autour du concept de « The Truth » dura plus d'une dizaine d'années, entrecoupée d'aventures juridiques opposant fabricants et instances de l'association accusées de ne pas avoir tenu parole en faisant une campagne de communication déloyale puisqu'elle dévalorisait les industriels. En 2006, le tribunal du Delaware a finalement considéré qu'elle ne remettait pas en cause les accords initiaux.

Trois approches complémentaires

Cette campagne opère une subtile mécanique. D'abord, elle sort de la communication classique télévisuelle sur laquelle tous les efforts et les moyens sont concentrés. Au contraire, elle adopte une stratégie multicanal qui lui confère une présence sous une multiplicité de formes, de moyens et de types d'actions : on quitte la com' traditionnelle pour rentrer dans l'activisme. Ensuite, elle prend les adolescents pour ce qu'ils sont et pour ce qu'ils ressentent en amplifiant leur envie de différence, de révolte, de justice, de vérité. Plutôt que de placer le débat sur la préservation du capital santé ou sur la beauté d'une vie saine, la campagne va présenter ces jeunes, les mettre en situation et même les rendre acteurs de ce qu'ils savent accomplir : l'indignation et la protestation au nom de quelque chose de sacré, la vérité, « The Truth ». Enfin, la campagne va être littéralement lancée comme une marque, avec les moyens nécessaires, un ancrage local et régional,

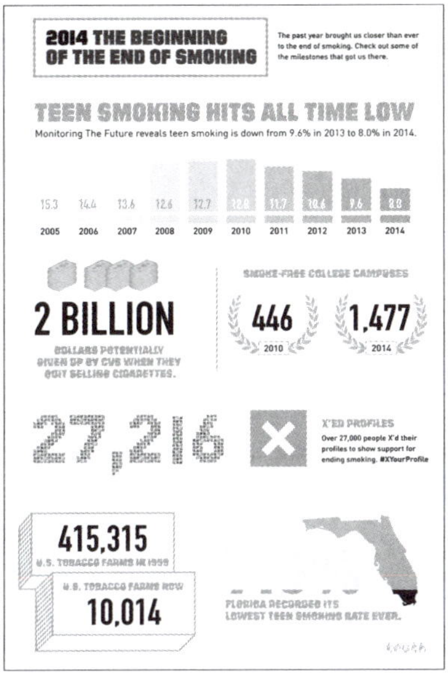

ainsi qu'une diversité incroyable d'outils. Le tout sur fond d'adhésion très forte des teenagers. Elle constitue un exemple de guérilla marketing, assurant surtout un procédé de médiatisation qui, à une époque qui ne disposait pas encore des réseaux sociaux, se retrouvait sur les sites d'informations, les blogs et les médias naturellement avides de scoops ou d'images-chocs. « On estime que le taux de tabagisme chez les adolescents est passé de 23 %, il y a 15 ans, à 8 % aujourd'hui. La campagne "The Truth" [...] a changé le cadre et le ton de la communication avec les fumeurs et les fumeurs en herbe[2]. »

À retenir

1 Il n'y a pas de fatalité face à des défis aussi difficiles que la relation à la cigarette, l'alcool, la drogue et aux autres addictions. On peut faire changer des comportements, y compris par la communication. Les résultats de cette campagne le prouvent, encore faut-il avoir le courage de changer totalement de cap.

2 La question stratégique est au cœur de la réussite. On ne cherche pas à refaire en mieux ce que d'autres ont accompli dans le passé avec des résultats variables. On ose déconstruire en modifiant totalement l'angle d'attaque, en adoptant une approche très différente.

3 La stratégie est déterminée par les personnes que l'on cherche à toucher. Les comportements et les attitudes des jeunes sont, dans ce cas, essentiels puisqu'ils sont la stratégie elle-même : ne pas perdre de temps à faire peur avec la cigarette, mais, au contraire, créer le conflit avec les fabricants.

2. Jeff Beer, « How The Truth Campaign Plans To End Youth Smoking Once And For All », Fastcompany.com.

Dos Equis

« The Most Interesting Man in the World »

Durant une petite douzaine d'années, la marque de bière mexicaine Dos Equis, dont la qualité est reconnue, sans avoir un caractère très marqué, s'est forgé une véritable légende dans le domaine de la communication. Elle a installé un personnage culte, « The Most Interesting Man in the World ». Mais en 2018, cette saga publicitaire connaîtra une triste fin.

La campagne sur « l'homme le plus intéressant du monde » arrive à la onzième place du classement des meilleures campagnes de communication des deux premières décennies du siècle, dressé par le magazine de référence *Ad Age*. Au-delà du récit lui-même, un homme à qui il arrive tout, à qui tout réussit, dont le qualificatif « exceptionnel » arrive à peine à définir le talent, Dos Equis renouvelle totalement le genre de la publicité pour la bière.

Les limites de l'origine ou « comment s'inventer une autre vie »

La Dos Equis a été élaborée en 1890 par une brasserie de Monterrey, au nord-est du Mexique. Comme la plupart des bières produites dans ce pays, le marché américain a toujours été un objectif prioritaire, à la fois parce que les communautés originaires du Mexique y sont importantes, mais également parce que les bières mexicaines jouissent d'une bonne réputation aux États-Unis. Après plusieurs restructurations et réorganisations, le brasseur a été racheté en 2010 par Heineken International, l'un des trois leaders mondiaux de la bière.

Dans l'industrie de l'alcool, l'une des plus belles réussites marketing est le cas de la vodka Absolut[1]. Ce succès tient notamment au courage d'avoir abandonné l'origine du produit (la Scandinavie n'étant pas le pays de référence pour de la vodka) pour se positionner dans un univers très différent. L'outsider doit souvent choisir une voie plus chaotique et dangereuse que celle du leader du marché.
Depuis les années 1970 jusqu'au début des années 2000, la communication de Dos Equis a oscillé entre les tendances générales qui dominent le marché de la bière, telles que l'insistance sur l'origine (la notion de « bière import » comme vecteur de qualité), la dimension conviviale (qui vaut pour beaucoup d'autres boissons) et la recherche d'originalité autour du mystère du nom et du logo, le double X[2] de Dos Equis. Puis au XXIe siècle, le marché va connaître une croissance des segments haut de gamme, notamment les bières européennes et les rouleaux compresseurs que sont les bières américaines (Miller, Budweiser[3], Coors, Michelob, etc.). Leur force et la puissance de leurs investissements publicitaires rendirent plus difficile la possibilité de percer sur ce marché.
Au début des années 2000, Dos Equis était donc confrontée aux contraintes de sa position d'outsider : comment se faire remarquer avec des moyens plus faibles ? Sur quel terrain de communication qui consolidera durablement l'image de la marque peut-on s'appuyer ? Comment toucher les clients actuels et potentiels en les valorisant ?

1. Voir *Brand Success*, tome I, page 54.
2. Historiquement, notamment en Europe du Xe au XVIe siècle, les croix étaient un marqueur du taux d'alcool.
3. Voir page 116.

La perfection personnifiée

En 2006, dans les pays qui autorisent la publicité pour les boissons alcoolisées à la télévision, apparaît un homme d'un certain âge, élégant, présenté comme « The Most Interesting Man in the World ». Pendant une dizaine d'années, il sera interprété par l'acteur Jonathan Goldsmith, puis par le Français Augustin Legrand (de 2016 à 2018, jusqu'à la fin de la campagne). Au fil des nouveaux spots, on découvre un homme que l'on voudrait avoir comme voisin, partenaire, convive ou ami. Débonnaire, il a affronté tous les dangers, inventé des tendances, battu des records et rencontré les plus grands. Il a fait la course avec des taureaux, a traversé des océans en voilier, s'est battu contre des catcheurs en Amérique du Sud et a attrapé à mains nues un dauphin tout en lisant Hemingway. C'est la perfection incarnée que tous les hommes envient et cherchent à imiter.
Mais ce que retiennent les spectateurs, et qui va être brillamment exploité puis détourné sur les réseaux sociaux, c'est l'art de l'accroche pour décrire la perfection qui guide chaque action de cet homme exceptionnel.
Ce porte-parole légendaire est associé à des slogans brillants qui ponctuent les messages publicitaires : « les moustiques refusent de le piquer » ; « dans les musées, il est autorisé à toucher les œuvres » ; « sa carte de visite mentionne simplement “c'est moi qui vous appellerai” »...
Cette description de l'homme le plus intéressant du monde remplit progressivement un triple objectif : donner une valeur supérieure à cette bière ; la distinguer de la multiplicité des choix possibles ; donner à la bière un peu du caractère du personnage.

La compréhension du client : l'immuable ingrédient du succès

Chargée de la campagne, l'agence RSCG USA a mené un important travail de recherches auprès des amateurs de bières, ciblant plus particulièrement les jeunes générations, pour comprendre comment sortir des représentations habituelles associées à cette boisson.
Le bar et la bière étant des ingrédients centraux de la convivialité, l'agence a décelé que l'une des principales craintes des jeunes, durant les moments de socialisation autour d'un verre, était d'être considérés comme des personnes ennuyeuses et n'ayant rien d'intéressant à dire. Ainsi germe l'idée de relier la bière à un univers passionnant sans l'enfermer dans une expérience particulière. Il fallait l'associer à quelqu'un de passionnant, multipliant les expériences, et de le découvrir sous multiples facettes.
Il fallait inventer « l'homme le plus intéressant du monde ». Ce « saut créatif » ne s'est pas cantonné pas à la conception d'un personnage parfait, beau, sportif et intelligent. Le choix de l'acteur américain Jonathan Goldsmith lui apporta de la crédibilité. Goldsmith a participé à 45 séries télévisées, dont 17 apparitions dans le soap *Dallas*, et a vécu sur un voilier durant quelques années. Lorsqu'il a été auditionné pour le rôle de « The Most Interesting Man in the World », il a choisi d'incarner un personnage inspiré d'un de ses amis, son partenaire de voile décédé, Fernando Lamas, l'archétype du play-boy.
L'humour et l'exagération du héros de fiction de Dos Equis ont installé cette bière dans un mode de rêve. L'humour a permis d'ajouter une élégance discrète, une forme de distance qui offrira à la marque la possibilité de se distancer des références traditionnelles.
La signature publicitaire donne du recul au propos tout en valorisant le client. « L'homme le plus intéressant du monde » résume sa relation à la bière ainsi : « Je ne bois pas toujours de la bière, mais quand c'est le cas, je choisi Dos Equis. » La philosophie hédoniste de la marque correspond à l'évolution vers une consommation plus raisonnée et plus qualitative : moins, mais mieux.
Une des raisons invoquées pour expliquer le succès de la marque provient de cette juste ambivalence entre le consommateur potentiel personnifié par Jonathan Goldsmith et la bière. Plutôt qu'une incarnation de la marque, « The Most Interesting Man in the World » est un porte-parole. Il n'est pas un bonimenteur qui énumère les qualités du produit. Avec un hédonisme assumé, il souligne qu'il faut boire avec modération, mais tant qu'à le faire, autant choisir ce qui se fait de mieux.

Écrans, mobiles, TV, le poids des mots

Le succès de la campagne Dos Equis s'appuie aussi sur le partage en ligne de spots publicitaires et sur leur détournement massif. On trouve ainsi toutes sortes de *mèmes* internet de la campagne pour banaliser les petits exploits ou les échecs du quotidien, accompagnés de l'accroche « I don't always [...] But when I do, I [...] ».
Le recours à un humour décalé et au comique de répétition, la narration d'une vie outrageusement exagérée, des visuels aussi étranges que drôles..., tous ces ingrédients ont permis la viralité en ligne de la communication. On est loin des racines mexicaines du produit, mais plus proche des consommateurs de bière occasionnels ou modérés qui voient dans cette marque une élégante manière de consommer ce breuvage.

L'audace de la marque s'avéra payante. Elle doublera ses volumes entre 2006 et 2011 pour atteindre plus de 15 millions de caisses vendues. Les ventes augmenteront de 22 % tandis qu'au même moment les importations de bières aux États-Unis baisseront de 4 %. En 2016, le charismatique Jonathan Goldsmith sera remplacé par une figure plus jeune. À 77 ans, il a laissé sa place au Français Augustin Legrand, célèbre pour son activisme en faveur des SDF et pour l'occupation du canal Saint-Martin avec l'association Les Enfants de Don Quichotte. Deux ans plus tard, la holding Heineken a annoncé que le choix d'un acteur plus jeune n'a finalement pas permis de conquérir la cible des milléniaux. Selon Quinn Kilbury, Senior Brand Director de la marque : « Dos Equis baisse le rideau sur le deuxième acte de l'homme le plus intéressant du monde [...] Cette campagne a été largement considérée comme l'une des meilleures opérations publicitaires du XXIe siècle. Mais ce n'est plus le cas depuis que le rôle principal a été remplacé. »

Le changement d'icône n'est jamais un acte anodin. Dos Equis avait réussi à dénicher un acteur qui symbolisait parfaitement l'aventurier détaché, à qui tout réussit, et qui a séduit tout le monde et pas seulement les buveurs de bière. La volonté de le rajeunir en « tuant le père » a très vite trouvé ses limites. Aujourd'hui, Dos Equis rejoint le club des marques qui se cherchent, orphelines d'un passé exceptionnel, tentant de le reconstruire plus ou moins bien.

À retenir

1 *L'univers de la bière, comme tant d'autres, est régi par des représentations qui servent souvent les leaders, mais qui empêchent les outsiders d'émerger. Penser en termes de disruption, dans ce contexte, est certainement la plus saine des démarches si l'on souhaite se démarquer d'une concurrence aussi nombreuse que diversifiée.*

2 *Un personnage charismatique qui devient l'emblème d'une marque est un capital majeur qui doit se gérer comme un asset stratégique et non comme un levier publicitaire parmi d'autres.*

3 *S'il est difficile d'inventer un personnage emblématique d'une marque, il est encore plus complexe de le faire évoluer au fil des ans, des modes, des tendances et des initiatives de la concurrence. D'où la nécessité de penser très tôt, « quand tout va très bien », aux étapes futures — au lieu d'attendre de voir ce qui va se passer — et de savoir y renoncer avant que les suites ne deviennent handicapantes.*

Kenzo

Démolir les codes avec style

Des récompenses à la pelle (deux Lions d'or, deux d'argent, trois de bronze et un Lion Titanium récoltés en 2017) et plus de 26 millions de vues sur YouTube. Oui, le spot « Kenzo World » fait partie des grandes réalisations publicitaires de ces dernières années. Un projet qui a pris un malin plaisir à exploser les codes existants du luxe pour mieux les réécrire à sa façon. Ou quand la casse a de la classe.

Le plan démarre sur une table de convives, lors d'une cérémonie qui a tout l'air d'être très monotone et convenue. La voix de l'orateur, qui est caché, est inintelligible. Au milieu de cette assemblée plutôt âgée, une jeune femme dans la vingtaine, habillée d'une robe vert émeraude de gala, semble lutter face à l'ennui, entre deux sourires polis et forcés. Puis, elle se lève de table, après avoir glissé un mot à sa voisine, et sort de la grande salle de réception. Seule, une larme fuyant de son œil droit, elle traîne son spleen dans ce lieu élégant avant de commencer à grimacer au rythme d'une musique électro-dancehall sortie de nulle part. Comme possédée, libérée, la jeune femme entre alors en transe et entame une danse déstructurée, saccadée, énergisante et espiègle, la faisant déambuler dans le bâtiment. Elle s'amuse des miroirs sur son chemin. Elle lèche le visage d'une sculpture. En haut d'un escalier, elle croise un homme au téléphone et fait semblant de l'assommer (voire de l'assassiner). Elle passe ensuite à travers une pièce remplie d'objets d'art, probablement très coûteux, et les pulvérise en projetant des lasers du bout des doigts. Elle continue sa chorégraphie quasi mystique devant une tapisserie, puis sur la scène d'une salle de concert vide. Elle s'échappe alors du bâtiment, court à perdre haleine, effectue un salto puis, entre poésie et arts martiaux, comme dans le film *Tigre et Dragon*, elle défie la gravité avec un saut au ralenti en transperçant l'iris d'un œil géant en fleurs sculptées. Elle se relève, face caméra, tape sur sa poitrine comme Tarzan ou King Kong, et laisse entrevoir un regard teinté d'une folie exubérante, joyeusement épuisée. La vidéo se termine avec le texte « Kenzo World, the new flagrance » sur fond vert, accompagné du visuel de la fiole en forme d'œil.

Davantage girl next door *que* Wonder Woman

Lancé d'abord sur Internet à la fin du mois d'août 2016, le court-métrage d'environ 4 minutes de la nouvelle flagrance de Kenzo est diffusé en France pour la première fois un dimanche soir sur TF1, le 4 septembre, et fait aussitôt l'effet d'une bombe dans le monde plus aseptisé qu'audacieux des publicités pour parfums. Énergique sans trop en faire et glamour sans être policé, ce clip ne met pas en scène une idylle de papier glacé ni de jeu de séduction. Il ne contient aucune parole et ne se complaît pas dans tous les clichés prompts à rappeler aux jeunes filles leurs rêves de princesses. Il donne simplement à voir une femme avec sa folie douce et son besoin vital de liberté, d'évasion. Cette scène rappelle à chacun la petite voix intérieure qui, lors d'une réunion de travail, d'un trajet fastidieux en métro ou d'un interminable repas de famille dominical, vient parfois nous extirper du réel pour mieux nous en éloigner. Un choix artistique assumé par Humberto Leon et Carol Lim, codirecteurs artistiques de Kenzo de 2011 à 2019 : « Nous voulions un fantasme qui ne concerne pas Wonder Woman sur le point de sauver le monde.
Nous voulions un fantasme auquel toutes les filles — et peut-être même les gars — puissent vraiment se rapporter, quelque chose d'authentique et de réel dans l'esprit des humains. L'idée était de déclencher chez les gens un "wouah, c'est ce que je veux être". »
Ce positionnement est l'aboutissement d'une ambition portée par le duo pour redéfinir l'identité de la « femme Kenzo » depuis leur arrivée à la tête de la marque. « Il s'agit d'une femme à mille vies, libre, à la fois forte et fragile, unique et *girl next door*, à l'image de Kenzo, marque de luxe de rue », explique à *Stratégies* Patricia Tranvouëz, directrice générale de Kenzo Parfums, suite à la remise du Grand Prix Stratégies du luxe 2016 pour le spot. Et pour gérer ce parti pris en vidéo, Kenzo a décidé, comme très souvent, de se passer d'agence publicitaire[1] et d'agir en équipe restreinte, laissant à Carol Lim, Humberto Leon, Laure Olivier et Virginie Chloé Garat — membres de l'équipe marketing — et Patricia Tranvouëz le soin de mettre des images sur ces idées. À leurs côtés on trouve le chorégraphe Ryan Heffington[2], le réalisateur Spike Jonze et l'égérie de la campagne, la danseuse-actrice-mannequin Margaret Qualley, fille d'Andy MacDowell.

1. La marque de prêt-à-porter du groupe LVMH gère habituellement en interne tout ce qui a trait à la création.
2. Notamment connu pour son travail sur le tube *Chandelier* de la chanteuse Sia.

Être sur un autre tempo

Du côté de la chorégraphie, l'improvisation est privilégiée, laissant à Margaret Qualley toute la liberté de rentrer dans la peau de son personnage et d'éviter les mises en scène réglées au millimètre près. Frénétique, l'actrice alterne ainsi des pas classiques avec des gestes non conventionnels (on pense au fameux haka néo-zélandais) et montre que la femme Kenzo peut être complexe, capable aussi de grimacer, d'exagérer, de se « lâcher ». Cette volonté, qui renforce l'énergie se dégageant du court-métrage, est également favorisée par *Mutant Brain*, un morceau de musique produit spécialement pour « Kenzo World » par Sam Spiegel, frère du réalisateur, et Ape Drums avec la voix du chanteur jamaïcain Assassin. En proposant ce titre pop moderne et inédit, Kenzo réaffirme son ambition de ne pas céder à la facilité et aux dictats du genre. Beaucoup de marques de parfums privilégient des chansons déjà connues du grand public ou utilisent de la musique classique ou plus abstraite.

Faire appel à un néophyte du luxe

Adam Spiegel, dit Spike Jonze, est un cinéaste tendance à mille lieues du monde du luxe. Il est passé par le monde de la télévision (notamment avec l'inclassable show *Jackass* sur MTV), a réalisé de nombreux clips musicaux cultes (dont celui de *Weapon of Choice* de Fatboy Slim, où l'acteur Christopher Walken danse seul dans un bâtiment vide, source d'inspiration évidente de la vidéo « Kenzo World ») et a connu le succès au cinéma avec le film *Dans la peau de John Malkovich*, sorti en 1999. Auteur de plusieurs spots souvent décalés (« Guerrilla Tennis » en 1995 et « The Morning After » en 1999 pour Nike, « Sprite/Sun Fizz » en 1998, « Lamp » pour IKEA en 2002[3], « Crazy Legs » pour Levi's en 2002, « Hello Tomorrow » pour Adidas en 2005), l'Américain est une caution supplémentaire au besoin d'émancipation exprimé par le duo Leon-Lim. Si « Kenzo World » marque un tournant pour la maison fondée par le japonais Kenzo Takada en 1970, il symbolise aussi un retour en fanfare de Spike Jonze dans la publicité après une absence de dix ans. Dans un monde du parfum et de la mode sclérosé par le poids des institutions et une concurrence féroce, où les réussites critiques en matière de marketing sont de plus en plus rares en raison d'un manque d'audace sous couvert de classicisme, cette campagne démontre que la folie et la créativité ont encore et plus que jamais leur place.

3. Qui bénéficiera d'une suite en 2018, réalisée cette fois par Mark Zibert.

À retenir

1 *La meilleure façon de se faire remarquer, c'est d'aller à contre-courant de la communication traditionnelle d'un produit.*

2 *Le monde évolue parfois plus vite que celui de la communication et du marketing. Ainsi, penser que sa cible est la même qu'il y a dix, vingt ou trente ans est une erreur. Verser dans la surenchère de clichés sur la femme idéale n'intéresse plus forcément les nouvelles générations.*

3 *Pour se réinventer, il faut aussi savoir faire appel à des créatifs appartenant à d'autres univers.*

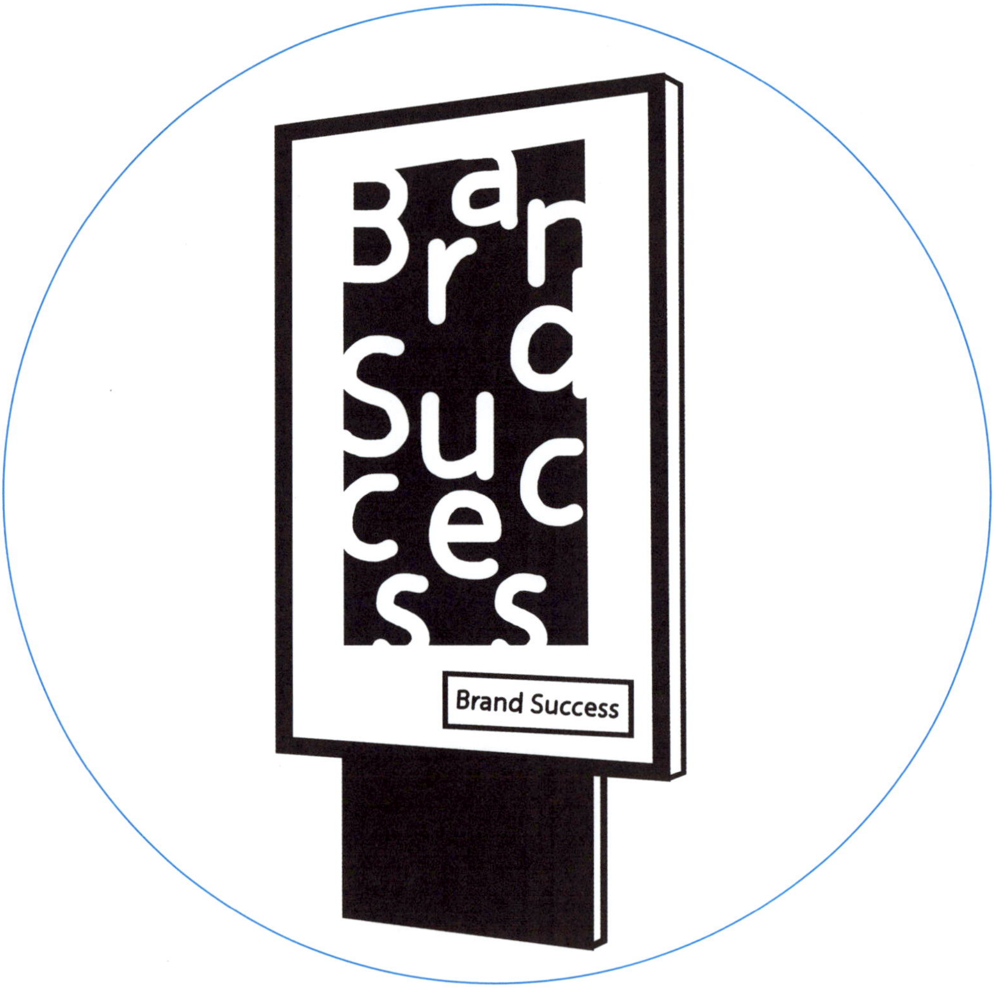
Brand Success

« Une bonne publicité doit ressembler à un bon sermon : elle ne doit pas seulement réconforter les affligés, elle doit aussi affliger ceux qui sont à l'aise. »

Bernice Fitz-Gibbon

(1894-1982), directrice de création, pionnière de la publicité de détail.

Asos

Le règne de l'influence

Asos est un cas d'école. En quelques années, ce pure player s'est imposé parmi les principaux vendeurs de vêtements à travers le monde, notamment auprès des plus jeunes. Son secret ? Une stratégie de communication qui s'appuie sur une utilisation habile des influenceurs et des réseaux sociaux. Décryptage d'un succès rapide bâti sur le bouche-à-oreille et l'anticipation.

En 2000, alors que la *fast fashion* séduit un nombre croissant de clients avec des enseignes comme Zara et H&M qui écoulent des centaines de milliers de pièces à travers le monde, deux Anglais, Quentin Griffiths et Nick Robertson, lancent As Seen On Screen (Asos), un concept qui va bouleverser le secteur. Leur idée ? Un site de curation de produits et d'accessoires de mode permettant de retrouver des articles vus dans des magazines ou portés par des célébrités. Très rapidement, le site de vente en ligne de vêtements et cosmétiques, dont le siège se situe dans le quartier de Camden à Londres, va rencontrer un grand succès et s'imposer comme la boutique de mode en ligne de référence avec de très nombreuses marques disponibles. Le succès est tel qu'Asos va être coté à la Bourse de Londres à peine un an après son lancement. En renouvelant constamment son offre, destinée à toutes les bourses, Asos affiche une croissance insolente de ses ventes (26 % en 2018) et revendique aujourd'hui plus 18,4 millions de clients actifs ainsi que plus de 2 milliards de visites annuelles sur ses sites.

Le renouvellement permanent

En 2004, les deux fondateurs, toujours en avance sur leur temps, se lancent dans la conception de leurs propres collections de vêtements, pour les femmes et les hommes, pour toutes les morphologies, les sportifs et les adeptes du commerce équitable. Au fil du temps, ces déclinaisons vont s'enrichir et représentent aujourd'hui près de la moitié des ventes. Les produits vendus par Asos, sont actuellement diffusés à travers ses plateformes dans 200 pays, dans différentes langues (notamment en français depuis fin 2010), mais la majorité des ventes sont réalisées au Royaume-Uni et en Europe. En 2018, l'entreprise a réalisé un chiffre d'affaires de 2,4 milliards de livres sterling, avec une croissance de ses ventes de 26 %. Dans un univers ultra concurrentiel, l'enseigne a su s'imposer rapidement et s'appuyer sur la fidélisation de ses clients. Son secret ? Une grande capacité de renouvellement de ses produits : Asos propose près de 85 000 références et met en ligne chaque semaine 4 000 nouveaux looks. Ce cycle très court des produits permet de fidéliser une clientèle principalement jeune, les « 20-something », comme la marque aime à les définir.
Pour alimenter ses différentes plateformes, Asos possède plusieurs studios lui permettant de tenir une cadence soutenue et de proposer de nouvelles images pour les nouvelles références mises en ligne. S'agissant des visuels et des looks, la marque s'appuie sur une équipe importante de stylistes qui revendiquent leur source d'inspiration de la rue et de l'image de la *girl next door*. Son but est d'anticiper les tendances et de proposer à sa clientèle des articles dans l'air du temps. Asos a développé une application pour smartphone, avec une fonction Style Match qui permet de prendre la photo d'un vêtement et de trouver sur le site des articles qui sont en accord. En suivant le modèle éprouvé du marché biface des plateformes, Asos a lancé en 2010 une *marketplace* sur laquelle plus de 700 boutiques commercialisent leurs articles, notamment des pièces vintages. Asos prend une commission de 20 % sur les ventes. Une manière de faire fructifier le savoir-faire de la marque et de s'ouvrir à une clientèle plus adulte.

La relation client

La force d'Asos est la relation privilégiée qu'elle sait entretenir avec sa clientèle. En optant pour le choix de mannequins non professionnels qui montrent quelques imperfections, la marque permet à la clientèle de s'identifier plus facilement. Asos déclare ne pas faire de retouches photos de l'apparence des modèles. En parallèle, la large gamme de prix rend les produits accessibles au plus grand nombre, y compris pour les plus modestes. La renommée de la plateforme s'est construite sur une livraison gratuite à partir de 25 euros, et la possibilité de renvoyer sans frais n'importe quel article, ce qui favorise l'impulsion d'achat. Elle fut l'un de premiers sites à le proposer.
Asos propose un guide sur mesure, un abonnement pour être livré en 24 heures et une réduction de 10 % pour les étudiants. L'enseigne s'appuie enfin sur un service client très réactif avec lequel il est possible de communiquer n'importe quand.
Pour rendre l'expérience client la plus complète possible, Asos a lancé son magazine en 2007. Tiré à plus 450 000 exemplaires, il s'est imposé

comme la première publication de mode du Royaume-Uni. Initialement distribué gratuitement, il est devenu payant en 2018, mais reste offert aux clients les plus fidèles. Pour mieux se rapprocher de ses principaux marchés stratégiques, Asos a ouvert différents bureaux à l'étranger, dont un à Paris, en 2017. La marque souhaite ainsi développer du contenu en phase avec la clientèle locale avec une stratégie qui s'appuie sur des influenceurs choisis avec soin.

Le marketing d'influence au cœur de la stratégie

Asos est née sur le web, c'est donc à travers ce média qu'elle va orienter sa communication. En 2019, elle compte plus de 6,1 millions d'abonnés sur Facebook, 9,4 millions sur Instagram et près d'un million sur Twitter. En 2011, le tweet annonçant la réélection de Barack Obama accompagné d'une photo sur laquelle on voit Michelle Obama portant une robe à carreaux rouges et blancs de la marque a provoqué 800 000 retweets et a particulièrement marqué les esprits des consommateurs. Asos a toujours misé sur la stratégie marketing du bouche-à-oreille, sans jamais faire de publicité à la télévision ni dans la presse. Outre une communication classique sur les réseaux (posts réguliers, jeux-concours, interactions, etc.), elle est allée encore plus loin en sponsorisant les comptes personnels des influenceurs (les Asos Insiders) dont les pseudos sur Instagram sont identifiés par la marque.

« Nous en sommes arrivés à un niveau tel que certains *insiders* participent désormais à nos campagnes, et avons commencé à les valoriser encore plus, ce qui a tout de suite suscité un énorme succès en Grande-Bretagne, explique Rachel Bremer, directrice de communication monde d'Asos. Pour que cela fonctionne, l'important était de trouver des influenceurs qui se rapprochent des valeurs que nous voulons incarner. Nous ne visons pas des relations se résumant à de simples transactions limitées dans le temps, comme cela peut se faire. Toute l'idée était de nouer des relations sur le long terme. Chaque canal doit être abordé de manière spécifique et la construction d'un réseau communautaire doit se faire sur le fond plus que la forme, pour en faire une communauté qui vit à l'année[1]. » En laissant ainsi une certaine liberté à ses influenceurs, tout en étant transparent avec eux, Asos établit une relation plus discrète et féconde, chaque *insider* produisant son propre contenu pour sa propre communauté. Au lieu de s'adresser directement à ses potentiels

1. « Asos ou le pari d'une stratégie d'influence transparente », Fashionnetwork.com.
2. « La méthode Asos pour transformer ses clients en ambassadeurs », Business.teester.com.

clients, elle laisse ses fans leur parler. Lancé en 2013, ce programme d'*insiders* a enregistré de très bons résultats avec une augmentation de 45 % des mentions spontanées de la marque sur les réseaux sociaux grâce à ses ambassadeurs. « Une excellente visibilité, un taux d'engagement en hausse, un dépassement de 25 % des objectifs de notoriété et une crédibilité qui rassurent les consommateurs et permettent de convertir les plus frileux au shopping en ligne[2]. » Outre ce dispositif, Asos encourage ses clients à parler de leurs achats sur les réseaux sociaux, avec le tag #AsSeenOnMe. Ce hashtag est référencé avec plus de 1,1 million de publications sur Instagram.
Au sein de la *fast fashion* du prêt-à-porter, ce segment de l'industrie vestimentaire qui se caractérise par le renouvellement très rapide des vêtements proposés à la vente, Asos a su s'imposer rapidement au point de faire de l'ombre aux enseignes physiques traditionnelles. Elle a su anticiper avant les autres la place croissante qu'aller occuper les achats en ligne. Elle a ainsi développé une offre unique, notamment avec sa politique de retours gratuits. Acteur de plateforme, totalement dématérialisé, Asos utilise la viralité avec subtilité comme peu de marques le font actuellement, quel que soit leur secteur. Asos a compris que la communication la plus impactante restera toujours celle faite par des clients satisfaits. Une stratégie qui a fonctionné bien avant le web et qui perdure.

À retenir

1 *Internet a bouleversé le rapport des marques à leur clientèle. Chaque consommateur est un ambassadeur potentiel qui peut faire ou défaire une réputation ou une notoriété.*

2 *Asos, qui n'a jamais eu de magasins physiques, a su avant les autres exploiter la viralité offerte par le web en constituant un réseau unique d'influenceurs.*

3 *Alors que les posts sponsorisés sont de moins en moins appréciés et sont plutôt dénoncés par les internautes, Asos préfère jouer la transparence en assumant totalement ses liens avec les influenceurs. Elle tient à intervenir le moins possible et les laisser eux-mêmes créer leurs propres contenus.*

4 *Le bouche-à-oreille et la recommandation, qu'ils soient physiques ou en ligne, resteront toujours les meilleurs vecteurs de communication : ils permettent de dépasser la simple relation commerciale.*

5 *Aso est ainsi devenu l'un des meilleurs exemples de la transformation de l'acte d'achat en expérience globale.*

Always

« Like a Girl »

Marque de produits d'hygiène féminine créée en 1983 au sein de Procter & Gamble, Always a bâti sa réputation sur les avancées de ses produits tout en évitant de se polariser sur les règles. La campagne lancée en 2015, qui fera le tour du monde par l'intermédiaire des médias sociaux, va s'ouvrir à une réelle problématique sociétale : le soutien aux jeunes filles.

Fidèle à la culture de l'innovation et à la performance des produits, durant plusieurs années, Always a construit son image sur la valorisation de son offre, grâce à d'habiles démonstrations, comparaisons et argumentations scientifiques. Mais pour l'emporter sur le terrain commercial, il fallait trouver un autre système de communication qui ne donne pas le monopole au seul discours produit sur la protection et les prouesses technologiques, mais qui ne quitte pas pour autant les terrains de prédilection de la marque.

La confiance, pour les jeunes filles et pour le produit

Les études dont disposait la marque démontraient que l'enjeu principal était celui de la confiance et de la sécurité du produit durant les règles. Il existe un lien profond et émotionnellement puissant entre la fiabilité du produit et la confiance en soi, qu'il fallait détecter et, surtout, exploiter. C'est le point de départ de la campagne « Like a Girl » élaborée avec l'agence Leo Burnett. Tous les indicateurs disponibles en matière de viralité, comme

de reprise sur les divers supports d'information, démontrent son succès exemplaire.
L'estime de soi des filles chute deux fois plus que celle des garçons pendant la puberté. De plus, les femmes ne retrouvent jamais le niveau de confiance de l'enfance. Comprendre pourquoi cela se produit était la clé. Réduire, rien qu'un peu, cette baisse de confiance signifierait permettre aux jeunes filles de bien commencer le « voyage vers la féminité[1] ».
Pour concrétiser cette situation, en la caricaturant également, la marque s'est focalisée sur une expression répandue aux États-Unis qui comporte nombre de signifiants négatifs : « *like a girl* ». C'est l'élément discriminant, qui sert de référence et de fil conducteur, que Lauren Greenfield, la réalisatrice de la vidéo de trois minutes qui supporte cette campagne, va faire ressortir. Courir, lancer une balle, se battre « *like a girl* » peut être fait de manière faible, maniérée, effacée ou alors avec du courage, de la volonté et de la détermination. Dans un cas, le message de l'expression est pesant, capable d'installer des impacts négatifs forts et durables, dans l'autre il s'agit d'une affirmation positive. La vidéo fut lancée sur les réseaux sociaux en 2015, quelques mois avant le Super Bowl, mais le soir du plus grand événement sportif des États-Unis, le passage d'un spot d'une minute conduisit à une mobilisation exceptionnelle, façonnant ainsi une image très différente de la marque Always, souvent confondue avec le produit lui-même.

La création d'une nouvelle image

Cette stratégie a permis à Always de sortir de la simple relation utilitariste avec ses consommatrices. La marque n'a pas remplacé sa fonction, mais l'a enrichie d'une démonstration d'engagement pour ses clientes et les jeunes filles en général, en s'associant à un mouvement ancré dans nos sociétés qui tient du féminisme, de l'acceptation des différences et du respect. Always réussit ainsi à élargir sa valeur, la perception de son utilité et de son importance. C'est une invitation : « Rejoins Always dans sa mission pour aider les jeunes femmes à avoir confiance en elles, en encourageant les filles du monde entier à accepter les échecs et à persévérer #CommeUneFille. [...] Elles n'osent donc pas essayer de nouvelles choses, par peur d'échouer. Pourtant, l'échec est une bonne chose ! Il nous aide à apprendre, grandir et, finalement, à renforcer notre confiance en nous[2]. »
La campagne « Like a Girl » est une parfaite définition de ce que devrait être une marque des années 2020 : en situation de crise permanente (pressions, procès et accusations de toutes sortes sur les réseaux sociaux), mais devant répondre à une nouvelle culture qui tend à exiger beaucoup plus de devoirs vis-à-vis des marques qu'à leur accorder un surplus de droits.
En partant d'une phrase d'une grande banalité, sortie du langage commun et dont on oublie parfois la dimension péjorative, Always quitte son unique rôle d'innovateur pour devenir un acteur engagé dans la société.

1. « Case study: Always #LikeAGirl », Campaignlive.co.uk.
2. Always.fr.

Procter & Gamble était connue pour sa créativité, mais on n'imaginait pas qu'elle ferait preuve d'un engagement de ce type et de cette ampleur. La vidéo de la campagne a été vue par plus de 76 millions de personnes dans 150 pays, partagée plus d'un million de fois. Les trois premiers mois après sa sortie, près de 180 000 tweets avec le hashtag #LikeAGirl, dont certains de personnalités très connues, ont permis de booster la campagne. Pendant cette période, le nombre de followers sur Twitter a triplé, et sur la chaîne YouTube, la marque a enregistré une hausse de la fréquentation de 4 339 %. Près de 2 000 articles ont été rédigés sur le sujet, toujours au profit de la marque. Le programme a bénéficié de 4,5 milliards d'impressions dans le monde, dont 290 millions sur les réseaux sociaux.

Sortir de son territoire

Cette démarche, encore assez rare, rejoint cependant celle d'autres entreprises qui cherchent à sortir des territoires dans lesquels elles ont prospéré. Les tensions culturelles et politiques ont de sérieuses conséquences pour les marques, leurs actions et leurs discours. La responsabilisation est beaucoup plus forte que par le passé. Les questions d'égalité, de sexisme et de respect des différences, ainsi que les stéréotypes culturels ou sociaux véhiculés par les entreprises et leur communication, la surconsommation, les tensions relatives à l'environnement, le respect du monde animal et végétal... sont autant de sujets qui, auparavant, ne faisaient qu'effleurer les marques dont le principal souci était de les éviter.

Des marques plus engagées ?

Cette campagne, comme « La vraie beauté[3] » de Dove ou « Imagine the Possibilities » de Barbie, s'inscrit donc dans une dynamique plus globale de marques qui, conscientes des changements de mentalité chez les individus et les consommateurs, veulent davantage légitimer leurs démarches. Il ne s'agit pas de s'excuser de commercer et encore moins de chercher à gagner de nouveaux clients. La volonté est d'inscrire la marque, de sa production à sa commercialisation et sa communication, dans une vision plus engagée, moins conventionnelle, moins conservatrice. Et cette démarche est payante.

3. Voir *Brand Success*, tome I, page 154.

Sur le plan de la communication, cette campagne est remarquable à plus d'un titre.
— Always n'est pas un annonceur qui œuvre pour imposer un point de vue par le levier classique du message publicitaire. Lancer le débat et s'engager nécessite plus les outils du dialogue que ceux de l'imposition d'une vérité : la campagne n'est qu'un prétexte pour lancer la discussion, favoriser la médiatisation. C'est ainsi que des individus, des associations, des institutions s'engagent sur la place publique pour étendre la superficie du sujet exprimé sur les sites et sur les multiples pages des réseaux.
— Always fonctionne comme un diffuseur et un éditeur multipliant les interventions, les présences sur divers réseaux sociaux, avec plusieurs partenaires, afin de favoriser la reprise de ses messages.
— Always travaille selon un modèle épidémiologique qui mise avant tout sur le partage du message, sa diffusion par d'autres et dans des communautés et groupes divers, dans une multiplicité de pays.
— Always a également compris que l'engagement de la marque ne vaut que s'il est suivi par celui de ses clients qui partagent ses vidéos et ses messages.

À retenir

1 *Une marque, pour étendre son pouvoir d'influence, peut ne plus miser sur les recettes traditionnelles quantitatives (puissance de la publicité, omniprésence) dès lors qu'elle répond à la question complexe de son « utilité », qui ne peut se limiter à son seul rôle de producteur.*

2 *La communication moderne ne tient pas à la puissance du message ni à l'argent mis en œuvre, mais à sa capacité à démultiplier les relais, les liens et les diffuseurs prêts à aider à l'expansion du message et de l'engagement — en somme, à générer du dialogue.*

3 *Ainsi, la marque moderne affrontera plus de devoirs que de droits, ne pouvant plus se réfugier dans sa seule mission commerciale. Elle doit véritablement déterminer une mission qui transcende sa finalité business et lui garantit de se différencier sur des bases vertueuses, donc durables.*

WestJet

« Christmas Miracle »

Figurant parmi les plus grands buzz de l'histoire de l'internet, cette campagne vidéo commencée en 2013 et renouvelée chaque année depuis, n'est pas simplement un cas emblématique de communication qui joue avec intelligence sur la surprise et les émotions. La compagnie aérienne WestJet a réussi à faire oublier ses prix bas en montrant que l'attachement, l'efficacité et la fierté de ses employés peuvent se traduire en miracle pour les passagers.

WestJet Airlines est une compagnie aérienne canadienne low cost qui dessert aujourd'hui plus de cent destinations en Amérique (Canada, États-Unis, Mexique, Amérique centrale et Caraïbes) et en Europe. Fondée en 1996, WestJet est actuellement parmi les premiers transporteurs aériens au Canada. Afin de mieux se faire connaître et de sortir de l'image de compagnie à bas prix, l'entreprise imagine un projet à la fois ambitieux et risqué, mais d'un grand potentiel médiatique. Après de premières tentatives, en décembre 2013, la compagnie et ses employés, totalement mobilisés autour de cette priorité, vont mettre en place une diabolique machination qui s'avérera pleine de surprises et d'émotions pour les passagers. Postée le 9 décembre, la vidéo « Christmas Miracle » recueille plus de 315 000 vues, lors de sa première journée de diffusion, et atteint les 19 millions quatre jours plus tard !

Un embarquement magique

Ce cas raconte à la fois la puissance parfois insoupçonnable d'une grande idée, la capacité unique de mobilisation des salariés d'une entreprise et ses effets positifs, ainsi que la puissance épidémiologique du net et des réseaux sociaux. L'idée est simple, mais elle implique beaucoup de monde, d'énergie et de rapidité. Dans les salles d'embarquement des aéroports de Toronto et d'Hamilton, des passagers de tous les âges à destination de Calgary confient leurs souhaits à un mystérieux père Noël posté derrière un écran. Pour ces voyageurs, il s'agissait sans doute d'un jeu ou d'une campagne de communication, mais aucun ne se doutait qu'au même moment et, donc en temps quasi réel, 150 employés de la compagnie étaient mobilisés pour concrétiser leurs vœux, les emballer, les apporter à l'aéroport de Calgary afin qu'ils puissent être délivrés sur le tapis roulant, avant les bagages… Quelle surprise pour des passagers qui ne pouvaient imaginer que leurs déclarations à l'embarquement allaient se transformer en cadeaux à l'arrivée… Et quelles magnifiques images pour les responsables de WestJet !

Une opération minutieusement préparée

Les équipes de communication de WestJet filmèrent tout le déroulé de l'événement. La suite est une question de viralité… mais pas seulement !
En s'inspirant d'un célèbre dicton américain, « small things big impact », cette démarche de communication qui valorise l'entreprise auprès de ses publics (actuels et potentiels) est riche d'enseignements. Elle regroupe tous les leviers vertueux qui permettent de réussir sur le net et les réseaux sociaux, qui transforment une viralité en événement planétaire. Il est certain que la réussite du projet ne vient pas du hasard, mais d'une grande capacité de réflexion, d'organisation et de planification afin qu'une sympathique opération locale dispose d'une immense visibilité. Ce qui est moins sûr, c'est la capacité de WestJet d'imaginer un tel succès mondial en 2013.
Cette campagne révèle aussi une véritable opération de mobilisation interne : les principaux acteurs sont les équipes. Une telle stratégie d'engagement donne non seulement un sens plus fort à l'action, mais une authenticité et une efficacité démultipliée. Les employés ne sont pas des prétextes, car la réussite des opérations dépend toujours de leur engagement, de leur capacité à assurer la logistique, du travail préalable d'organisation et de planification… Sans l'activisme des employés, l'action ne peut pas réussir. Il suffit de visionner la vidéo[1] de 2013 pour comprendre à quel point cette puissante idée de communication est avant tout destinée à rendre les personnels fiers de la compagnie, à les valoriser auprès des clients actuels et potentiels.
Émotion, surprise, enfants et Noël…, la communication de WestJet mise sur des valeurs sûres. Ce sont de véritables accélérateurs de notoriété et de buzz planétaire parce qu'ils touchent à des émotions partagées : une humanité collective qui se retrouve dans la mobilisation des employés en faveur des voyageurs, dans le regard des enfants surpris de recevoir des cadeaux, dans l'émotion des parents, dans la symbolique de Noël. Ces moments de tendresse n'ont pas de nationalité, de religion, de tendance politique. Ils sont universels.

1. https://youtu.be/zIEIvi2MuEk.

Du local au global

L'organisation quasi parfaite de la médiatisation fonctionne selon un schéma qui consiste à organiser les stades de la transformation d'un acte sympathique en un événement planétaire, en structurant la logique de médiatisation en trois phases (avant, pendant, après). Tout est fait pour optimiser les relations avec les influenceurs et les prescripteurs : relations interpersonnelles, fuites organisées, journalistes invités à l'événement dans l'aéroport…
La réalisation et le montage de la vidéo sont effectués le jour même, afin que celle-ci soit diffusée sur tous les réseaux sociaux et qu'elle se transforme en objet de viralité, en un moment fort et universel. Autrement dit, ces actions qui « viennent du cœur » sont planifiées, structurées et travaillées des mois à l'avance afin de garantir une efficacité maximale dans l'utilisation des relais.
La démarche, si réussie, tient aussi à la spécificité du secteur aérien qui implique un investissement significatif, sur le plan financier et émotionnel. Les voyageurs ne demandent pas à une compagnie aérienne de l'inattendu et de la surprise, qui se traduisent souvent en mauvaises conditions de vol ou en retard. Alors, quand la compagnie renverse les attentes, le public ne peut qu'adhérer.
Cette première grande campagne qui s'appuie sur du média social va marquer par sa nature expérimentale, par sa gestion de l'inattendu et sa capacité à capter l'attention par la puissance émotive des films. Elle assure ainsi l'universalité du cœur aidant, une viralité par l'organisation très structurée de la présence sur les réseaux sociaux, mais également par la simplicité des messages (rien à dire de particulier, seulement regarder et partager les émotions). Il s'agit là d'une structure de communication d'une grande modernité qui consiste à inverser l'équation : ce n'est plus la communication qui crée l'événement, mais l'événement qui génère sa communication, l'organise et la diffuse. L'effet épidémiologique des vidéos surmonte toutes les frontières, les cultures, le temps et la concurrence.

Quand l'action remplace les discours

À la suite de l'incroyable succès de l'opération menée en 2013, la compagnie aérienne va faire de la fin de l'année un temps majeur de son activité de communication, créant ainsi une forme de tradition, une surprise attendue par tous. Cela rappelle ce que le grand magasin new-yorkais Macy's accomplit pour Thanksgiving, avec le célèbre défilé de ses salariés. En 2015, WestJet a mis en place une opération similaire qui connaîtra également un grand retentissement : il s'agissait cette fois d'accomplir 12 000 petits miracles dans une quarantaine d'aéroports du Canada (cadeaux de toutes sortes, bons gratuits, dons à des actions communautaires…). Là encore, la compagnie s'est appuyée sur la mobilisation de tous les salariés. L'opération bénéficia d'une nouvelle

couverture médiatique exceptionnelle et de résultats impressionnants sur les réseaux sociaux : l'image de la compagnie low cost est totalement transformée.
Les campagnes WestJet, en particulier celles de 2013 ou 2015, sont riches d'enseignements parce qu'elles définissent, au-delà d'une parfaite exploitation des modèles de communication digitale, une nouvelle manière d'interagir avec les publics. L'action tend à remplacer le discours. Plutôt que de répéter sur des dizaines d'annonces de presse qu'elle tient à ses clients, l'entreprise rencontre ces derniers dans la vraie vie, une démonstration de proximité qui vaut tous les discours.
La compagnie affirme ainsi sa double mission (interne et externe) : l'engagement des employés et l'adhésion à une culture d'entreprise partagée avec tous les voyageurs.
La communication n'est plus une action, mais un processus. Elle livre une forme subtile « d'avantage compétitif » à la compagnie. « Les miracles ne se produisent que lorsque nous travaillons comme un seul homme. » C'est ainsi que se termine la vidéo tant célébrée de 2013. Sur le plan commercial, une telle opération permet de faire croître l'intérêt pour la compagnie de nombreux prospects tout en renforçant la fierté d'appartenance de la part des clients.
À une époque où les professionnels de la communication sont confrontés à l'angoissante difficulté de capter l'attention d'un public sollicité sans relâche, WestJet a compris que l'émotion, la surprise et le juste moment apportent un surplus d'impact, de participation et de véracité.

À retenir

1 *L'intelligence de l'événement n'est pas simplement de miser sur un effet de surprise et sur l'émotion, mais d'inviter, d'intégrer et même de faire reposer la réussite sur le personnel, faisant ainsi de l'interne le héros principal.*

2 *La modernité d'une telle histoire tient aussi à l'excellente organisation et à l'exceptionnel travail sur les réseaux sociaux, les médias, les blogs et tous les leviers d'influence.*

3 *Comme toute réussite actuelle, elle fait ressortir la qualité de préparation du projet avec ces trois temps qui correspondent à des discours et des leviers d'action différents : l'avant, le pendant et l'après.*

Blackglama

« What Becomes a Legend Most? »

La naissance d'une campagne de communication nécessite parfois que l'on revienne à l'essence même de la marque. Il s'agit d'une période difficile qui doit être affrontée et de laquelle on peut sortir vainqueur grâce à des choix courageux. Pour des raisons complexes qui relèvent de la concurrence, des exigences de la distribution, des tendances ou des législations, les entreprises doivent parfois prendre des décisions radicales. Le cas de Blackglama répond parfaitement à ce schéma.

Cette marque de vêtements en fourrure est aujourd'hui synonyme d'audace et de créativité, même si sa notoriété, dans le monde actuel où l'on condamne la fourrure, est moins importante qu'auparavant. Elle est née en 1941 du groupement des éleveurs de visons à fourrure noire (Great Lakes Mink Association ou GLMA) de la région des Grands Lacs des États-Unis. Leur fourrure d'un noir profond et brillant, offrant un cuir souple, est l'une des plus belles du monde.
Le groupement GLMA est créé pour faire face aux évolutions du marché et à la concurrence, mais également pour contrecarrer la montée croissante des groupes de pression qui combattent l'utilisation de la fourrure animale. La campagne de la fin des années 1960 n'était ni destinée à soutenir des ventes ni orientée vers les consommateurs. Il s'agissait pour ces producteurs de passer du stade de fournisseurs d'une matière première à celui de créateurs d'une marque prestigieuse qui allait rejoindre d'autres grands noms. Il n'était plus question de représenter l'animal, sa transformation ou sa fourrure à l'état brut.

S'imposer comme une référence

Trahey Associates, l'agence chargée de la communication du lancement de cette nouvelle marque, s'est attaquée à ce problème complexe et a abouti à un résultat d'une brillante simplicité et particulièrement remarquable. Elle était dirigée par Jane Trahey (1923-2000), une femme d'affaires américaine, également écrivaine, connue pour être l'une des pionnières de la publicité dans les années 1960, et l'une des premières femmes à avoir créé et dirigé sa propre agence de publicité. Jane avait une longue expérience dans les domaines de la mode, de la beauté et du luxe. La puissance de sa réponse tient du fait qu'elle a su décaler la problématique, passant d'un produit haut de gamme, la fourrure, à une marque que l'on doit lancer et imposer comme une référence.
Sa première décision fut de créer un nom pour la marque, évoquant à la fois le glamour et la couleur du vison. Ainsi, Blackglama, jeu de mots entre « glamour » et les initiales GLMA, deviendra le nom de la marque, symbole de haute qualité. Ensuite, l'idée créative naquit d'une corrélation simple : l'éternité symbolisée à la fois par les grandes stars du cinéma et le vison Blackglama.
La campagne « What Becomes a Legend Most? » fut officiellement lancée en 1968. Et pour faire vivre cette « légende », Jane a compris qu'il fallait élaborer une saga qui, loin de banaliser le propos, donnerait plus d'ampleur et d'actualité à la communication. En bénéficiant de l'accord de grandes stars de l'époque — Melina Mercouri, Bette Davis, Barbra Streisand, Lauren Bacall, Judy Garland, pour ne citer qu'elles —, la campagne devint elle-même une légende et provoque une médiatisation jamais vue jusqu'alors pour une marque de fourrure, notamment grâce aux articles qui couvrent l'actualité du cinéma et des *people*. Son design est d'une simplicité extrême : des clichés noir et blanc d'actrices vêtues d'un manteau de fourrure avec, en légende, « What Becomes a Legend Most? ».
La campagne reste modeste sur le plan budgétaire ce qui peut sembler paradoxal au regard du type de produit et des médias « haut de gamme » utilisés.
Son succès a permis à Blackglama de traverser les années avec succès, même si elle a été touchée, comme ses concurrents, par l'affaiblissement général du marché de la fourrure. Rares sont les marques dans l'univers du luxe et de la mode qui figurent dans le classement des 100 meilleures campagnes du xxe siècle. Au côté de Levi's[1], Chanel, Hathaway[2] et De Beers[3], cette campagne figure pourtant en 77e position dans ce classement.

Invitation à la réflexion

Il s'agit d'abord d'une campagne iconique qui joue sans complexe avec l'affirmation des codes éternels du luxe : la prédominance de la marque, l'impact du visuel qui s'impose et qui ne nécessite pas d'argumentation, l'esthétique soutenue par le choix de photographes parmi les plus célèbres, dont Richard Avedon, qui a travaillé pour *Harper's Bazaar*, *Life* et *Vogue*, connu pour son art du portrait en noir et blanc. Pas de textes longs pour expliquer, argumenter, justifier ou informer le lecteur sur le choix des peaux, le processus de fabrication

1. Voir page 100.
2. Voir *Brand Success*, tome I, page 48.
2. Voir *Brand Success*, tome I, page 184.

du vison à travers les époques et les continents. Pas de starlettes non plus. Il s'agit d'une campagne qui tient, en tous points, de la légende.
La campagne forge une posture à la marque : plus qu'un positionnement jouant sur des dimensions statutaires de la fourrure, le spectateur est amené à s'interroger. Le parallélisme entre une personnalité connue de tous et la marque elle-même, symbolisée par « la femme en vison », ne repose pas sur une pose classique : il ne s'agit plus de créer, comme le font certaines marques, une identification au luxe par la seule présence de la star. Avec intelligence, humour et élégance, on s'interroge simplement sur une question existentielle qui obsède les stars depuis la naissance des arts du théâtre et du cinéma : celle de la temporalité du succès. On n'affirme rien, on pose la question (« *what becomes a legend most?* ») ce qui est d'une extrême modernité. Les années 1960 et 1970 marquent la montée en puissance de la publicité créative, sous l'impulsion du cofondateur de DDB Worldwide, Bill Bernbach, mais aussi la mainmise des grandes agences américaines enfermées dans leurs habitudes, comme le recours aux études et aux tests, le verbiage scientifique ou la foi dans le fameux *unique selling proposition*[4], et qui utilisent d'importants investissements comme moyen de s'affirmer.
En posant la question « *what becomes a legend most?* », qui met en parallèle deux stars, la vedette de cinéma et le manteau en vison, on évite tout arbitrage pour laisser fonctionner l'imagination du lecteur. On accroît les connexions et on laisse l'absence de réponse consolider la corrélation. Au lieu d'imposer une proposition, la marque invite à l'évasion, créant ainsi un lien beaucoup plus puissant que celui qui impose une promesse ou qui assomme le consommateur par le poids des messages et des investissements.

Une campagne simple et éternelle

La marque est valorisée par l'intelligence : une « invitation au voyage » née du questionnement et de la surprise. Contrairement aux communications encore fréquentes dans le secteur luxe qui imaginent que le produit et le nom de la marque (souvent avec le mot « Paris » accolé) suffisent à faire la différence, cette campagne fait appel à l'humour (une audace pour ce secteur), l'élégance, la simplicité visuelle et un message fort, faussement naïf. L'affichage d'une femme dans un beau manteau en vison ne propose pas une contemplation traditionnelle, il saisit par l'impact, la personnalité, le parallélisme du questionnement, ce qui s'avère être d'une plus riche complexité que ce que l'on pourrait croire. C'est sans doute ce qui est la clé du succès de cette campagne largement primée, devenue culte (vente aux enchères des photos à des prix faramineux, édition de livres, de posters, etc.).

4. Une publicité doit faire une proposition unique au consommateur et justifier son adhésion.

Enfin, le statut atteint par cette marque, entrée dans la légende des enseignes iconiques, tient aussi à la puissance de sa simplicité qui repose sur ce que l'annonceur avait de plus beau à offrir, ses magnifiques peaux de vison transformées en manteaux. La création du désir ne s'appuie pas sur des artifices commerciaux ou des imaginaires complexes, mais sur l'envie du manteau en vison représenté dans un univers très fort, d'une grande simplicité : une star reconnue associée à un manteau magnifiquement porté et à une interrogation énigmatique : « *what becomes a legend most?* ».
La campagne fut maintenue durant plus d'une trentaine d'années, respectant toujours sa stratégie initiale, avec des personnalités choisies en fonction des époques, de Raquel Welch à Naomi Campbell, en passant par Diana Vreeland ou Linda Evangelista.
La mise en page évoluera au cours des années 1970, période de fortes transformations, pour intégrer davantage les codes de la pop culture, mais elle resta marquée par l'omniprésence de l'idée initiale.

À retenir

1 *La construction d'une démarche qui part de la création même d'une marque comme solution à la question de la différenciation d'un produit : marquer, remarquer et se démarquer, constituent les fondamentaux de toute marque.*

2 *L'audace de cette campagne, dans un univers pourtant normé et pour une clientèle sans doute conventionnelle, est de pousser le lecteur à répondre à une question, ce qui, en réalité, sert à consolider le statut de légende de la marque. C'est une manière subtile d'utiliser l'implication comme levier destiné à diffuser une opinion ou à la confirmer.*

3 *La grande « leçon de réussite », à l'instar des campagnes d'Absolut*[5]*, d'Éram*[6] *ou de « Got milk ?*[7] *», c'est d'assurer à la fois le renouvellement du genre tout en maintenant un léger suspens : qui verra-t-on la prochaine fois ? Cette notion de rendez-vous et de surprise construit un lien sûr avec la marque, une attente.*

5. Voir *Brand Success*, tome I, page 54.
6. Voir *Brand Success*, tome I, page 188.
7. Voir *Brand Success*, tome I, page 86.

H&M

Reine de la collection capsule

Dans les années 1990, H&M s'est imposée dans le prêt-à-porter avec des articles au cycle de vie très court et des prix peu élevés. L'enseigne a su utiliser l'art de la collaboration avec de grands stylistes ou artistes pour mettre au point chaque année des collections capsules. Mais la marque doit faire face aujourd'hui à des difficultés, car le monde de la mode est en train de changer.

C'est en 1947 que débute l'aventure d'H&M en Suède. Son créateur, Erling Persson, inspiré par les grands magasins américains comme Macy's ou Barney New York, est persuadé qu'il peut proposer aux femmes des vêtements de qualité peu chers. Il ouvre alors une première boutique à Västerås, à une centaine de kilomètres de Stockholm, intitulé « Hennes » (pour elles), qui fonctionnera très bien. Quelques années plus tard, il ouvre un magasin dans la capitale, puis dans les années 1950 et 1960, il s'exporte en Norvège. En 1968, il rachète les magasins d'articles de pêche, Mauritz Widforss, et va lancer les premiers H&M (Hennes & Mauritz) à destination des hommes, des femmes, puis des enfants. En 1974, l'enseigne fait son entrée en Bourse et, en quelques décennies d'internationalisation, H&M va devenir un mastodonte regroupant plusieurs marques (Cheap Monday, Cos, Monki, Weekday, & Other Stories), avec près de 5 000 boutiques et plus de 120 000 employés à travers le monde. Mais ce sont les collaborations qui ont surtout contribué au succès de la marque et à sa renommée.

De l'art de la collaboration…

« Tout est histoire de goût. » Nous sommes en 2004 et la toute première collection capsule (éphémère) de la marque avec Karl Lagerfeld allait faire grand bruit : 30 pièces de 19,90 à 149,90 euros mises en vente, à grand renfort de pub réalisée par le couturier lui-même. Le 12 novembre, c'est une véritable émeute dans tous les magasins devant lesquels des files ont commencé à se former dès 6 heures du matin. À Paris, tout sera vendu en moins d'une demi-heure. À Stockholm, la direction du groupe avait décidé quelques mois plus tôt et dans le plus grand secret de tenter l'un des plus beaux coups médiatiques de la mode en s'associant pour une période limitée avec une star du milieu du luxe pour dessiner une collection. Cette opération va être lancée dans une vingtaine de pays et cette journée va marquer les esprits.

Chaque automne, H&M va ainsi proposer une collection en partenariat avec un grand nom, en essayant de dévoiler celui-ci le plus tard possible afin de faire monter le suspens. Et si l'engouement ne sera jamais plus le même qu'en 2004, chaque nouvelle série est un événement dont on parle : Sonia Rykiel, Stella McCartney, Viktor & Rolf, Comme des Garçons, Lanvin, Versace, Balmain, Alexander Wang, etc.

Ce type de collaboration, le *masstige* (un mot-valise anglais associant *mass* et *prestige*) n'est pas nouveau. Dans les années 1990, de nombreuses marques s'étaient lancées dans l'aventure. Pour les consommateurs les plus modestes, ces collections spéciales constituent des occasions uniques d'avoir accès à l'univers du luxe. Stella McCartney avait expliqué en 2005 que : « Créer une collection unique pour H&M est un des moyens les plus excitants et innovants de faire découvrir mes vêtements à un public féminin plus large. Tant de gens sont venus me dire : “J'adore vos créations, mais je ne peux pas me les offrir.” Cette collaboration est un moyen fantastique de m'adresser à une plus large clientèle et de me faire mieux connaître en tant que créatrice. La ligne unique que j'ai créée pour H&M ressemble beaucoup à mes propres collections. »

La première collaboration d'H&M restera probablement comme la plus célèbre opération de *masstige* dans l'histoire de la mode. La stratégie est payante : en novembre 2004, les ventes de l'enseigne bondissent de 24 % par rapport à celles de l'année précédente à la même époque. Ces collections réalisées par des créateurs permettent à H&M de capter une nouvelle clientèle, tout en offrant l'opportunité aux créateurs de se faire connaître auprès d'un public plus jeune. Ces réussites s'appuient sur un travail intense en amont sur le plan des relations presse, avec des milliers d'articles, des interviews ou des passages des créateurs sur les chaînes de télé ; tout cela constitue un booster exceptionnel.

… à la nécessité de la restructuration durable

Ces « coups marketing » du géant suédois vont asseoir confortablement sa position pendant des années parmi les leaders du prêt-à-porter. Mais malgré des chiffres encore impressionnants, l'enseigne est aujourd'hui coincée dans une période compliquée, émaillée par la nécessité d'une restructuration (avec

l'abandon de la marque Cheap Monday) et d'une diversification, en proposant notamment une ligne de décoration ou en se concentrant sur sa nouvelle marque, Arket, plus haut de gamme. En effet, la fréquentation de ses points de vente se tasse et l'on assiste à une baisse persistante des marges du groupe suédois[1]. Mais surtout, H&M a mis beaucoup trop de temps à se lancer dans la vente en ligne, alors que ses concurrents, Zara en tête, se sont engouffrés dans la brèche très rapidement pour faire face à des challengers comme Zalando ou encore Amazon dont la part de marché dans l'habillement augmente chaque année. H&M a aussi été confrontée à plusieurs polémiques. Que ce soit à propos de ses sous-traitants et de leurs conditions de travail, ou de l'empreinte écologique de sa surproduction. Des journalistes danois ont révélé en 2017 que le géant suédois de la mode ferait incinérer depuis 2013 ses vêtements invendus, soit environ 12 tonnes par an. H&M s'était défendue en expliquant que « les produits envoyés à l'incinération sont uniquement ceux qui ne remplissent pas pleinement nos règles de sécurité ». Info ou intox ? Quoi qu'il en soit, l'image du géant de la mode est écornée, surtout au moment où l'entreprise se targuait de rentrer dans une économie circulaire, en travaillant en partenariat avec une soixantaine de géants de la mode dans 65 pays[2] afin de collecter dans ses magasins les vêtements et les chaussures dont les consommateurs ne se servent plus, et en mettant en avant ses initiatives pour utiliser des matériaux durables comme le polyester recyclé ou la soie bio. Mais suite à ces polémiques, une partie de l'opinion considère que ces actions relèvent du *greenwashing* (écoblanchiment) et de l'opportunisme. La marque doit aussi gérer les conséquences d'une communication parfois maladroite.
Par exemple, en janvier 2018, l'enseigne a mis en ligne la photo d'un enfant noir avec un sweat sur lequel il est écrit « *Coolest Monkey in the Jungle* » (le singe le plus cool de la jungle), ce qui lui a valu de nombreuses accusations de racisme. Cela rappelle, par ailleurs, ce qui est arrivé en 2014 à la marque espagnole Zara qui avait dû retirer de la vente une marinière pour enfants ornée d'une étoile jaune qui avait provoqué un tollé à cause de sa ressemblance avec l'étoile imposée aux juifs par les nazis.

« Dans des marchés saturés, ultraconcurrentiels, la capacité de réaction d'une marque est vitale. »

1. Le groupe annonçait néanmoins que ses ventes ont augmenté de 7 % pour le premier trimestre 2019.
2. Notamment H&M, Levi's, Adidas, Puma, C&A, Marks & Spencer, North Face, Calzedonia, Timberland et Columbia.

Si H&M s'est longtemps battue avec Zara pour décrocher le titre de premier vendeur textile au monde, la première semble aujourd'hui dépassée. D'une part, ses coûts administratifs et de structure augmentent, sa politique de développement durable rend plus importants ses coûts de production et elle doit aussi supporter la refonte complète de sa plateforme de vente en ligne, basée en Allemagne. D'autre part, le marché du textile est plus que saturé et celui de la mode est en train de changer : les usines textiles du monde produisent actuellement 17 tee-shirts par personne et par an. Peu de gens ont besoin de 17 nouveaux tee-shirts tous les ans... Par ailleurs, les concurrents d'H&M, Zara en tête, ont beaucoup baissé leurs prix, notamment sur le marché européen. Zara est aussi capable de produire beaucoup plus rapidement grâce à une meilleure logistique, à l'intensification des modes de retrait automatisés (click & collect), à une production en flux tendu considérée comme un modèle du genre, ce qui permet de limiter les stocks, ainsi qu'à l'analyse constante des étiquettes RFID posées sur les produits pour déterminer précisément ce qui est essayé, ce qui est reposé, ce qui est préféré, etc.
H&M a fait les beaux jours de la *fast fashion* et est devenue experte dans l'art du *co-branding*. Sa collaboration de 2004 avec Karl Lagerfeld restera dans les annales de la mode et du prêt-à-porter, mais, dans un univers ultra-concurrentiel, le géant suédois peine à consolider sa position face à des concurrents qui font plus vite et moins cher. Néanmoins, l'enseigne possède de nombreux atouts et une histoire de plus de 70 ans sur laquelle elle peut s'appuyer pour rebondir. H&M reste l'une des marques les plus connues de la planète : elle était 30e du classement Interbrand 2018. Une popularité et un riche passé qui sont autant d'arguments pour retrouver son rang.

À retenir

1 Le co-branding, *le fait d'associer deux marques, est une pratique ancienne qui permet aux deux entités de bénéficier de leurs images respectives. Il se pratique généralement entre acteurs d'univers différents. H&M a popularisé le* masstige *en associant la* fast fashion *à la haute couture ; une relation vertueuse qui permet aux consommateurs les plus modestes d'avoir accès au luxe et qui permet à H&M de faire parler d'elle régulièrement.*

2 *Dans des marchés saturés, ultraconcurrentiels, la capacité de réaction d'une marque est vitale. H&M doit ainsi réagir très rapidement et rattraper le retard qu'elle a pris, notamment sur la partie e-commerce qui occupe, mois après mois, une place de plus en plus importante dans l'univers de l'habillement.*

M&M's

Les personnages plus que les produits

Avez-vous déjà entendu parler de Forrest Mars et Bruce Murrie ? La réponse est probablement non. Par contre, si l'on vous parle de M&M's, les fameux personnages Jaune et Rouge vous viendront sans doute à l'esprit. Et pour cause : depuis leur apparition, ces deux loustics chocolatés n'ont eu de cesse de défendre les couleurs de la marque américaine tout en redéfinissant les codes des mascottes. Un coup de maître encore inégalé.

D'abord destinées aux militaires de l'US Army lors de la Deuxième Guerre mondiale, les petites sucreries, créées par Mars et Murrie dans les années 1930, s'attaquent au grand public dès la fin des années 1940. Puis les pastilles gourmandes se développent au fil du temps, se dotent d'un « M », abandonnent le tube cartonné pour le sachet en plastique et se lancent dans l'anthropomorphisme en 1954. Le message est destiné aux enfants et le graphisme se veut sommaire (un visage rond, représentant le bonbon, accroché à un corps « fil de fer », habillé en garçon ou en fille), mais cela suffit à enclencher la machine. Le futur ex-chocolat « qui fond dans votre bouche, pas dans la main » (slogan culte né en 1954, qui disparaîtra plusieurs décennies plus tard) s'installe peu à peu dans l'imaginaire collectif, évoluant au fil des époques et des nouveautés promues par le fabricant. En 1957, avec l'arrivée d'une nouvelle variante incorporant une cacahouète, deux nouveaux personnages voient le jour : Mr. Plain et Mr. Peanut. Leur style graphique se rattache davantage à celui du *cartoon*. Le premier est petit et rond, le second plus grand et charnu.

Les deux sont encore marron. Ce n'est qu'à partir des années 1960 que la firme décide de varier sa gamme en apportant de la couleur dans ses sachets (le rouge, le jaune et le vert). Pour autant, si le « physique » de la paire se modernise d'année en année (sourcils apparents, visages souriants, mains gantées à la Mickey et chaussures aux pieds), c'est dans les années 1990 que l'identité bicolore de ces ambassadeurs de la marque va définitivement s'installer. Fini les sobriquets « Plain » et « Peanut », bienvenue à « Red » et « Yellow » !

L'agence BBDO et la 3D pour le renouveau

Derrière chaque succès se cache souvent une idée simple appliquée avec intelligence. Celle à l'origine des deux personnages iconiques de M&M's est sortie en 1971 des bureaux de l'agence BBDO. En 1995, BBDO est appelée à répondre à une demande précise : redonner un coup de boost à une marque bien installée, mais en proie à une concurrence accrue (la faute à de nombreux clones pullulant sur le marché). L'agence ne va pas choisir de révolutionner l'identité de M&M's et de remettre tout à plat : elle va plutôt faire le pari d'utiliser l'existant — bâti au fils des années et de la longue collaboration entre la marque et l'agence — de viser un public plus adulte et d'insuffler une personnalité aux deux têtes d'affiche désignées[1]. Pas une mince affaire à première vue, tant il semble délicat d'apporter un trait de caractère identifiable à des figures n'ayant que quelques secondes pour s'exprimer. Pour réussir ce tour de force, BBDO va d'abord prendre une première décision fondamentale : dire adieu à la bonne vieille animation traditionnelle pour embrasser l'animation 3D générée par ordinateur qui, cette même année, allait révolutionner le monde du cinéma avec la création du chef-d'œuvre de Pixar pour Disney, *Toy Story*. La réalisation est alors confiée aux studios Blue Sky, qui signeront plus tard des animations CGI[2] pour de nombreux succès comme (*Alien, la résurrection*, *Fight Club*...) et créeront la très populaire série de longs-métrages *L'Âge de glace*. S'inspirant d'anciens spots télévisés de la marque, cette nouvelle campagne va faire interagir des acteurs et des actrices avec les boules de chocolat. Mais à la différence des précédentes tentatives, l'imagerie de synthèse renforce le sentiment d'interaction entre protagonistes fictifs et réels, en l'occurrence les stars du petit écran US Beatrice « Bebe » Neuwirth, Daisy Fuentes et Robert Pastorelli.
Cette évolution technologique permet également de garder l'animation du duo, de les doubler et de remplacer simplement les acteurs par des célébrités nationales pour exporter la publicité dans d'autres pays. Ainsi, Pour la France, Yannick Noah sera approché. Le changement est plutôt bien reçu par le public, mais il faudra encore attendre la prochaine - et quasi définitive - transformation des mascottes pour installer le duo dans le *hall of fame* des personnages iconiques de la publicité, voire au-delà.

1. Cela n'a pas toujours été le cas, notamment dans les années 1980 où de nombreuses publicités ne faisaient intervenir aucun personnage animé, préférant placer le produit dans des situations courantes — vacances, match de baseball, fêtes de Noël...
2. *Computer-generated imagery* (effets spéciaux numériques).

Des stars, de l'humour et des personnalités claires

Nous sommes en 1996. L'animation est alors confiée au célébré Will Vinton (les fameux raisins chantants de Californie, devenus cultes outre-Atlantique, c'est lui). Devant la caméra, l'acteur Steven Weber donne la réplique. Face à lui, Rouge et Jaune ont changé. En 30 secondes à peine, cette nouvelle mouture réussit à insuffler aux protagonistes colorés une personnalité distincte. Rouge laisse entrevoir un caractère taquin, malin, un brin arrogant et roublard, tandis que Jaune endosse le costume du *sidekick* un peu bêta, un peu pataud, enfantin et profondément gentil. Un vrai duo de comédie comme en ont toujours raffolé la télévision et le cinéma, aidé par un doublage mettant à l'honneur deux acteurs confirmés : Jon Lovitz, passé par l'école du *Saturday Night Live*, prête sa voix à Rouge et John Goodman à Jaune (les acteurs seront remplacés la même année par Billy West et J. K. Simmons, encore actifs en 2019). L'humour est mis au centre de la saynète et annonce ce qu'il se passera dans la majorité des spots à venir : bien qu'évoluant dans le monde des humains, les deux M&M's vont régulièrement se retrouver dans des situations absurdes où leur condition de confiserie leur jouera bien des tours. Cette formule mêlant répliques amusantes (avec plusieurs grilles de lecture, pour les enfants et pour les adultes) et célébrités devient l'ADN de la communication de M&M's. Tia Carrere, Denis Miller, Patrick Warburton, Halle Berry, Christina Applegate, Danny DeVito, Antoine de Caunes, Jean-Paul Gaultier, Ophélie Winter, Shrek, X-Men, Dark Vador..., nombreuses sont les stars et figures de la pop culture à s'être frottées à ce duo virtuel, en augmentant la notoriété. Surtout, M&M's choisit d'associer rapidement ses mascottes aux grands rendez-vous populaires. Pas de Noël, de Saint-Valentin, ni de fête d'Halloween sans une nouvelle aventure. Pas non plus de Super Bowl sans une apparition remarquée de ces porte-paroles chocolatés lors de l'incontournable pause publicitaire qui, chaque année, donne la place à des campagnes devenues cultes (et virales) dès leur diffusion. Un succès qui va permettre à la marque d'asseoir sa puissance auprès de ses concurrents. Ainsi, 400 millions de M&M's sont produits chaque jour. En 2016, ces petites billes étaient les friandises les plus vendues au monde, avec 200 milliards d'unités écoulées par an.

Plus que des produits

M&M's décide, en parallèle, d'agrandir la famille de ses personnages. Apparu en 1995, suite à un référendum auprès du grand public, Bleu est le cliché du branché, avec son attitude cool et désinvolte. Au fil des années, il est suivi par d'autres couleurs : Verte, porte-étendard de la gamme chocolat à la menthe, joue la carte de la séductrice ; Orange, icône de la gamme Crispy, est une boule de stress et d'angoisse ; enfin, Ms. Brown, pour la gamme chocolat noir, incarne la working girl moderne, sûre d'elle et de sa force, plus intelligente que le reste de la bande.

3. Une compilation non officielle des publicités de la marque récolte ainsi plus de 41 millions de vues sur YouTube où sont également dénombrés plusieurs spots comptabilisant chacun entre 14 000 et 10 millions de vues .

Une façon assez brillante de toucher un public toujours plus large, chacun pouvant trouver dans l'un des M&M's son personnage favori.
Plus de vingt ans après leur évolution définitive, Jaune, Rouge et les autres ont même droit à leur propre merchandising (tee-shirt, goodies, serviettes de bain...), bien placé dans les énormes boutiques M&M's World et volent désormais la vedette aux célébrités jouant à leurs côtés. Pour s'en assurer, il n'y a qu'à faire un tour sur YouTube et contempler le nombre de compilations dédiées à ces personnages colorés, cumulant des dizaines de millions de vues[3].
« Le fait qu'ils soient utilisés pour vendre quelque chose ne signifie pas qu'ils ne puissent pas avoir un impact amusant et mémorable », estime Doug Walker (*alias* Nostalgia Critic), pionnier de la critique vidéo sur internet[4]. Il n'a pas tort : contrairement à la grande majorité des mascottes publicitaires, celles de M&M's ont depuis longtemps dépassé leur condition de simples « hommes sandwichs » de la marque. Une prouesse unique, à laquelle même des Ronald McDonald, Mr. Propre[5] et Géant Vert[6] ne peuvent prétendre.

À retenir

1 *Il est parfois inutile de faire table rase de son passé pour se relancer : M&M's a simplement revisité son histoire pour mettre à jour ses personnages.*

2 *Une bonne mascotte est une mascotte qui ne vend pas le produit, mais qui l'incarne totalement. Le plus grand défi de M&M's a été de réussir à insuffler une personnalité distincte et reconnaissable à chacun de ses protagonistes.*

3 *M&M's associe ses personnages à chaque temps fort de l'année, notamment aux États-Unis, et fait régulièrement appel à des célébrités et représentants de la pop culture pour renforcer sa cote de popularité.*

4 *Conscient de l'attachement du public pour ses personnages, la marque les a placés au cœur de ses boutiques M&M's World et a instauré un merchandising complet autour de leur image.*

4. Doug Walker, « The History of the M&M Characters », Nostalgia Critic, vidéo disponible sur YouTube.
5. Voir *Brand Success*, tome I, page 212.
6. Voir page 192.

Lidl

Le repositionnement

Engagé il y a plus de six ans, le repositionnement de Lidl en France devient un cas d'école, une success-story rare dans le monde de la distribution. Si les commentateurs oublient le scepticisme initial à l'annonce de ce bouleversement drastique au sein de la grande distribution, la réussite est indiscutable. Décryptage d'un virage radical, négocié avec brio.

La stratégie du distributeur allemand est désormais connue des professionnels comme du grand public, car il est difficile de passer à côté des efforts déployés depuis plusieurs années par l'un des premiers investisseurs publicitaires de France. La multiplicité de ces campagnes et le bien connu « On est mal patron, on est très mal » reflètent le dépit de la concurrence face à cette transformation : multiplicité des campagnes pour des produits d'équipement, de soins, de bricolage qui, après avoir fait rêver le téléspectateur, affichent un prix de vente presque incroyable ; initiatives sur les terrains promotionnels, en matière de sponsoring ; efforts pour identifier les produits fabriqués en France. Comme le montrent les vagues de félicitations (« Lidl s'embourgeoise et ça marche[1] » ; « Lidl tourne le dos au hard discount, une mue réussie[2] »), cette offensive tous azimuts a porté ses fruits : en à peine cinq ans, le géant allemand de la distribution a réussi sa mutation d'enseigne « hard discount » à l'une des plus appréciées dans l'Hexagone grâce à sa politique de montée en gamme. Un tel exercice est périlleux dans l'univers du marketing. On quitte un univers connu, une image positionnée dans l'esprit des clients, une réputation patiemment acquise. Pourtant, Lidl a décidé de s'aventurer au cœur de la concurrence et de mener la bataille face à des enseignes connues, reconnues et bien ancrées dans l'esprit des clients.

Un virage à 180 degrés

On peut facilement imaginer la surprise des 3 000 managers de l'enseigne réunis en octobre 2012 quand leurs dirigeants ont annoncé la volonté de sortir du hard discount pour adopter un positionnement basé sur l'excellence du rapport qualité/prix et des services et sur une présence plus visible. À l'époque, la situation de Lidl en France est loin d'être préoccupante puisque l'enseigne occupe une position de leader solide du hard discount. Cependant, il est difficile de projeter de très hautes ambitions quand la politique vise davantage à réduire les coûts, limiter les investissements promotionnels, les marques présentes et les personnels. Lidl consolide depuis des années sa position et évolue en France dans un monde qui fait de plus en plus la part belle aux enseignes disposant d'une image forte, d'une présence active sur le plan national, d'une capacité à conjuguer une pratique de prix bas, de qualité perçue de l'offre et de valorisation intrinsèque de la marque elle-même. Pour preuve : les progressions sûres d'Ikea[3], de Décathlon, de Zara ou d'H&M[4]. Dans ce contexte, définir une nouvelle trajectoire est une décision courageuse.

La marque décide donc de quitter de manière manifeste et visible le monde qui a fait tant parler de lui au cours des années 2000, celui du low cost, du hard discount, de la disruption par les prix, des magasins réduits au minimum acceptable. Il faut ainsi passer à un nouveau modèle « qui répond merveilleusement bien aux besoins des acheteurs tiraillés entre la frustration budgétaire, l'envie de consommer et de privilégier la qualité[5] ». Les études *a posteriori* qui mesurent la perception des consommateurs suite à ce changement démontrent la grande justesse de ces choix et la progression de la satisfaction des clients sur tous les indices stratégiques.

Un plan d'action multimodal

Pour déployer sa stratégie, Lidl va commencer par renouveler de manière importante son parc commercial afin de proposer à ses clients un contexte d'achat agréable, tout en gardant ses prix bas. Près de 4,5 milliards d'euros seront investis sur dix ans dans l'extension du réseau commercial, l'agrandissement des magasins (la moyenne des surfaces de vente va passer de 800 à 1 400 mètres carrés) et le recrutement de nouveaux collaborateurs.

Afin de gommer l'image péjorative attachée à la formule initiale de « magasin de crise » et de séduire de nouvelles catégories de clients, plutôt à l'aise chez Auchan, Carrefour ou Monoprix[6], il est nécessaire de rendre l'essentiel, c'est-à-dire l'expérience magasin, meilleur et différent.

L'entreprise reformule les espaces, élargit les allées, améliore les éclairages, transforme les codes graphiques… Autant d'éléments qui donnent le sentiment d'un nouveau monde à la fois plus agréable et plus actuel, mais qui continue d'apporter l'avantage économique tant recherché.

1. « Lidl s'embourgeoise et ça marche ! », *Capital*, 2016.
2. Corinne Scemama, « Distribution : Lidl tourne le dos au hard discount, une mue réussie », *L'Expansion*, 2016.
3. Voir page 74.
4. Voir page 154.
5. Corinne Scemama, *op. cit.*
6. Voir *Brand Success*, tome I, page 208.

La révolution s'opère aussi sur l'offre avec la présence de marques nationales (uniquement celles qui comptent), un plus large choix de fruits et légumes, une attention portée à la boulangerie...
La marque s'appuie également sur une politique de plus forte proximité avec l'économie locale et régionale : accords avec des éleveurs français, produits responsables, bio... Aujourd'hui, 70 % des produits commercialisés sont issus de PME françaises.
Si Lidl n'est pas le premier à agir dans ce domaine ni à miser sur ces leviers performants, il a pour lui sa forte présence et son investissement massif en communication. En 2017, la marque a dépensé plus de 354 millions d'euros bruts en publicité (selon Kantar Media) en dépassant Renault, l'annonceur numéro un historique. Par ailleurs, conscient que les coups d'éclat sont des moments favorables pour communiquer, Lidl va saisir toutes les opportunités commerciales pour en faire des temps forts de l'enseigne, en magasin (la traditionnelle foire aux vins) ou à l'extérieur (la présence au Salon de l'agriculture). La société adopte une stratégie de communication offensive sur tous les plans. Il s'agit de sortir des codes employés par les tenants du hard discount afin d'attirer des clientèles plus nombreuses et que Lidl compte capter : plus jeunes, plus aisées, plus urbaines, qui choisissent volontairement d'autres enseignes. Enfin, la marque va multiplier les opérations de sponsoring, les actions institutionnelles et caritatives.
Pour réussir ce pari plus qu'osé, Lidl va construire une combinaison de moyens et de discours qui, rapidement, vont porter leurs fruits parce qu'ils vont agir conjointement et avec les moyens nécessaires sur tous les leviers du mix marketing. La puissance de frappe de Lidl et la volonté d'aller vite conduisent à une offensive que les concurrents vont devoir supporter pendant quelques années sans fortes réactions.

Une campagne habile

Si Lidl communique fortement vers l'externe, elle valorise aussi l'interne, le premier objectif de la communication étant de rendre les personnels de l'enseigne fiers de la mutation et donc partie prenante. On mise sur la valorisation visuelle des magasins et des linéaires, des vendeurs et des équipiers, ainsi que sur la dévalorisation totale, omniprésente et quotidienne de la concurrence symbolisée par ce pauvre « visiteur mystère » qui découvre au fil des spots les améliorations et les innovations des magasins Lidl. On peut difficilement faire mieux pour cultiver la fierté d'entreprise. La marque explique ainsi embaucher 95 % de ses employés en CDI et que 20 % d'entre eux y travaillent depuis plus de dix ans.
L'intelligence de la campagne publicitaire est qu'elle fait parler de soi, en apportant la preuve par l'autre, le concurrent visiteur mystère qui incarne le levier créatif de la compagne et qui offre un autre avantage conséquent : il permet de sortir du système traditionnel déployé par les distributeurs, l'autovalorisation des offres et des services, par un message fondé sur la plus traditionnelle des mécaniques, celle de la persuasion par le « moi ». Ni voix off pour vanter les mérites, ni héros de l'enseigne qui agit comme un parfait propagandiste. Tout ce que Lidl fait, change, propose est expliqué et valorisé par le personnage symbolique du concurrent désespéré qui en réfère à son patron dépité. Le système est

particulièrement astucieux, car il construit une nouvelle perception de l'enseigne par le discours et le regard de l'autre, apportant ainsi une crédibilité supérieure.
Cette mise en scène traite du cœur de la transformation : le magasin. Dans les spots, quelle que soit la découverte qui va rendre si malheureux le concurrent, le magasin devient le centre du récit, celui qui crée de l'intérêt et de l'attractivité. Il symbolise la transformation radicale alors que l'offre, quels que soient les produits, est à la fois le témoin du présent par son enrichissement et sa montée en gamme, mais aussi de la continuité, par sa performance sur le critère du prix.
L'activisme de Lidl est le signe d'une tactique bien pensée et qui consiste à occuper des terrains stratégiques tout en analysant les coûts et les retours sur investissement. Pour cela, la marque va diversifier les modes d'action et la nature de ses prises de parole : Lidl va s'associer à des événements populaires qui renforcent son ancrage tout en lui conférant un statut en phase avec sa nouvelle identité, comme les Journées du patrimoine en 2014. La société a entrepris une véritable révolution en innovant au-delà des limites habituelles de la profession et en créant une nouvelle proposition : « Un vrai créneau qui permet à l'enseigne de se différencier. “Jusqu'ici, il n'existait pas en France de format intermédiaire entre le hard discount et le supermarché.”[7] »
Enfin, il faut souligner la tactique brillante de l'enseigne qui, chaque semaine, démontre sur les écrans publicitaires son sens de l'innovation en valorisant des nouveautés dans des domaines très variés à des prix tellement bas que, le jour de lancement de la promotion, les émeutes dans les magasins sont de plus en plus fréquentes, comme ce fut le cas en juin 2019 pour le lancement, très médiatisé, du robot-cuiseur Lidl…

À retenir

1 *Changer de positionnement demande une direction claire et solide, partagée par l'entreprise et ses collaborateurs, des moyens pour mener une offensive remarquée, de « nombreuses cartouches » pour conduire longtemps l'offensive, car il faut du temps pour modifier la perception d'une marque.*

2 *La « dialectique de la persuasion et de la séduction » passe toujours mieux quand on fait appel à des tiers que si l'on cherche soi-même de convaincre.*

3 *La modernité de la démarche est remarquable par la multiplicité des canaux de communication et d'action ainsi que par la diversité des sujets abordés et des angles d'attaque utilisés pour donner plus de vitalité positive à la transformation proposée.*

7. Corinne Scemama, *op. cit.*

Tipp-Ex

The Tipp-Experience

En 2010, Tipp-Ex lance une campagne sur le web qui va marquer les esprits avec une succession de clips vus plus de 35 millions de fois sur YouTube en à peine 100 jours, partagés un million de fois sur Facebook et qui ont généré 30 % d'augmentation des ventes. En mettant en scène les aventures d'un chasseur et d'un ours, elle constitue un modèle d'interactivité[1] et illustre parfaitement la fonction du produit, celle de pouvoir effacer et recommencer.

Tout commence par la vidéo diffusée sur YouTube, intitulée « NSFW. A hunter shoots the bear » (que l'on pourrait traduire par : « Attention au contenu peu convenable. Un chasseur tire sur un ours »). Un chasseur est filmé par son ami pendant qu'il se brosse les dents. Dans son dos, un ours s'approche du campement. Le cameraman amateur l'avertit, alors son ami le chasseur jette sa brosse à dents et s'empare d'un fusil et vise l'ours. À ce moment-là, comme dans un jeu vidéo, deux suites possibles matérialisées par deux boutons fictifs, supposément cliquables, sont proposées au spectateur : « tirer sur l'ours » ou « ne pas tirer sur l'ours ». Les deux options mènent à la même suite dans laquelle le chasseur explique qu'il n'arrive pas ou ne veut pas ouvrir le feu sur

1. Ce fut d'ailleurs la première campagne du genre sur la plateforme vidéo.

l'animal. Son bras sort alors de la bordure du cadre de la vidéo pour attraper un correcteur Tipp-Ex qui se trouve sur la droite de l'écran. Ce Tipp-Ex va lui permettre de modifier le titre de la vidéo et effacer le verbe « tirer » et le remplacer par un autre. Les lettres du nouveau verbe d'action apparaissent comme si c'était l'internaute qui tapait sur son clavier. S'ensuit alors un grand nombre de scénarios entre le chasseur et l'ours, des plus simples aux plus farfelus, comme « le chasseur "danse", "rigole", "boit", "se marie" ou "joue au foot"... avec l'ours »). À chaque nouveau verbe d'action inscrit sur la zone blanchie par le Tipp-Ex, une nouvelle vidéo se lance.

Une interactivité inédite

En quelques heures, la campagne et ses clips vidéo vont se diffuser à très grande vitesse. Durant les trois premiers jours, en septembre 2010, la publicité est retwittée chaque seconde ! En 40 jours, la vidéo est vue plus de 10 millions de fois, dans plus de 217 pays, alors qu'elle n'est diffusée qu'en anglais. Techniquement et sur le plan de l'interactivité, cette campagne est un cas d'école. Le spectateur peut choisir plus de 40 fins différentes, et le *take over* (prise de contrôle de l'interface YouTube) possède un effet bluffant, voire déstabilisant la première fois que l'internaute y est confronté. Cette possibilité couplée à des vidéos décalées explique facilement la viralité et le succès de la campagne. Son côté humoristique est une véritable réussite. La créativité est totalement au service du message, elle illustre à la perfection la fonction des produits mis en avant : « Tipp-Ex, write and rewrite... » Il ne s'agit pas seulement d'une prouesse technique, c'est aussi une parfaite exploitation des capacités du web au profit de la demande stratégique de la marque.

Le fait que la campagne soit diffusée intégralement sur internet est une autre originalité. Tipp-Ex, qui cible les scolaires et les actifs, a ainsi compris qu'elle ne gagnerait rien à se disperser sur une campagne multicanal. Surtout, avec un budget d'à peine 700 000 euros ! Encore une fois — et c'est ce qui caractérise l'ensemble des cas mis en avant dans les ouvrages *Brand Success* —, la réussite d'une communication, c'est sa créativité. En ce sens, l'agence parisienne Buzzman, qui a imaginé cette première campagne, a développé en 2010 un dispositif assez inédit, totalement dédié au web. C'est à cette période que les investissements dans la publicité en ligne ont connu une croissance plus importante que celles sur supports classiques. Selon les données les plus récentes, en France, le chiffre d'affaires de la publicité en ligne a atteint les 4,9 milliards d'euros en 2018 ; le digital est désormais le support publicitaire qui enregistre le plus d'investissements, devant la télévision, avec une croissance de l'ordre de 17 %.

Le nombre de recherches de la marque Tipp-Ex sur Google a été multiplié par 20, et les ventes de Tipp-Ex ont bondi de 30 %. Le temps passé devant les vidéos de la campagne était de 6 minutes, ce qui est considérable quand on sait que la moyenne du temps de visionnage d'une vidéo publicitaire sur YouTube est inférieure à deux minutes.

La créativité de cette campagne a été récompensée par plus d'une quarantaine de prix, célébrant le caractère innovant de la campagne. Elle a ainsi décroché cinq Lions à Cannes, cinq grands prix Stratégies, trois prix du Club des DA et huit prix au Cristal Festival.

Un succès (trop) décliné

Face au triomphe de cette première campagne, Tipp-Ex a décidé de prolonger l'aventure. En 2012, le retour des aventures du chasseur et de l'ours était attendu. Cette fois, ils sont censés célébrer l'anniversaire de l'animal, le 12 avril, mais une énorme météorite s'approche à toute vitesse. Grâce au ruban-correcteur, l'internaute peut alors choisir de changer la date de cette célébration et ainsi voyager dans le temps. Pour ce faire, Buzzman a produit 46 films avec des références à des moments historiques connus, comme la chute du mur de Berlin en 1989, ou issues de la culture geek. « On est parti du principe que le Tipp-Ex permet de remonter dans le temps, explique l'un des responsables de l'agence. À partir de là, on a voulu développer le concept en jouant avec les codes. Par exemple, les Français auront tendance à taper “1998”, date de leur victoire à la Coupe du monde de football. » Avant même la diffusion de cette 2e saison, les attentes étaient énormes et les retombées presse nombreuses. Une fois encore, le succès a été au rendez-vous : 9 millions de vues sur YouTube en trois semaines et deux points de part de marché (de 34 % à 36 %).

Souhaitant toujours surfer sur cette dynamique, la marque va tenter de prolonger l'aventure en 2013, malgré un budget en nette diminution. Son idée était de proposer un quiz sur Facebook à partir d'une application — mode de communication très en vogue à ce moment-là — pour tester les connaissances des internautes sur l'ours et ses aventures. Un voyage en Alaska pour rencontrer notre protagoniste héros était offert. Le but était de renforcer l'attachement du public à Tipp-Ex et son sympathique ours, mais l'engouement n'était pas tout à fait au rendez-vous. Il est difficile de donner une suite à deux premières campagnes à succès. En 2014, la marque va lancer une nouvelle saison avec, comme invité, l'auteur-compositeur-interprète Pharrell Williams. Cette fois, l'ours et son compère sont en possession d'un livre que le chanteur s'apprêterait à publier, et font face à une horde de fans souhaitant s'en emparer. Sur cette vidéo, l'internaute peut choisir de protéger ou non l'ouvrage, et surtout, de récrire le livre, dont une partie du contenu a été effacée. Une chasse au trésor est alors lancée sur le web, avec des indices laissés dans une quarantaine de vidéos, pour retrouver près de 6 000 mots.
Le but est de faire participer 1 000 à 1 500 internautes qui deviendront coauteurs de l'ouvrage édité en tant que « collector », en France, en Allemagne, en Espagne, en Grande-Bretagne et en Italie. Les bénéfices seront ensuite reversés à l'association caritative de l'artiste.
Mais ce dernier volet n'aura pas les retombées ni l'audience des deux premières campagnes. La difficulté de se renouveler semble insurmontable : un mois après son lancement, la vidéo

affichait difficilement 4,3 millions de vues et à peine 230 *like*. Si Pharell Williams, quelques mois après le succès planétaire de sa chanson *Happy*, correspondait bien à la volonté de la marque de toucher les 15-25 ans, cette nouvelle campagne apparaît beaucoup moins pertinente et créative que les précédentes, malgré les nombreux articles qui ont entouré l'opération.
La Tipp-Experience fut un succès inégalé. Elle fut d'abord l'une des premières campagnes uniquement diffusées sur internet à avoir rencontré un tel engouement. La viralité a joué pleinement son rôle et les partages ont été très nombreux. Intrigués et surpris, les internautes ont tous été bluffés par le caractère innovant de la première campagne. Puis la deuxième, tant attendue, a fonctionné, car elle surfait sur la popularité de la première. Mais, comme souvent dans le marketing et la communication, il est difficile de recycler à l'envi ce qui a si bien fonctionné. Et les dernières suites ont fini d'achever la belle histoire. Dans l'ensemble, Tipp-Ex a toutefois tiré un large bénéfice de cette campagne, avec une forte augmentation de ses ventes et ses parts de marché.
Savoir stopper une campagne quand on est à l'apogée, et choisir une nouvelle orientation demande du courage, une vision et une volonté souvent difficiles à mettre en œuvre lorsque les entreprises préfèrent « capitaliser sur les réussites ». Elles imaginent trop souvent le futur comme le simple prolongement du présent, dans la continuité.

À retenir

1 *Chaque grande campagne de communication s'appuie sur une idée créative forte. Pour la première fois, la plateforme YouTube (tant utilisée) a été détournée. Tipp-Ex a ainsi provoqué un immense effet de surprise qui a séduit bien au-delà de la cible initiale – signe d'une grande campagne qui traverse le temps et les secteurs, surtout quand celle-ci manie l'humour avec justesse.*

2 *Le choix du support est fondamental. Malgré un budget relativement modeste, en choisissant de se concentrer sur un seul média, le web, Tipp-Ex a visé juste et pu toucher le cœur de sa cible : les actifs et les jeunes.*

3 *Dans la communication, comme dans d'autres domaines, il est difficile de donner suite à des opérations à succès sans décevoir. La 2e campagne de Tipp-Ex a également bien fonctionné, mais la marque a fini par user le concept et a désenchanté de nombreux internautes qui avaient tant apprécié les premiers clips.*

American Express

« Small Business Saturday »

Deux ans après la crise financière de 2008, American Express réussit à renforcer son image publique, à resserrer les liens avec ses clients privilégiés et à obtenir des retombées exemplaires. Cette campagne, née de la volonté d'aider le petit commerce, s'appuie sur des actions concrètes et une communication tout aussi classique qu'innovante avec le recours à un média d'exception : le réseau social.

Créée en 1841 aux États-Unis comme société de transport de fonds, American Express (Amex) prend son nom en 1950 et devient progressivement une entreprise financière proposant des services assez diversifiés parmi lesquels les traveler's checks, en 1891, et la carte Gold dans les années 1960. Elle développe une démarche exemplaire de fidélisation, largement imitée par des entreprises et des marques de tous les secteurs, comme le Membership rewards[1], son exceptionnel programme de fidélisation qui dure depuis les années 1990.

Le sens des services

La dynamique de l'innovation par une politique originale de services fait partie de la culture d'Amex. Depuis le début, les projets ne manquent pas et sont tournés, en particulier, vers des communautés professionnelles. La capacité à nourrir les liens entre les différents acteurs de la société et l'importance accordée au partage d'expérience avec les clients font pleinement partie de la culture d'entreprise. Ainsi, OPEN Forum est l'exemple d'un site collaboratif qui permet à Amex

1. Voir *Brand Success*, tome I, page 174.

d'inviter des experts pour qu'ils partagent leurs connaissances et leurs expériences spécifiques avec les professionnels concernés.
Si la stratégie marketing de la société a évolué au fil des transformations économiques et financières, American Express a toujours placé sur un piédestal la qualité de son service et la relation avec ses clients, qu'ils soient directs ou indirects. Mais au-delà du désir d'excellence dans les domaines financiers qui font sa réalité quotidienne, Amex se considère aussi comme bénéficiaire de l'expansion des entreprises qui lui font confiance, concernée par l'optimisation des offres vis-à-vis de sa clientèle actuelle et de la clientèle potentielle. Par conséquent, elle est une institution majeure dans le monde de l'argent et de la finance ainsi qu'une entreprise au cœur de la vie de ses clients, surtout aux États-Unis.
On comprend mieux l'initiative exceptionnelle élaborée à partir de 2010, en faveur des petits commerces et commerçants américains. Deux ans après la grave crise financière, elle constitue une démonstration exemplaire de l'engagement d'une entreprise reconnue auprès des habitants de son pays, aux antipodes des nombreuses sociétés financières plus ou moins responsables de la crise récente et de ses effets désastreux.

Une cause sociétale et commerciale

Réfléchissant à de nouvelles initiatives, un groupe d'employés d'Amex imagine encourager les clients à acheter auprès des petits commerces des villes et des périphéries, ces *bricks and mortar* victimes des tourments économiques, qui assistent impuissants à la paupérisation de leurs clients et de leurs petites localités, menacés de toutes parts et incapables de se battre avec les cadors de la distribution. Face à la montée inéluctable des grandes entreprises, des marques multinationales et des géants de la distribution, Amex ne peut que constater la transformation radicale du paysage commercial et la crise de dizaines de milliers de petits commerces. Or ces derniers ne sont pas que de bons clients, généralement fidèles et rentables, mais ils sont aussi le ciment qui crée une communauté et la colonne vertébrale qui permet au commerce de se diversifier et d'être présent dans tout le pays. Rien ne serait plus contre-productif que d'assister sans agir ni réagir à la diminution du portefeuille de commerçants des villes petites et moyennes.
À cette époque, la guerre des prix et des promotions, des *every day low price*, fait rage. Soldes, Boxing Day, Black Friday…, les grands événements commerciaux profitent très largement aux grands distributeurs capables de négocier des prix imbattables auprès des fabricants. Walmart et les autres, les sites internet, drainent de plus en plus de clients, en particulier parmi les jeunes générations. Ces grandes « fêtes commerciales » constituent un véritable danger pour les petits commerces. Amex imagine alors de consacrer le samedi qui suit la fête de Thanksgiving aux commerces de proximité : le Small Business Saturday. En vue de la première édition, le 27 novembre 2010, des avantages financiers sont proposés aux porteurs des cartes Amex tandis que 10 000 propriétaires de *small business* reçoivent diverses formes de soutiens publicitaires et promotionnels ainsi qu'un budget non négligeable de

100 dollars à investir sur Facebook, un partenaire important de l'opération.
La priorité donnée à l'activisme des commerçants locaux, par le soutien à leurs propres actions, démontre une idée à la fois ingénieuse et très efficace, celle de ne pas les positionner en victimes, mais en acteurs de leur dynamique.
On ne se cantonne pas aux grandes campagnes de télévision pour annoncer l'événement, on part du local, de la communauté.
La date retenue est une période propice à l'activité commerciale et montre la volonté d'Amex de mobiliser toutes les parties prenantes en sa faveur. Quand on nomme ses clients « membres », on s'impose de fait des responsabilités. Le soutien dans des périodes difficiles fait partie de ces formes d'obligation.
L'entreprise décide donc de soutenir l'événement sur le plan national à travers une intense politique de relations médias et institutionnelles, en mettant en place une très forte mobilisation sur les réseaux sociaux ainsi que des efforts, plus limités, en communication traditionnelle.

Une initiative simple, en phase avec les valeurs de marque

L'idée d'officialiser cette journée annuelle afin de soutenir les commerces les plus représentatifs de l'économie de proximité est une innovation tout aussi brillante que cohérente avec l'histoire et les valeurs de l'entreprise, outre qu'en phase avec l'époque.
Certes, des spots radio et TV sont diffusés sur certains réseaux, mais l'investissement majeur et remarquable tient dans la combinaison de plusieurs leviers particulièrement performants.
Le premier, celui des relations avec les médias, a pour but de transformer ce qui peut apparaître comme une opération commerciale en une vaste mobilisation quasi citoyenne. À l'époque, le CEO d'American Express avait ainsi déclaré : « Je ne me soucie pas de savoir comment vous faites du shopping, où vous allez faire vos courses, ni comment vous y allez. C'est le jour où vous sortez et aidez les petites entreprises. »
Mission parfaitement accomplie puisque tous les médias vont parler de l'événement et favoriser une réflexion sur le devenir de ce commerce, son rôle dans les villes et des communautés...
Ensuite, ce qui semble évident aujourd'hui mais qui l'était beaucoup moins trois ans à peine après l'arrivée de Facebook, c'est la décision de se concentrer sur ce média qui a installé une véritable viralité : d'une part, l'événement intriguait, plaisait, passionnait même, de l'autre, des milliers d'investisseurs ont assuré un relais quotidien des messages et une proximité favorable à l'extension de la mobilisation, tant au niveau national que local : 1,2 million de *like*, 200 000 clients potentiels qui se déclarent intéressés. L'année suivante, le nombre de *like* passe à 2,7 millions et plus de 200 000 tweets sont diffusés...
Au fil du temps, l'initiative prend de l'ampleur et mobilise de plus en plus de clients : en 2015, elle dépasse la barre des 5 milliards de dollars de transactions !

De la communication à une décision institutionnalisée

Le Small Business Saturday n'est pas seulement un bel exemple de dynamique de communication ou d'un excellent stimulus pour la vitalité commerciale des participants, eux-mêmes clients d'Amex. L'entreprise, fidèle à sa mission institutionnelle, a compris rapidement l'ampleur du phénomène et sa dimension sociétale. Elle a réussi à apparaître non pas comme un « exploiteur d'opportunités » ou comme un simple créateur d'un coup de com', mais comme l'initiateur d'une prise de conscience. Le travail de lobbying et l'ampleur de la réussite médiatique ont conduit à ce que le gouvernement américain et le Sénat déclarent officiellement, en 2011, le dernier samedi de novembre « Small Business Saturday ». Ce qui n'était qu'une belle idée issue d'un brainstorming de salariés à la recherche d'une opération pour soutenir une partie de leur clientèle a débouché sur une décision institutionnelle d'une ampleur rarement atteinte dans le domaine de la communication et du marketing. Amex n'a pas contrecarré le cours de l'histoire, la concentration de la distribution et l'envolée du commerce en ligne. Cependant, en associant étroitement son nom à l'idée de soutenir les petits commerces et donc l'esprit de communauté, elle a boosté sa réputation de manière importante à un moment où les institutions financières étaient plus que jamais au banc des accusés de la récente crise financière. Si American Express est un partenaire financier réputé comme redoutable dans les négociations commerciales, il démontre par cette initiative qu'il dispose d'une « raison d'être ». En allant au-delà du business quotidien, la marque se positionne définitivement comme l'allié du développement commercial partout dans le pays, car elle participe à l'expansion d'un grand nombre de structures, en créant du lien social.

À retenir

1 *La montée en puissance des réseaux sociaux et l'efficacité des mobilisations « à la base » sont primordiales quand on privilégie les stratégies d'infiltration (multiples canaux, multiples acteurs, passages de relais) à la stratégie d'imposition (un message dominant et délivré classiquement par la publicité à l'usage des grands médias seulement).*

2 *L'entreprise est aussi importante que ceux qui la constituent, c'est-à-dire les employés : ils aident chaque jour à sa réussite et sont des vecteurs d'innovation, étant au contact des clients, de leurs difficultés, de leurs attentes, des forces et des faiblesses de l'entreprise elle-même.*

3 *L'engagement d'Amex en faveur du petit commerce n'est pas une invention, mais la traduction d'une raison d'être. C'est l'idée, parfois complexe à traduire en actes, que le rapport aux clients ne peut aller en sens unique, qu'une source de profits implique aussi un sens des responsabilités et une réciprocité des engagements.*

Avenir

« Myriam »

Cette campagne, lancée fin 1981, était destinée à faire connaître le nouveau réseau de l'afficheur Avenir. Elle aurait pu se limiter à une action « business to business » à destination des professionnels de la communication, mais ce ne fut pas le cas. Cette campagne de teasing des plus remarquables a su créer un buzz incroyable, dépassant largement sa cible initiale. Presque 40 ans après, elle reste un modèle du genre, tant par son sens du timing et sa créativité que par l'utilisation parfaite du son support.

La campagne « Myriam » est celle d'un afficheur qui va réaliser sa propre campagne sur ses propres panneaux d'affichage. Dans les années 1980, l'affichage est un média qui doit affronter une concurrence accrue, notamment de la part de la télévision et de la radio. Les annonceurs délaissent cet espace d'expression au profit de créations audiovisuelles plus prestigieuses. Face à ces enjeux, et avec la volonté de « faire un coup », Avenir se tourne vers l'agence CLM BBDO pour donner naissance à l'une des premières campagnes de *teasing*, devenue culte. Il s'agit d'une série d'affiches réalisée avec le mannequin Myriam Szabo, dont le prénom sera utilisé pour le nom de cette campagne.

Une démarche et un engouement uniques

Fin août 1981, les panneaux publicitaires des villes de France sont recouverts d'une affiche intrigante : une jeune femme en bikini vert, de face, dos à la mer, avec comme seul message :

« Le 2 septembre, j'enlève le haut. »
Le jour dit, une affiche quasi identique remplace la précédente, avec la même jeune femme, mais présentée cette fois seins nus. L'affiche annonce : « Le 4 septembre, j'enlève le bas. » À partir de là, un véritable emballement va se mettre en place, à la fois au niveau du public et des médias : quel est donc l'annonceur de cette campagne quelque peu sulfureuse qui donne envie d'en savoir (et d'en voir) plus ? Deux jours plus tard, aux premières lueurs de l'aube, une foule importante se rue devant les panneaux de la société d'affichage pour apprécier le spectacle en avant-première. Et la jeune femme tient sa parole : elle est entièrement nue, mais de dos cette fois. Sur l'affiche, pas d'accroche, mais une signature : « Avenir, l'afficheur qui tient ses promesses. » La boucle est bouclée !
« Pour les publicitaires, les annonceurs ou les professionnels des médias, cette démarche est remarquable, c'est une première, explique le publicitaire Frank Tapiro, cofondateur de Datakalab. C'est la première fois que l'on ose jouer avec le public en titillant sa curiosité, tout en créant à la fois attente et surprise. Tout le monde se demandait ce qu'il pouvait bien se passer : pourquoi cette femme veut-elle enlever le haut, puis le bas ? Cela démontre que la publicité peut être à la fois un sujet et un objet. Cette campagne a marqué le début du *teasing*, qui s'est décliné ensuite dans la presse, à la radio, à la télévision et aujourd'hui sur internet. C'est l'avènement de l'utilisation créative d'un média et une révolution dans la façon de jouer avec les consommateurs. »

L'impact historique de la démarche tient à une conjonction rare : une idée créative exceptionnelle et très pertinente (un strip-tease sur trois affichages en sept jours), l'utilisation du média pour valoriser le produit lui-même, la période qui se prête au jeu (fin des vacances d'été et retours dans les villes où l'ambiance est morose et où le public a besoin de moments de distraction), l'art du *teasing* et enfin, l'exploitation d'un des univers qui mobilise le plus le public, le sexe. Cette conjonction a créé l'intérêt des médias, de jour en jour plus important, ce qui a amplifié la campagne.

Un impact incroyable

Avenir veut relancer le marché de l'affichage, en montrant sa capacité d'action sur les espaces publicitaires.
Le groupe veut prouver qu'il est en mesure de changer toutes les affiches de la capitale parisienne en une seule nuit, ce qui peut sembler banal aujourd'hui, mais qui était alors une véritable prouesse. Cette performance rend publique la capacité de l'afficheur de pouvoir synchroniser le même événement sur sept jours, et sur tout son parc de panneaux. Cette intention et la démonstration qu'a voulu faire Avenir ont été largement dépassées par la dimension événementielle, certainement, mais pas d'une telle ampleur.
La stratégie, du fait de son caractère provocateur et innovant, a marqué les esprits. La promesse « d'enlever » quelque chose tient de l'effeuillage et intrigue les passants (nous sommes encore en été) et les professionnels des médias en cette période peu propice aux grandes campagnes. Celle-ci a atteint sa cible : les résultats ont dépassé de très

loin les objectifs prévus et les retombées pour Avenir furent énormes. En septembre 1981, la campagne avait déjà rapporté 2 millions de francs de publicité rédactionnelle, alors que les affiches ne sont restées sur les murs que dix jours au total. « Myriam » n'a laissé personne indifférent. Cette campagne a remporté le Grand Prix de l'Affichage en 1982 et elle est devenue culte depuis. Presque 40 ans plus tard, tout le monde s'en souvient. En termes de taux de reconnaissance spontanée et avec assistance, elle a aussi battu des records. Ce strip-tease médiatique a surpris, scandalisé et révolutionné le genre. Au fond, il s'agit d'une publicité qui ne ment pas, mais qui trompe tout le monde et les consommateurs en sont ravis. Mais la cible réelle est ailleurs : cet exercice de campagne « aguichante » est en réalité tourné vers les clients de l'afficheur : les annonceurs, les publicitaires et les agences médias.

> « Aujourd'hui, on ne pourrait pas faire une campagne comme "Myriam". C'est le témoignage d'un temps pas si lointain, où la pub était fraîche, libre et ne se prenait pas au sérieux. »
>
> Pierre Berville, créateur de « Myriam », *Les Échos*, janvier 2019.

En utilisant le support lui-même, Avenir enclenche une dynamique vertueuse : il respecte sa promesse et la performance de son produit nous en fournit la preuve. Il valorise de manière très créative son réseau alors qu'il pourrait concentrer ses investissements sur des actions plus ciblées, comme des annonces dans la presse professionnelle, des mailings ou des opérations de relations publiques. L'événementiel, c'est une autre manière, hors du commun, de faire parler de la marque, de valoriser sa supériorité ou sa différence. Et l'utilisation du média pour valoriser le produit lui-même est une démarche brillante parce qu'elle induit d'emblée la preuve. Avec « Myriam », Avenir s'est imposé en afficheur qui connaît l'importance de la créativité et pas seulement en « vendeur d'espaces publicitaires urbains », ce qui a donné plus de sens et de valeur à sa marque.

Un retentissement qui dépasse le cadre de la publicité

Pour cette époque, pas si éloignée de la nôtre — nous sommes au début des années 1980 —, la campagne « Myriam » est une vraie révolution. Son *storytelling* ultramoderne tient les gens en haleine, à la manière d'une série. Elle répond ainsi parfaitement à la recherche d'effet et d'impact, comme peu d'autres campagnes ont su le faire. La majorité des campagnes de *teasing* déçoivent parce qu'il n'y a pas de montée du suspense ou parce que la révélation est souvent prématurée. En ce sens la campagne « Myriam » est un modèle du genre. Son impact fut tel qu'elle provoqua une énorme controverse dans toute la France. Une association lilloise féministe a porté plainte pour outrage aux bonnes mœurs, atteinte à la dignité des femmes et incitation au voyeurisme. À Paris, l'association Choisir de Gisèle Halimi, tenta de saisir l'Assemblée nationale. Et Yvette Roudy, ministre des Droits de la femme durant le premier septennat de François Mitterrand, s'insurgea contre une instrumentalisation du corps de la femme et une atteinte à sa dignité. Cette capacité à provoquer le débat et à susciter l'émotion fait de cette campagne un véritable succès. Au bout du compte, une communication réussie est celle qui va laisser une trace. Et « Myriam » a rempli son rôle en restant toujours aussi impactante plusieurs décennies plus tard. C'est un bel exemple de créativité qui restera dans les mémoires. « Tout le monde parle de cette campagne comme si elle avait eu lieu hier, conclut Frank Tapiro. La publicité a ceci d'extraordinaire : elle rentre dans l'inconscient collectif et fait partie de notre culture, notre vie. L'expression "Demain, j'enlève le haut ou le bas" est rentrée dans le langage. C'est une campagne culte. » En même temps, elle est l'expression d'un passé qui serait difficilement duplicable aujourd'hui.

À retenir

1 *La créativité et la mise en œuvre de cette campagne collent parfaitement à son but initial : prouver qu'Avenir est capable de tenir ses promesses, en jouant d'abord sur les mots, en tenant la promesse de ce qui est annoncé, et ensuite en mobilisant son réseau en un temps record pour l'époque.*

2 *La créativité ne se limite pas au contenu. Elle touche aussi à la manière de gérer le contenant — en l'occurrence l'affichage. Une bonne idée n'a d'impact que si elle est bien exploitée et bien diffusée.*

3 *L'affichage est l'un des plus anciens supports de communication. Utilisé avec intelligence, comme dans cette campagne, il possède un impact unique. Une campagne d'affichage réussie provoque immédiatement une réaction chez le spectateur.*

4 *Les plus grandes campagnes sont celles qui sortent de leur cadre initial et laissent une trace. En ce sens, « Myriam » est entrée dans la culture collective.*

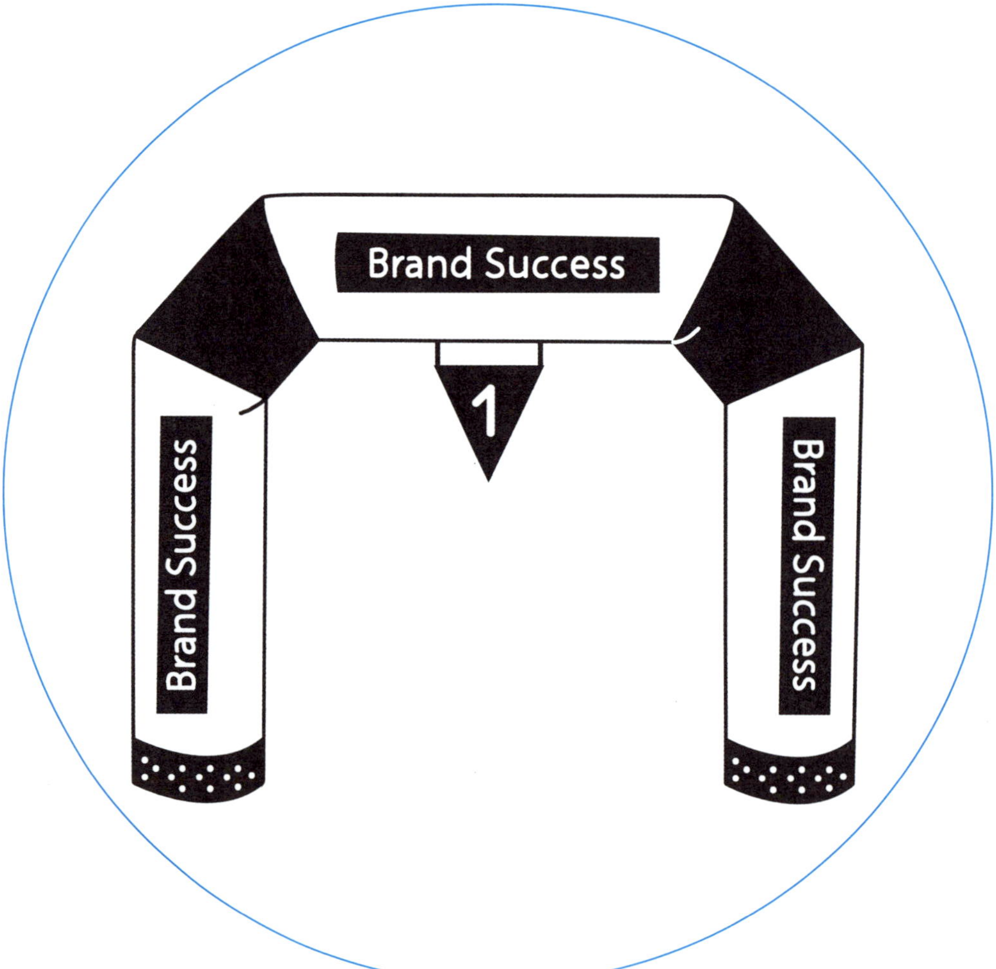
Brand Success
1
Brand Success
Brand Success

« L'art du marketing est l'art de la construction de la marque. Si vous n'êtes pas une marque, vous êtes une marchandise. »

Philip Kotler,
professeur de marketing.

Netflix

L'art de ne jamais rembobiner

Marque à l'envergure internationale promulguant chez 130 millions d'utilisateurs dans 190 pays le mantra officieux « Netflix & chill », le géant de la SVoD et de l'autodisruption est le protagoniste d'une success-story à l'américaine qui n'a rien à envier aux scénarios des désormais célèbres productions Netflix Original.

L'histoire commence en 1997, un an avant la création de Google. Mais contrairement à l'entreprise du quatuor GAFA, Netflix n'est pas née de l'esprit foisonnant de deux étudiants enfermés dans un garage d'une bourgade californienne. Derrière elle se trouve Reed Hastings, un entrepreneur, diplômé d'intelligence artificielle, qui a déjà réussi. Il a créé Pure Software, une entreprise technologique qu'il a vendue en 1997 et qui lui a rapporté la bagatelle de 75 millions de dollars. Ce matelas confortable va lui permettre travailler sur un autre projet, cette fois aux côtés d'un développeur, Marc Randolph, à une période où l'internet commence à s'installer dans les foyers et où le DVD s'apprête à ringardiser définitivement les VHS et les LaserDiscs. Pressentant que ces deux tendances sont faites pour durer, le duo décide de proposer un service inédit sur le territoire américain : la location et l'achat en ligne de DVD livrés à domicile, rapidement complété par une offre d'abonnement mensuelle. Cette innovation, tant marketing que commerciale, instaure ce qui fera la marque de fabrique de Netflix : une appétence naturelle pour l'innovation et l'audace, une compréhension des besoins des utilisateurs et une farouche volonté de fidéliser sa communauté.

Oser l'autodisruption

L'association entre Reed Hastings et Marc Randolph (qui a quitté la société en 2004) avait répondu aux objectifs de l'entreprise de devenir l'acteur numéro 1 de la location de films en ligne aux États-Unis, s'offrant ainsi le luxe de creuser la future tombe des boutiques physiques, comme celles de la chaîne Blockbuster qui tenta de racheter Netflix, sans succès. Bien qu'affichant un catalogue de près de 5 000 références et le chiffre impressionnant d'un million de DVD envoyés par jour en 2005, la société se met au défi d'explorer un nouveau marché en parallèle : celui du *streaming*.
C'est donc dix ans après sa création que Netflix va opérer sa première révolution. Au début, la société imagine commercialiser une box pour les foyers américains (semblable à l'ancien décodeur de Canal+ ou à la plus récente Freebox), mais finalement c'est vers le service de vidéo à la demande par abonnement (SVoD) que la bande de Hastings va se tourner, intriguée par l'influence grandissante d'une plateforme nommée YouTube, lancée deux ans plus tôt.
L'innovation de Netflix sur le *streaming* se fonde sur un principe simple : une offre par abonnement, qui permet de regarder des œuvres sans publicité, en illimité et sans engagement. Petit à petit, l'entreprise étoffe son catalogue et capte un auditoire toujours plus large.
En 2009, apparaît sur les réseaux sociaux l'association des mots « Netflix » et « *chill* » (que l'on pourrait traduire par « se détendre », « se poser »), qui deviendra un vrai leitmotiv chez tous les amateurs du service de SVoD et du *binge-watching* (pratique qui consiste à visionner les épisodes de séries en grande quantité et sans s'arrêter).
Le slogan « See what's next » (voir ce qui arrive ensuite), dévoilé en 2014 et conçu avec l'agence Gretel, formalise cette pratique née avec la musique « streamée » — Deezer et Spotify ont vu le jour respectivement en 2007 et 2006.
En effet, Netflix a très vite compris l'intérêt de proposer l'accès direct à l'intégralité d'une saison d'une série plutôt que d'opter pour un mode de diffusion épisode par épisode, cher au monde de la télévision classique.
C'est le choix qui a été fait en 2013, au moment de la diffusion sur la plateforme de *House of Cards*, la toute première série estampillée « Netflix Original », seconde grande révolution de la firme.

L'originalité exclusive

Le label Netflix Original est popularisé dès cette première apparition et l'emprise de la marque va rapidement s'accélérer grâce à cette production à gros budget associant des stars du calibre de Kevin Spacey et Robin Wright dans un show haletant, qui renouvelle le thriller politique dans la lignée des séries cultes diffusées jusque-là par HBO ou NBC. Avant cela, la plateforme proposait des œuvres avec des périodes d'exclusivité, mais pas de contenu 100 % unique et introuvable ailleurs.
Ce virage de diffuseur à producteur assoit la légitimité de la marque, aussi bien chez les créateurs que chez le public. Science-fiction, comédie, drame, policier ou thriller, stand-up, films, dessins animés, talk-shows, spectacles, documentaires ou séries, Netflix ne s'interdit aucun sujet, aucun format et attire dans sa boulimie de productions non seulement des rois du box-office (le comique Adam Sandler, le réalisateur Martin Scorsese, notamment), mais aussi des figures de la scène indé

(Bong Joon-ho, Alfonso Cuarón, Noah Baumbach, etc.). En plus d'un catalogue nourri par de nombreux partenariats et licences, le leader de la SVoD annonce fin 2018 qu'il va proposer pas moins de 1 000 séries et films Netflix Original, devenant le studio le plus prolifique au monde. Un véritable monstre de l'audiovisuel qui, malgré une concurrence de plus en plus forte (Amazon Prime Video, Hulu, Disney+), peut se targuer d'être solidement ancré dans l'imaginaire des internautes du monde entier, habitués et incités à « voir ce qui arrive ensuite » et à découvrir de nouvelles histoires.
Loin de se considérer comme un simple fournisseur d'un service fiable (et aidé par un algorithme pertinent analysant les préférences de l'utilisateur), Netflix continue d'appliquer la règle qui fait sa force depuis ses débuts : toujours se réinventer en prenant le risque de détruire ce qui a été fait jusque-là. L'abonnement de DVD en ligne fonctionne ? L'entreprise se lance dans le *streaming*. Le *streaming* cartonne ? Elle décide de devenir productrice et ose s'imposer sur un terrain gardé par de redoutables adversaires historiques (Warner Bros., Universal Pictures...) et même de s'emparer d'un complexe à Albuquerque, au Nouveau-Mexique, pour en faire un hub de production gigantesque. C'est une façon pour l'entreprise de faire comprendre au plus grand nombre que la créativité se trouve sur sa plateforme et pas dans les salles obscures — quitte à mettre en colère la direction du Festival de Cannes[1].

Une réussite globale qui se décline en local

L'avancée de Netflix se confirme par le choix de se développer à l'international en chevauchant la vague de la culture globale rendue possible par internet, mais sans occulter les particularités des nouveaux territoires ciblés. L'attaque au marché mondial selon Netflix est un cas d'école. Trois ans après avoir débuté chez elle son aventure dans l'univers du *streaming*, la marque lance son service chez le voisin canadien. Une première excursion en dehors de ses frontières qui va très rapidement en appeler d'autres. En 2011, Netflix débarque en Amérique latine et aux Caraïbes. L'année suivante, c'est le marché européen qui va être visé, à commencer par le Royaume-Uni, l'Irlande et les pays nordiques.
En 2013, c'est le tour des Pays-Bas, puis arrivent l'Allemagne, l'Autriche, la Belgique, la France, le Luxembourg et la Suisse (2014), suivis de l'Australie, la Nouvelle-Zélande, l'Italie, l'Espagne, le Japon et le Portugal (2015). En 2016, moins de dix ans après les premières lectures sur sa plateforme, Netflix est disponible presque dans le monde entier et rejoint le giron des NATU[2]. Cette volonté de s'affranchir du seul marché américain est d'autant plus flagrante

1. Le débat fait rage en France : en 2018, aucun film produit par la plateforme américaine de vidéo par abonnement n'a pas eu les honneurs du tapis rouge du célèbre festival à cause de la chronologie des médias, une spécificité française imposant un délai de trois ans entre la sortie d'un film en salle et sa diffusion sur une plateforme SVoD.
2. Acronyme symbolisant, à la manière des GAFA, la puissance de Netflix, Airbnb, Tesla et Uber.

qu'elle s'accompagne d'un fort investissement dans les partenariats et les productions originales propres à ces nouvelles conquêtes.
À la manière d'un McDonald's qui, en plus de ses burgers iconiques, propose des variantes et sandwichs inédits dans la plupart des pays où il est implanté, Netflix a aussi fait le choix de ne pas s'afficher comme une annexe pure et dure de la culture étatsunienne (même si son catalogue reste une belle vitrine pour le show-business américain).
Non contente de proposer des œuvres rapidement devenues des phénomènes culturels à l'échelle mondiale (*Narcos*, *Orange Is the New Black*, *Stranger Things*, etc.), elle cumule aussi les paris à l'échelle locale, avec des productions parfois tournées en plusieurs langues, en espérant par la suite les rentabiliser dans d'autres contrées. La promotion sur sa propre plateforme et les recommandations entre utilisateurs relaient ces programmes. Sans Netflix, la série espagnole *La casa de papel*, ne serait sans doute pas devenue une icône internationale, de même que *Marseille*, superproduction française (avec notamment Gérard Depardieu) qui, malgré son flop retentissant dans l'Hexagone, a trouvé son public... au Brésil ! De l'Allemagne à l'Italie, de l'Inde au Moyen-Orient, l'entité joue à l'apprenti sorcier audiovisuel, fait des tests de diffusion, rentabilise ses productions et casse les clichés et les idées reçues sur les attentes et réticences supposées des « téléspectateurs ».
Une stratégie « tour de Babel » qu'elle est véritablement la seule à appliquer chez les pontes du divertissement et qui, malgré les potentiels aléas des prochaines révolutions technologies ou économiques, permet à la marque de s'affirmer à l'heure actuelle. Peu importe les scénarios futurs, le nom « Netflix » restera à jamais gravé dans la tête des internautes. Comme Google.

À retenir

1 *Pour Netflix, cultiver sa différence, c'est s'autoconcurrencer en permanence et s'aventurer dans des choix stratégiques parfois contre-productifs ou risqués de prime abord.*

2 *Internationaliser son offre en permanence, en s'adaptant à chaque nouveau territoire visé, et tester les nouvelles créations dans d'autres pays pour rentabiliser toutes les productions originales : le développement de Netflix se veut comme un cercle vertueux.*

3 *Pour rendre crédible sa démarche et s'offrir une légitimité auprès des acteurs historiques du secteur cinématographique et télévisuel, Netflix met en place des partenariats et attire aussi bien les grands noms populaires que les figures de la scène indépendante. Un équilibre permanent pour séduire grand public et sphère critique.*

Dyson

Le nouvel ingénieur

Passé par le Royal College of Art de Londres, James Dyson est devenu l'une des plus grandes fortunes du monde grâce à son aspirateur sans sac et à une conception innovante du marketing et de la communication. Son credo ? Parler de la fiabilité et des qualités du produit en se débarrassant du superflu et en sortant des laboratoires l'ingénieur-designer.

« J'ai érigé en règle d'or d'éviter de faire appel à des agences de publicité ou de marketing. » De ses propres mots, James Dyson n'est pas l'ami des professionnels du monde de la réclame. Il faut dire que, depuis ses premiers travaux qui le mèneront à mettre au point le tout premier aspirateur sans sac ne perdant pas sa capacité d'aspiration, ce designer de génie s'est fié à son intuition, à son appétence pour l'innovation et à l'intelligence des consommateurs, persuadé que l'ingéniosité finit toujours par triompher des effets de manche. Et son statut de 303e fortune mondiale en 2019, selon *Forbes*, ainsi que la réussite presque insolente de son entreprise depuis sa création, en 1993, ne peuvent que le conforter dans son idée. Chez Dyson, la com' doit aller à l'essentiel. Un essentiel qui passe par des faits, des faits et encore des faits.

1. Il a collaboré à plusieurs reprises avec le Conran Design Group, fabriqué un véhicule maritime, le Sea Truck, qui se vendra dans 50 pays, et mis au point plusieurs inventions.

Un ADN de défricheur

Cette success-story doit beaucoup à l'histoire personnelle du créateur anglais. En 1978, le trentenaire Dyson n'est pas satisfait des performances en dents de scie de son aspirateur. Curieux, ce designer déjà respecté par ses pairs[1] désosse l'appareil et remarque un sac encrassé par la poussière.
Après plusieurs années de recherche personnelle et la réalisation de 5 127 prototypes, il met au point, en 1983, la première version de ce qui deviendra le Dual Cyclone, l'aspirateur à force centrifuge qui le rendra célèbre. Bien décidé à changer le quotidien des ménages, James Dyson se retrouve pourtant confronté à la frilosité des multinationales de l'électroménager, réticentes à breveter un tel produit qui marquerait la fin du marché des sacs d'aspirateur. Il doit d'abord déposer lui-même une licence sur la technologie cyclonique et attendre une opportunité au Japon, pays très attentif aux ruptures technologiques, pour pouvoir commercialiser un premier modèle du Dual Cyclone, le G-Force, en terres nipponnes.
Fort de l'accueil reçu chez les Japonais et des revenus tirés, l'inventeur construit sa propre usine en 1992, en Angleterre, pour produire et commercialiser lui-même un produit qu'il sait prometteur, mais sur lequel aucun grand acteur du marché ne souhaite miser. Lancée officiellement en 1993, l'entreprise Dyson commercialise le DC01 la même année. L'histoire est en marche : la société réalise un chiffre d'affaires de 2,4 millions de livres sterling pour son premier exercice. Un chiffre qui triplera l'année suivante.

Parler simplement de soi

Incontournable dès sa mise sur le marché, le DC01 n'a pourtant pas bénéficié des moyens colossaux en matière de marketing dont dispose la concurrence. Malin, Dyson décide plutôt de le présenter humblement à ses futurs clients, sans apparat.
« Au début, personne ne savait qui nous étions. C'était une bonne manière de nous faire connaître et de rappeler que j'ai fondé la société parce que j'avais eu des problèmes avec mon aspirateur à sac. » Cette approche directe et naturelle voit donc l'entreprise utiliser une technique vieille comme le monde, celle de montrer son créateur (comme, en France, l'a fait Alain Afflelou par exemple) pour mieux s'humaniser.
C'est une véritable innovation dans l'univers de l'électroménager qui regorge surtout de publicités mettant en scène des familles fictives au sourire *ultrabright*, ravies de pouvoir enfin changer d'aspirateur pour nettoyer les bêtises du chien ou de l'enfant chéris.
C'est aussi un moyen de remettre au goût du jour une figure plutôt délaissée par les communicants, car jugée difficilement séduisante pour la ménagère, celle de l'ingénieur-designer. En se présentant tel qu'il est, habillé comme monsieur et madame tout le monde, et en contant sa propre histoire sans jouer le rôle du vendeur bonimenteur, James Dyson se montre accessible, sympathique et fait voler en éclats le cliché du scientifique à lunettes et blouse blanche qui, terré dans son centre R&D, ne voit jamais la lumière du jour ni les évolutions de la société.

Parler du produit

Dyson joue donc clairement la carte de la proximité avec l'acheteur en optant également pour le bouche-à-oreille et l'expérience client. « J'ai fait des relations presse la base de toute ma stratégie de communication, note-t-il dans son autobiographie[2]. Un bon article vaut une centaine d'annonces publicitaires. » Ses affiches, créées en interne ou par des publicitaires indépendants, épurées, jouant la carte de l'humour, mettent le produit en avant, dans son plus simple appareil, bien souvent sur fond noir pour faire ressortir un design atypique et moderne, et sont dotées de messages simples : « Les autres se bouchent, pas les nôtres » ; « Mange plus, pèse moins » ; « Le seul moment où il perd de l'aspiration, c'est quand il est éteint » ; « Il ne ressemble pas à un filtre classique. Il ne fonctionne pas comme un filtre classique » ; « Il fait le même travail que le grand modèle, mais il est un tiers plus léger ». Ou alors, elles présentent l'engin décomposé, pièce par pièce, car l'entreprise n'a rien à cacher. Une transparence utile pour renforcer le lien de confiance l'unissant à sa cible... et rappeler insidieusement que l'obsolescence programmée n'existe pas chez elle. Chez Dyson, on séduit le client par la performance et par le fait de ne pas le prendre pour un idiot. Bien au contraire.

L'innovation comme « nerd » de la guerre

Le nom de Dyson est surtout, et avant tout, indissociable de l'innovation. Commencée dès son lancement avec le Dual Cyclone, cette course vers la nouveauté et l'inédit technologique voit la firme britannique multiplier les créations audacieuses, dans le monde des aspirateurs (appareils plus légers, autonomes, sans fil...), comme dans d'autres territoires (éclairage, sèche-cheveux, sèche-mains, purificateurs d'air et, bientôt, le monde de l'automobile avec son entité Digital Motor et un premier véhicule prévu pour 2021). « Quoi que nous fabriquions, il s'agira d'un produit utilisant une technologie de rupture et dont l'utilisation comblera une frustration jusqu'à présent ressentie par le consommateur », insiste le patron de ce nouvel empire. Pour cela, les moyens déployés en interne sont colossaux, avec près de 5 800 ingénieurs dans le monde et pas moins de 10 millions de dollars investis par semaine en développement. Ne s'appuyant sur aucune étude de marché[3], cette obsession stratégique se traduit aussi par trois traditions bien ancrées chez le géant novateur : la place privilégiée du Japon, des lancements savamment orchestrés et un positionnement haut de gamme.

2. James Dyson, *Dans la cour des grands*, Le cherche midi, 2003.
3. James Dyson aurait interdit les études de marché après que des panels qu'il a fait réaliser en 1996 auraient prétendu que l'aspirateur transparent (aujourd'hui le modèle le plus vendu en France, en Grande-Bretagne et aux États-Unis) ferait peur aux clients.

Ainsi, comme par superstition, James Dyson a longtemps testé ses idées auprès des Japonais avant de les présenter ailleurs, le Japon restant le pays où chaque nouveau produit est lancé en priorité car particulièrement friand de révolutions technologiques. Quant aux lancements, ils sont généralement pensés pour créer de l'engouement, avec des événements presse demandant à des journalistes triés sur le volet de garder le secret, et pour accroître l'image de marque design et audacieuse. Une stratégie proche de celle d'Apple qui avait révolutionné son secteur dans les années 1990 à travers l'innovation technologique et changé le regard du grand public sur le geek, grâce à la figure omniprésente de Steve Jobs et à ses présentations marquantes. De quoi pouvoir affirmer que chez Dyson il n'y a pas que l'aspiration qui dure : l'inspiration aussi.

À retenir

1 *Pour faire connaître ses produits, James Dyson mise sur l'intelligence des consommateurs, met en avant son parcours de designer-ingénieur et son histoire personnelle, détaille la technologie de ses créations et évite les publicités surjouées en se mettant en scène.*

2 *En cultivant un sens aigu de l'innovation et un positionnement relativement haut de gamme, Dyson est parvenu à dépasser Hoover pour devenir leader sur le marché des aspirateurs.*

3 *La culture du secret autour des projets conçus par les ingénieurs, l'obligation de disruption à chaque nouveauté et la mise en place de lancements savamment orchestrés permettent à Dyson de toujours maîtriser son actualité.*

4 *Dyson se lance régulièrement sur de nouveaux marchés, loin de l'électroménager de ses origines, permettant à la marque d'être toujours là où on ne l'attend pas, si ce n'est dans le domaine des nouvelles technologies.*

Yop

La marque des ados

Positionnée sur un segment spécifique, celui du yaourt à boire, l'innovation que l'entreprise Yoplait lance voilà plus de 40 ans lui a permis d'occuper une place indiscutable dans les linéaires des magasins de la grande distribution, ainsi que dans le cœur des ados et des mamans.

Aujourd'hui, si l'on retrace l'itinéraire de la marque depuis 1974, sa réussite semble évidente. Mais face à la domination de de Danone et de Nestlé, les marques traditionnelles, Yoplait a réussi une véritable prouesse : créer un marché viable avec plus de 60 millions de bouteilles vendues chaque année. La marque a bâti un véritable univers, celui du yaourt à boire, et a consolidé ses positions et maintenu au fil des ans un positionnement tout aussi brillant que complexe. Yop est et demeure un produit identifié aux « modes de vie », des adolescents, à leurs habitudes et leurs goûts.

Yop domine largement le marché du yaourt à boire. Il suffit de survoler les données disponibles pour constater sa supériorité : la marque écoule chaque année 38 000 tonnes de bouteilles fabriquées et conditionnées dans son usine de Monéteau, près d'Auxerre. Yop détient à lui seul 65 % du marché du yaourt à boire, évalué à 140 millions d'euros, sur un marché global de yaourts qui pèse 1,5 milliard d'euros[1]. Ces résultats sont remarquables quand on sait la puissance d'innovation mobilisée par les gros concurrents, leur position au sein de la distribution en France, et leur capacité à assurer des lancements ambitieux. Et si les géants Nestlé et Danone se sont aventurés sur ce segment, ils n'ont pas obtenu les mêmes résultats glorieux.

La réussite d'une formule réactivée : originalité, exclusivité, enracinement

Trois raisons principales peuvent expliquer cette position dominante. La première tient à l'originalité du produit et à l'équation brillamment orchestrée entre la marque et l'offre, l'innovation et la référence : le yaourt à boire Yop. En 1974, au moment de la naissance du produit et de cette nouvelle manière de consommer le yaourt, l'entreprise de produits laitiers ne cherche pas à valoriser la marque-ombrelle[2] Yoplait, mais préfère choisir une marque à part entière, même si la parenté avec l'entreprise est vite comprise. Et quand on questionne les consommateurs sur les marques de yaourt à boire qu'ils connaissent, la marque Yop sort très largement en tête. Elle est donc la matrice d'un marché dont elle a su rester le symbole.

La deuxième explication relève de l'exclusivité. Cette position dominante ne tient pas seulement à la qualité des efforts de communication, notamment sa capacité à capter le marché des jeunes et des adolescents. Elle résulte aussi d'une politique, rarement menée, qui consiste à limiter la diversification, car l'« extension de l'offre » peut en effet affaiblir une marque au point de la banaliser, de diminuer la clarté de son sens et de son originalité. Yop n'a pas fait de desserts, de glaces, de yaourts, de fromages allégés, de boissons au thé, aux algues du Pacifique ou à la menthe. L'entreprise a eu l'intelligence et le courage de résister à l'exploitation à outrance de la marque, comme un territoire qui veille à préserver ses sites historiques. Ainsi, depuis des décennies, pour les Français de tous les âges, qui dit Yop, dit yaourt à boire, et réciproquement. Le succès n'a pourtant pas été immédiat et la composition des produits a été adaptée au fil des ans. Les recettes ont été repensées, et la dernière transformation importante date de 2013, avec les arômes 100 % naturels. Le packaging est également en constante évolution. Tout au long de son histoire, Yop a lancé de nouveaux formats — les Mini Yop et les Petits Yop en 2012 — avec l'intention de toucher les plus jeunes. On ne révolutionne pas la marque, on la transforme, on fait en sorte qu'elle s'adapte à de nouvelles contraintes, comme le respect de l'environnement et la qualité des ingrédients. Certains pourraient y voir une forme de frilosité, une limitation de ses ambitions, mais de nombreuses marques ont décliné sur le long terme parce qu'elles ont fait le choix de se développer tous azimuts au lieu de se concentrer sur leur cœur d'activité. Vigilance et dynamisme commercial ne sont pas antinomiques. Il suffit de se référer à Carambar[3], Haribo, Barbie ou encore Lego[4].

Enfin, la troisième raison vient d'une intuition juste. Comme le produit original— resté tel quel au fil des ans — ne suffisait pas à assurer le succès, il fallait anticiper sur la façon de consommer autrement les yaourts et

1. Voir « À 40 ans, Yop accède au panthéon des marques iconiques », *Le Figaro*, 2014.
2. Une marque-ombrelle désigne plusieurs services ou produits hétérogènes appartenant à des marchés différents, et commercialisés sous un seul et même nom. Elle peut aussi bien être utilisée à l'échelle d'une gamme qu'à celle d'un grand groupe et est particulièrement utilisée dans le secteur alimentaire.
3. Voir *Brand success*, tome I, page 142.
4. Voir page 78.

répondre aux nouveaux usages des adolescents. Fini le yaourt que l'on mange à la cuillère, Yop se boit ! Et pas dans un verre, mais au goulot, n'importe où et n'importe comment. Ce n'est ni un produit de partage ni le vecteur d'une convivialité traditionnellement associée à une boisson. « C'est mon Yop ! »

Un lien unique entre le produit et ses consommateurs

La réussite exceptionnelle de Yop est le fruit de ce lien étroit, de cette connivence avec les adolescents. Et les campagnes successives ont largement servi à façonner la personnalité unique de la marque. Les premières avaient pour objectif de faire comprendre le produit et expliquer que « Yop c'est du yaourt et ça se boit ». Même si elles ne sont pas restées dans la mémoire collective et ne sont pas considérées comme de grandes prouesses de communication, les responsables marketing ont compris que la destinée de la marque repose surtout sur ce lien fort, presque intime, qu'elle entretient avec les adolescents. Yop va réussir un exploit peu commun en entretenant ce lien avec plusieurs générations d'adolescents sans pour autant se ringardiser ou prendre un coup de vieux. Elle ne restera pas le symbole d'une catégorie de personnes ou le produit phare d'une période. La marque a su évoluer au fil du temps. En 2018, soit plus de 40 ans après son lancement, elle va opérer une percée dans l'univers des adultes, tout en assumant son histoire. Selon le webzine *Cuisine & Tendances* : « Afin de grandir un peu et de toucher son cœur de cible d'hier, et même d'avant-hier, Yop est “passé à l'âge adulte” [en cherchant] ce qui conviendrait le mieux aux ados devenus adultes. »
On dit souvent que chaque cible publicitaire est difficile à atteindre, car il faut qu'elle se retrouve dans le discours, les représentations et les valeurs véhiculées par la communication de la marque. Les professionnels savent que le public des adolescents est le plus complexe à capter : ils restent attirés par la communication publicitaire, mais ils se méfient et savent décoder les erreurs des marques quand elles tentent d'attirer leur sympathie pour les appâter. Surtout aujourd'hui, où ces nouveaux consommateurs, qui sont les cibles de la publicité depuis leur plus jeune âge, maîtrisent parfaitement les rouages de la communication. La force de Yop est d'avoir su résister aux tentations et éviter ainsi les dérives que toute action de communication avec ce groupe d'âge peut impliquer.
La marque a exploité divers registres au cours des dernières décennies. Yop s'est installée comme la marque représentative des ados, parfois avec un ton provocateur : en 1996, avec « t'as craché dans ton Yop » ; en 2002, « on ne confie pas son Yop même à son meilleur pote » ; etc. Revoir des spots Yop, c'est analyser l'évolution de cette catégorie d'âge, ses phrases cultes, ses aversions, ses tenues privilégiées, l'entrée de la « culture de banlieue » dans le langage. Ce qui n'est pas dans les habitudes des grandes marques du secteur alimentaire, considérées souvent comme les tenants d'une culture *mainstream* : la famille unie, la joie de vivre, un univers propre et gentil, convivial et sympa, sans tension ni agressivité.

Une capacité rare à se maintenir dans la durée

Yop a réussi ce que peu de marques parviennent à accomplir : se maintenir dans un milieu très concurrentiel, et garder son positionnement tout en s'adaptant et en faisant lentement évoluer son offre. La marque ne s'est jamais contentée des seuls écrans publicitaires pour développer sa position de « favorite des ados ». Elle est également active sur tous les nouveaux terrains de communication. En 1998, elle décide de s'associer au roller en organisant le Tatoo Roller Skating Tour. En 2000, elle installe sa présence sur le net avant ses concurrents, avec un site institutionnel qui se rapproche des attentes de ses clients : il propose des jeux, des reportages, des partenariats avec des événements prisés par les jeunes, comme la Roller parade du vendredi soir. On peut même y gagner son poids en Yop. En 2015, à l'occasion de ses 40 ans, Yop noue un important partenariat avec Universal Music & Brands, avec des jeux-concours sur le thème de la musique et des rencontres avec des artistes. La marque s'adapte aux nouvelles exigences de son public et des nouvelles habitudes créées par les technologies.

La stratégie qui consiste à investir dans la durée, à creuser son sillon et à se diversifier habilement sans « sauter » sur chaque nouvelle mode qui émerge de la foule, fait de Yop un cas original et remarquable. Yop symbolise la vertu du double mouvement : rester ferme sur les principes qui construisent la marque tout en s'adaptant constamment à son époque. Ce que Yop fait admirablement, à travers ses activités en magasin, notamment promotionnelles, ou grâce à de légères innovations qui ne nuisent ni à la marque ni à son produit originel.

À retenir

1 *Une marque monoproduit ne signifie jamais qu'elle ne peut pas diversifier son offre. Elle peut évoluer en préemptant les transformations et s'enrichir de nouveaux usages. La diversification tous azimuts tue les marques, tandis que l'enrichissement cohérent et progressif les renforce.*

2 *Réussir à être la marque d'une catégorie précise de la population signifie à la fois parfaitement la connaître et surtout la comprendre. Mais cette proximité ne peut se traiter à la légère, encore moins se morceler entre ce qui est bon à prendre et ce qui est à rejeter. On n'est pas une marque pour ados à moitié.*

3 *On ne prête jamais son Yop.*

Géant Vert

Icône mondiale

Parmi les personnages publicitaires les plus connus figure le célèbre Géant Vert. Malgré des débuts poussifs, il s'est imposé au fil des années comme une icône. Il démontre que la personnification peut constituer la voie royale pour une marque. Grâce à cette mascotte joviale, le maïs et les petits pois, produits de base de l'industrie agroalimentaire, sont devenus une marque à part entière qui a largement dépassé son marché initial.

La compagnie Minnesota Valley Canning ouvre ses portes en 1903 à Le Sueur, dans le Minnesota, pour vendre de la purée de maïs sucrée. Puis, l'entreprise tente de se démarquer en commercialisant des productions nouvelles. Au lendemain de la Première Guerre mondiale, la mode était au maïs blanc, mais l'entreprise va mettre en vente une espèce jaune, plus charnue, jusqu'alors réservée aux animaux, sous le nom de Del Maiz. En 1925, elle se lance dans la commercialisation de petits pois, avec une nouvelle variété plus grande que les espèces habituelles, qu'elle nommera « Green Giant ». Il fallait alors « protéger » cette appellation qui semblait un peu trop générique…

Créer son territoire de marque

Pour cela, la fabrique imagine en 1928 un premier personnage, une sorte d'ogre trapu à l'air renfrogné, drapé d'une peau de bête. Faisant penser à un homme des cavernes, il ne convainc pas le public. Minnesota Valley Canning se tourne alors vers

l'agence de publicité Erwin Wasey & Co. Cette dernière confiera ce budget à celui qui s'imposera comme l'un des grands noms du secteur, Leo Burnett. Il imagine alors un personnage en adéquation parfaite avec le produit : un géant vert jovial (« Jolly Green Giant »). Le succès est au rendez-vous : la marque trouve sa place auprès des consommateurs. À tel point que dans les années 1930, Leo Burnett va créer sa propre agence, et Minnesota Valley Canning fera partie de ses premiers annonceurs.
Pour développer la mise en scène de cette mascotte renouvelée, le publicitaire va faire appel à l'illustrateur Norman Rockwell, connu des Américains à l'époque pour ses dessins dans le *Saturday Evening Post*. Il va imaginer quatre tableaux, destinés à être publiés dans la presse, qui s'appuient sur les valeurs traditionnelles familiales et des souvenirs liés à l'enfance, comme le « premier épi de maïs poché ». Grâce à un coupon à découper sur l'annonce, on pouvait se procurer des reproductions des tableaux. Le Géant Vert rencontre un tel succès qu'en 1941, lors la sortie du film d'animation *Dumbo*, il est intégré dans une publicité aux côtés de la bande de personnages de Walt Disney, Mickey, Pluto, Donald et les autres. L'icône suit désormais son propre parcours, ce qui lui permet d'entrer dans l'imaginaire collectif, et le fait qu'elle représente une marque passe au second plan. Sa notoriété est si importante qu'en 1950, Minnesota Valley Canning va changer de nom pour prendre celui de son héros : Green Giant.
À cette époque, l'entreprise souhaite se diversifier et élargir son offre de conserves. Le géant va abandonner la gousse de petits pois qu'il porte entre les bras et s'afficher les mains sur les hanches, surplombant une vallée pleine de légumes verts. Puis, arrivent les premières apparitions télévisuelles, toutes calquées sur le même modèle, avec l'introduction de la célèbre interjection « Ho, ho, ho ».
Mais en 1954, la première publicité télévisuelle du Géant Vert s'avère être un désastre : l'agence chargée de réaliser le spot a remplacé la mascotte par un homme peint en vert. Puis, une nouvelle approche est choisie : le Géant Vert est personnifié par un skieur du Colorado grimé en vert, et positionné au milieu d'une vallée miniature en poussant ces clameurs de satisfaction. Les publicités télévisuelles qui suivront ne feront apparaître le géant à l'écran que sous la forme d'une paire de pieds ou d'une main bienveillante qui aide à récolter quelques épis. Ce choix opéré par l'agence de communication s'avérera être un atout commercial. Cette stratégie publicitaire permet en effet d'adapter le format à chaque nouveau produit, qu'il s'agisse de conserves ou de bocaux, tout en conservant un spot relativement similaire. La voix du personnage est interprétée par Lean Dresslar, qui est aussi celle du tigre Kellogg's et du cowboy Marlboro. C'est à ce moment que le géant débarque en France.
Au fur et à mesure, l'icône va s'adapter aux nouveaux marchés. En 1961, le géant est affublé d'une écharpe rouge pour le lancement des premiers produits surgelés. En 1972, il va être un peu mis en retrait, et lui adjoindra un compagnon, Sprout, « une jeune pousse », porte-parole du Géant Vert, chargé de détailler les caractéristiques des produits pour le consommateur. Il est dessiné par Milton Schaffer, qui a travaillé pendant 20 ans pour les studios Walt Disney.

De la vertu de l'incarnation

> « Le fait de faire incarner la marque présente pas mal d'avantages. [...] S'il personnifie la crédibilité, le savoir-faire et l'authenticité, ces valeurs seront transposées sur la marque qui en sortira enrichie.
>
> Nicolas Riou, CEO de la société de conseil Brain Value.

La mascotte Géant Vert est devenue un élément de reconnaissance, d'image et de réputation de la marque. Elle incarne ses valeurs et ses qualités, et témoigne de la relation qu'elle entretient avec le consommateur. Elle est un puissant levier d'un point de vue émotionnel et affectif. Selon *Ad Age*, le Géant Vert est le troisième personnage de publicité le plus reconnu au monde, après Ronald McDonald et le cowboy Marlboro Man. Le Géant Vert est d'ailleurs considéré comme l'un des premiers exemples de mix marketing qui prend en compte l'ensemble des stratégies et des secteurs (positionnement, vente, publicité, produit, etc.). Le personnage a rencontré un certain succès en France et à travers le monde, mais c'est aux États-Unis que l'engouement a été considérable, car contrairement à l'Europe, les Américains ne bénéficiaient pas d'une culture riche en contes de fées et de récits légendaires. Il a été décliné en figurines et a fait son apparition dans plusieurs dessins animés. Plusieurs chansons qui racontent la vie du géant ont même fait partie des tubes des années 1960, comme *Jolly Green Giant* des Kingsmen.
« Dans le répertoire des techniques de communication d'aujourd'hui, le fait de faire incarner la marque présente pas mal d'avantages, explique Nicolas Riou, CEO de la société de conseil Brain Value. Cela permet de créer des raccourcis mentaux. Le cerveau fonctionne beaucoup par association : on va immédiatement associer à la marque les valeurs incarnées par un personnage. S'il personnifie la crédibilité, le savoir-faire et l'authenticité, ces valeurs seront transposées sur la marque qui en sortira enrichie. » Le capital sympathie du Géant Vert est très important, et dès sa création, la marque s'adresse aux enfants. En 1978, on dresse même une statue de la mascotte, de 17 mètres de haut, à Blue Earth, dans comté de Faribault, Minnesota. Ce monument est devenu une attraction accueillant plus de 10 000 visiteurs par an et diverses manifestations.
Avant l'heure, la création du Géant Vert préfigurait la communication à 360 degrés. D'abord en créant une identité propre à la marque, pour que chacun puisse la reconnaître instantanément. Puis, en mettant en place des opérations marketing ciblées, auprès des enfants et des mamans. La marque n'hésite pas à lancer des projets innovants. Par exemple, en 2010, elle a offert de la monnaie virtuelle à ceux qui achetaient ses légumes dans *FarmVille*, un jeu social de simulation de fermes en temps réel, pionnier du genre, qui comptait à l'époque plus de 82 millions d'utilisateurs. Les joueurs pouvaient débloquer des avantages dans le jeu grâce à cette monnaie. Pour ses 50 ans, la marque Géant Vert a proposé, en France, des ateliers de cuisine pour les enfants et d'autres pour adultes, animés par des chefs de renom, ainsi qu'un restaurant éphémère.

1. Voir page 96.

L'incarnation est une voie pour que la marque devienne une entité à part entière. En matière de marketing et de communication, la mécanique de l'incarnation ou de la personnification est essentielle parce qu'elle permet de raccourcir le cheminement entre le message et sa compréhension. Elle installe une relation sur des bases durables et renforce de manière positive la familiarité, comme c'est le cas avec le Géant Vert, le lapin Energizer[1] et le feu Groquik de Nesquik. Grâce à un principe fédérateur, l'incarnation dépeint la raison d'être d'une marque et son histoire. Les actions menées doivent ensuite prouver que cette personnification incarne un réel positionnement, et non pas un choix influencé par les tendances du moment. Le personnage va devenir un élément de reconnaissance, comme un « porteur des bagages » qui véhicule l'image et la réputation de la marque, ses valeurs et ses qualités, la relation qu'elle entretient avec le consommateur. C'est donc un formidable raccourci, un système vertueux basé sur les économies d'échelle. Mais c'est surtout un puissant levier émotionnel.

À retenir

1 *Le Géant Vert fait partie des mascottes de la publicité les plus connues à travers le monde. Son succès fut tel que la marque a changé de nom pour adopter celui de sa mascotte. Il a construit la marque, en lui offrant une renommée unique qui dépasse de très loin celle-ci. Il lui a surtout permis, dans un premier temps, de créer son propre territoire et de s'imposer sur un marché.*

2 *Si le géant va probablement souffler ses 90 bougies sans jamais avoir été remis en cause, c'est qu'il a su s'adapter aux époques et aux contextes. Et quand son omniprésence médiatique a pu peser, la marque a su mettre en retrait son icône pour mieux la faire renaître, comme ce fut le cas entre 2004 et 2012 aux États-Unis.*

3 *La publicité incarnée ou personnifiée est une manière de communiquer. Lorsqu'elle est réussie et utilisée avec justesse, elle peut dépasser toute autre mode d'expression. Dans le cas du Géant Vert, la mascotte de l'entreprise est devenue un personnage connu de tous qui s'est invité dans les jeux pour tous les âges et est entré dans l'imaginaire collectif. Quelle meilleure publicité ?*

US School of Music

L'importance du déclic émotionnel

Une annonce comme tant d'autres, une page remplie de texte, une illustration monochrome des plus classiques et une accroche en quinze mots pour une école de musique new-yorkaise. Depuis 1926, et de l'avis de tous les professionnels du marketing et de la communication, ce modèle reste incontournable.

Cette simple annonce, sorte de patrimoine reconnu par le monde de la communication, est une référence incontestable qui permet de comprendre les transformations que les pratiques et les métiers du secteur ont connues au fil des décennies. Même si elle n'est plus enseignée aujourd'hui par les professionnels aguerris, peut-on réellement travailler dans la communication et se cantonner à un présent actuel, sans passé, sans mémoire, sans histoire ? Être une femme ou un homme de communication, ce n'est pas seulement être obnubilé par le futur afin d'être performant dans le présent, c'est aussi avoir des racines, des références, ce que l'on nomme plus clairement une culture professionnelle.

L'art d'analyser le passé et le contexte

L'histoire de cette annonce n'est pas le fait d'armes d'un gourou de la profession au cours des années 1920, mais celui d'un jeune rédacteur, John Caples, recruté au sein de l'agence Ruthrauff & Ryan. À l'époque, le principal vecteur des campagnes de publicité est la presse sous toutes ses formes, nationale et locale, quotidienne et magazine. Elle a pour

mission de faire connaître, de lancer de nouveaux produits, de recruter de nouveaux clients, de vendre par des annonces qui cherchent à maximiser les contacts utiles à l'aide de coupons...
Elle est au centre de l'activisme des marques. Le patron de cette agence propose à une jeune recrue, qui vient de terminer ses études en tant qu'ingénieur dans le secteur de l'électricité, d'analyser des piles de magazines et de quotidiens pour comprendre comment fonctionne la construction d'une annonce et comment réussir à concevoir des messages qui aboutiront à des remontées maximales de coupons-réponse.
John Caples explique que durant cette phase d'observation il cherche à saisir les logiques qui engendrent la performance. Il étudie intensément les accroches et les textes, le choix des mots et les tournures des phrases, les illustrations et les photos utilisées pour attirer, la nature des coupons-réponse et les manières mises en œuvre pour impliquer le lecteur et favoriser ce que l'on nomme le « *call to action* ». Il agit tel un archéologue... Dans un univers qui, à l'époque, ne jure majoritairement que par les résultats et les remontées des coupons, les questions d'image de marque, de réputation, d'implication n'apparaissent pas vraiment comme des priorités. Ce que le jeune créatif va concevoir et proposer pour vendre des leçons de piano et qui sera largement imité par la suite, tient dans une compréhension approfondie de la relation qui doit se construire entre une marque/son offre et le lecteur/client potentiel, en déplaçant la problématique relationnelle et commerciale vers une démarche bien plus psychologique.

Susciter l'engagement par le déclic émotionnel

Comment communiquer pour se vendre et sans se cantonner à ne parler que de soi en espérant séduire et convaincre ? Comment aller au-delà des seuls bénéfices rationnels ? Comment doter une marque d'une utilité qui dépasse la seule fonction et qui arrive à rentrer dans un mode plus émotionnel dans lequel on se sent plus impliqué ? Comment vendre plus et mieux en ne partant pas de manière mécanique de l'offre, mais en analysant davantage les attentes, les motivations et la demande, en l'occurrence des individus ? Tout cela semble aujourd'hui terriblement banal, mais il suffit de feuilleter des magazines de l'époque pour comprendre mieux en quoi elle représente une réelle révolution.
Le secret « découvert » et révélé par cette annonce, c'est que l'offre — maîtriser les bases d'un instrument en 30 jours — se trouve fortement enrichie quand on part de la motivation du client potentiel, du déclic émotionnel, au lieu de se concentrer sur les seuls avantages objectifs, financiers...
Ce *twist*, c'est l'envie de savoir jouer pour étonner les gens, être apprécié et reconnu, gagner l'estime d'un public, se valoriser et être valorisé par les autres.
« Il ne vendait pas des leçons de piano, mais de la popularité et du bonheur[1]. »

1. Clayton Makepeace, « Great Moments in Advertising Part 5: John Caples Explains it All », Makepeacetotalpackage.com, 2009.

Étonnamment, plusieurs articles récents et de nombreuses discussions sur les réseaux professionnels ont soulevé l'impact des leviers psychologiques que cette annonce utilisait à la perfection face à la masse des articles, blogs, publi-rédactionnels et autres vidéos sur le web répondant à la même problématique : attirer, toucher, conduire vers l'intérêt qui favorise le passage à l'acte[2].
Cette annonce souligne parfaitement l'impact des leviers psychologiques et elle permet de comprendre l'évolution que la publicité américaine va connaître par la suite même si « l'école psychologique » devra se confronter, au cours des années 1940 et 1950, aux tenants d'une publicité plus scientifique (les tests, les comparaisons au service d'un discours sur la supériorité du produit et de la quête de la fameuse *unique selling proposition*[3] qui a façonné les esprits professionnels durant plusieurs décennies).

Les bases de la communication « moderne »

Cette annonce, si anodine, va finalement formaliser les bases de ce qui fit la communication à l'époque et la fera par la suite. D'abord, quand la communication factuelle domine, s'appuyant sur des arguments rationnels et des promesses de toutes sortes, la notion de récit crée davantage de lien, mais aussi d'implication. Une histoire bien racontée vaut largement une argumentation car cette dernière vise davantage à « faire abdiquer » le client devant une évidence quand l'autre construit une relation, une réciprocité. L'être humain est loin d'être un « animal pensant » et quand on analyse les cent campagnes préférées du XXe siècle décrites par *Ad Age*[4], depuis le célèbre « Think small » de Volkswagen[5] au « We try harder » d'Avis[6] en passant par « Just do it » de Nike[7], on constate que toucher par l'émotion engendre plus d'intérêt, de proximité et d'attractivité que de se cantonner à la seule démonstration de la supériorité technologique.
L'émotion est essentielle, mais elle ne suffit pas. Elle n'est pas une finalité, mais un moyen pour faciliter la projection, faire fructifier l'imagination, rentrer réellement en relation.
Autrement dit, pour favoriser l'envie d'une marque ou d'un produit, faciliter la projection et le rapprochement est plus efficace que le seul raisonnement. Parce que personne ne se lève pour consommer des contenus publicitaires, les clients potentiels n'ont pas à faire d'efforts superflus pour se confronter au complexe. Dans l'univers de la communication, au sens le plus large, la simplicité des mots et des évocations, des processus de conviction ou des

2. David Gianatasio, « How a 1926 Print Ad Inspired One of Today's Fastest Growing Websites », Adweek.com, 2013.
3. Voir note 4, page 152.
4. *Ad Age* est un magazine hebdomadaire américain spécialisé dans la publicité.
5. Voir *Brand Success*, tome I, page 116.
6. Voir *Brand Success*, tome I, page 70.
7. Voir *Brand Success*, tome I, page 74.

leviers pour créer ou renforcer une relation fonctionnent toujours mieux avec la simplicité qu'avec la complexité. John Caples l'a compris et l'a décliné par la suite : la faiblesse de la prise en compte des vertus psychologiques du discours et des représentations est souvent la cause des échecs. En particulier, il a été capable de valoriser deux aspects primordiaux : renforcer l'estime de soi (*one esteem*) par la valeur de la marque, ses signifiants, ce qu'elle reflète de soi, et renforcer l'estime des autres (*other esteem*).
L'approche de Caples reste d'une étonnante modernité car elle croise et analyse la problématique du levier psychologique qui va relier le problème à la solution. C'est le fameux *insight*, cet élément du vécu des gens qui agit comme un révélateur de la justesse du propos, de sa valeur, créant le désir. John Caples, en posant la question essentielle (pourquoi tant de gens prennent des cours de piano alors que c'est difficile, ingrat et qu'on abandonne souvent ?), cherche donc à déterminer ce levier psychologique qui va au-delà des explications apparentes. Les réponses, la popularité, l'admiration des autres, une forme de bonheur d'être ainsi reconnu ne s'expriment jamais ainsi. Finalement, grâce à cette annonce, John Caples, sans savoir qu'il entrait dans la légende de l'univers de la communication et de la publicité, démontrait l'importance de la psychologie pour des métiers qui misaient bien plus sur l'efficacité commerciale, les sciences des chiffres et la simpliste magie du terme « nouveau ».
Ce cas illustre à la fois une forme d'hommage à l'histoire d'une profession, à un art, celui de la persuasion, et à une pratique, celle de l'ouverture d'esprit et de la compréhension profonde des comportements et des attentes des individus.

À retenir

1 *Dans cette campagne, il y a une découverte qui apparaît aujourd'hui comme une évidence : la puissance supérieure de l'émotion sur la raison.*

2 *Le principe professionnel sur lequel repose la réussite consiste à sortir de son environnement et à se focaliser sur la compréhension des cibles, sur leurs comportements et leurs attitudes, sur leurs émotions et leurs attentes… Autrement dit, l'importance de « se mettre à la place de l'autre ».*

3 *La notion d'insight est centrale dans cette communication. La capacité à percevoir un problème, un dilemme, un questionnement, est un levier dans l'esprit de la personne que l'on cherche à convaincre et va servir à élaborer la proposition/réponse/solution.*

Guinness Book

Un record à lui tout seul

Les outils de communication capables de devenir une marque à part entière sont peu nombreux. L'exemple le plus illustre est certainement le* Livre Guinness des records*. C'est un ouvrage si populaire dans le monde qu'il semble désormais séparé du célèbre brasseur irlandais. Un coup marketing parfait, décliné en une réussite commerciale insolente.

Les chiffres ne mentent jamais. Avec plus de 143 millions d'exemplaires vendus[1], traduits dans 20 langues et distribués dans plus de 100 pays, le *Guinness Book* est bel et bien un objet culte et fédérateur. C'est une machine de guerre ayant homologué plus de 40 000 records depuis sa première édition en 1955, parue à la suite d'une idée aussi simple que brillante : donner du grain à moudre aux discussions de comptoir.

Tout commence aux débuts des années 1950, en plein cœur du comté de Wexford, dans le sud-est de l'Irlande. Lors d'une partie de chasse, le directeur général de la brasserie Guinness, Sir Hugh Beaver, et ses amis n'arrivent pas à se mettre d'accord : le pluvier doré est-il le gibier le plus rapide d'Europe ? Cette interrogation ornithologique va rester sans réponse pour les chasseurs, mais c'est grâce à cette prise de bec amicale que va germer la première mouture du *Guinness Book*.

1. Le Guinness Book a même eu droit à son propre record : celui du livre le plus vendu en 2003 en excluant ceux qui n'ont pas de droit d'auteur comme la Bible, le Coran et le *Petit Livre rouge*.

Un premier essai en coup de maître

Persuadé de l'intérêt de créer un ouvrage aux airs de miscellanées afin de fournir aux amateurs de bière Guinness l'opportunité de mettre fin à d'innombrables discordes et d'interminables débats, Beaver met le projet en œuvre en 1954. Chris Chataway, un employé de Guinness, recommande deux de ses amis d'université, Norris et Ross McWhirter, des frères jumeaux qui dirigeaient une agence londonienne d'enquête et documentation fournissant aux journaux, annuaires, encyclopédies et annonceurs des faits et des chiffres vérifiés. Les deux frères sont chargés de réaliser une première compilation imprimée à un millier d'exemplaires distribués gratuitement à titre publicitaire aux pubs qui vendaient de la bière Guinness. L'année suivante, en 1955, sort la véritable première mouture d'une longue série de livres.

La première édition reliée, dotée de 198 pages divisées en 12 catégories (« L'univers », « Le monde naturel », « Le règne animal », « L'être humain », « Le monde humain », « Le monde scientifique », « Les structures du monde », « Le monde mécanique », « Le monde des affaires », « Accidents et catastrophes », « Réalisations humaines » et « Sport »), est publiée le 27 août 1955 et figure en tête de la liste des best-sellers britanniques à Noël dans la catégorie « non-fiction ». Un succès qui ne se démentira plus, puisque le *Guinness Book* (devenu depuis 2000 le *Guinness World Records*) est à ce jour le livre sous copyright le plus vendu au monde. Le nom de « Guinness » continue ainsi à resonner au-delà des piliers de bar, d'autant que le contenu de l'ouvrage ne mentionne pas le brasseur.

La star, c'est le record, pas la bière noire irlandaise, seulement présente par l'intermédiaire du titre de l'ouvrage. C'est une preuve que dans l'histoire des réussites du marketing le contenu et le support de communication peuvent être totalement séparés du produit d'origine. Le *Guinness Book* est un cas d'école.

Le brasseur continuera de communiquer sur ses boissons de manière plus traditionnelle, notamment grâce à ses affiches iconiques, réalisées par John Gilroy de 1928 à 1960, et laissera le livre mener sa propre existence en toute indépendance.

Exporter la course aux records sur tous les supports

Les records à la sauce Guinness ne vont pas se limiter au papier imprimé.

Dès 1972, le programme Record Breakers de la BBC (qui perdurera jusqu'en 2001) permet de suivre des personnes ayant pour objectif de battre un record.

En 1975, un premier produit dérivé est lancé : le jeu de plateau *Guinness Game of World Records*, créé par Denys Fisher.

En 1976, un musée Guinness Book of Records s'installe dans l'Empire State

Building, à New York. En parallèle de ces développements, les frères McWhirter[2] restent aux manettes du la publication et multiplient les apparitions dans les médias, démontrant toujours leurs connaissances encyclopédiques et garantissant du même coup le sérieux de leur entreprise.

2. À la mort de Ross McWhirter, assassiné par l'Armée républicaine irlandaise provisoire en 1975, Norris poursuivra l'aventure avant de devenir consultant en 1986, puis de partir à la retraite en 1996.

Mais le plus important virage pris est celui du digital et *brand content* à partir du nouveau millénaire. Lancé en 2000, le site officiel attire chaque année près de 21 millions de visiteurs, tandis que la marque Guinness World Records (GWR) se veut également performante sur YouTube (3 millions d'abonnés pour 300 millions de nouvelles vues cumulées tous les ans) et d'autres réseaux sociaux (la page officielle sur Facebook comptabilise plus de 15 millions de fans). « Nous avons également suivi la tendance numérique en nous développant dans le domaine des ebooks et en renforçant notre présence en ligne et sur les réseaux. Nous nous sommes diversifiés avec de nouveaux produits commerciaux », expliquait en 2015 Samantha Fay, Senior Vice President of Global Brand Strategy du GWR. En plus que dans les émissions de télévision coproduites et diffusées dans de nombreux pays, les records du Guinness se battent aussi en direct, depuis les grandes plateformes de *streaming*. Et même quand ce n'est pas le cas, l'entreprise mise sur la viralité de l'exploit. Ainsi, quand en 2015 le constructeur automobile Jaguar décide de battre le record du plus important looping réalisé avec une voiture, les retombées sont énormes, avec 20 000 vues en à peine 24 heures et des articles ou reportages diffusés dans plus de 900 médias à travers le monde. De plus, le constructeur a relayé massivement ce record sur l'ensemble de ses propres supports. Une autre caractéristique du génie des équipes du best-seller.

Faire briller les autres à travers soi

Quoi de mieux que de battre un record pour renforcer son aura, démontrer les performances de ses produits, fédérer ses équipes, ajouter un peu de fun à son image de marque ou encore s'investir dans une tendance, par exemple l'écologie ? En 2016, des entreprises ont établi ou battu près de 800 records du *Guinness Book*. Ces records ont été fortement médiatisés surtout sur le web. Les exemples ne manquent pas : Intel (faire voler simultanément le plus de véhicules aériens inhabités), Yahoo! (le chant tyrolien réalisé par le plus grand nombre de personnes en même temps), Subway (le plus grand nombre de sandwichs réalisés en même temps), Alibaba (le chiffre d'affaires le plus élevé généré en ligne par une seule entreprise en 24 heures), Virgin Mobile (le plus de personnes entassées dans une Mini Cooper), Kellogg's (la plus grande chute de dominos avec des boîtes de céréales)... Loufoques ou sérieux, détachés de l'activité de l'entreprise ou sciemment pensés pour coller à son identité, ces records témoignent de l'importance du GWR et de son aspect à la fois solennel, intemporel et incontournable. Dans un entretien accordé en 2018 au site Marketing Mag, Doug Male, un des responsables des relations publiques chez GWR, déclarait « que le processus d'enregistrement du record, sa préparation et enfin la tentative d'établir ou surpasser un exploit offrent de nombreuses possibilités de créer un contenu pertinent, polyvalent et engageant. Tenter un Guinness World Record, qu'il s'agisse d'un lancement de nouveaux produits, de la célébration de l'anniversaire d'une entreprise ou de la création d'un événement d'entreprise, donne aux marques une infinité de choix pour gagner du terrain et créer de la notoriété dans leurs industries respectives. »

Après plus de 60 ans d'existence, le brasseur de bière continue de rayonner à travers l'ambition d'autres entreprises également à la recherche d'un coup marketing.

À retenir

1 *L'objet de communication parfait par essence est celui qui est capable de vivre sa propre existence, séparé de la marque et de son univers d'origine.*

2 *Pour réussir à fédérer une communauté vivante et passionnée, il faut parvenir à transformer son produit marketing en un outil ou un média.*

3 *Inciter les particuliers comme les professionnels à s'approprier la marque permet de créer l'événement de façon permanente.*

Kylie Cosmetics

De la télé-réalité à un empire de la beauté

Aujourd'hui, il ne suffit plus de s'appeler L'Oréal, Estée Lauder ou Shiseido pour se frayer une place dans les trousses de toilette des milléniaux. Et ça, Kylie Jenner l'a bien compris. Héroïne d'une émission de télé-réalité, très active sur les réseaux sociaux et après plusieurs excursions dans la mode et la musique, elle a su user de sa notoriété en créant sa propre marque de cosmétiques, Kylie Cosmetics. Le succès est prodigieux et l'ascension si fulgurante qu'elle pourrait soulever l'incompréhension. On pourrait croire à un coup de bluff, et pourtant...

Parmi notre sélection des plus remarquables succès des marques, il nous fallait sortir de l'habitude et des évidences. Nous ne pouvions nous cantonner à valoriser de grandes marques, parfois centenaires, qui ont été l'apanage des médias et des investisseurs, ont connu des succès et des échecs et ont fait l'objet de campagnes de communication ayant parfois marqué la culture collective. Nous devions trouver un cas atypique, une marque qui reflète autant que possible la réalité actuelle et celle des prochaines années. Pour ces raisons, nous avons choisi de présenter Kylie Cosmetics, la première marque de produits de beauté dirigée par une jeune fille d'à peine 20 ans et qui, en moins de deux ans, affiche un chiffre d'affaires frôlant le milliard de dollars.

Un succès qui ne doit rien au hasard

Kylie Jenner est devenue en mars 2019, la plus jeune entrepreneuse milliardaire au monde, dépassant le fondateur de Facebook, Mark Zuckerberg. Elle est également qualifiée de « célébrité la plus influente de l'industrie de la mode[1] ». Selon le magazine *Forbes*, son entreprise serait aujourd'hui valorisée à près de 900 millions de dollars. Elle n'en est pas à son premier coup d'essai. En 2012, elle a lancé une première ligne de vêtements avec sa sœur Kendall pour la marque PacSun. Mais celle-ci ne rencontrera pas l'immense succès de son entreprise de cosmétiques créée trois ans plus tard. On pourrait imaginer que son succès repose simplement sur son nom. D'autres personnalités ont ainsi cru bon d'utiliser leur notoriété et leur nom comme outil de *branding*, à l'instar du couple Beyoncé et Jay-Z, qui ont déposé le nom de leur fille Blue Ivy, ou encore les Beckham pour ne citer qu'eux. Mais toutes ces initiatives de *personal branding* ou de *star branding* ne débouchent pas nécessairement sur des marques internationales, et ne sont pas toujours synonymes de constance et de durée. La notion de personnalité « ambassadrice » existe depuis le début de la publicité, et les marques se sont très vite associées à des stars, partout sur la planète et dans tous des secteurs d'activité. L'utilisation de personnalités et de stars pour endosser une marque, transférer des valeurs ou des traits de personnalités n'est pas inédite. « Dans une société du tout *people*, les célébrités sont devenues les nouvelles prescriptrices. Elles évoquent un statut, des principes, un style de vie, et la valeur suprême des marques. Le phénomène n'est pas nouveau, mais a encore pris de l'ampleur. Aux marques maintenant de faire le bon casting pour que leurs produits deviennent à leur tour de véritables stars[2]. » Mais ce qui n'était par le passé qu'une simple alliance entre le nom d'une célébrité et celui d'un parfum, par exemple, est devenu aujourd'hui un « business à part entière » avec des célébrités qui affichent clairement leurs intentions profiter de leur notoriété et de leur image pour développer une offre marketée et formellement identifiée.

Une ascension qui s'appuie sur les réseaux sociaux

Une telle épopée s'explique d'abord par l'incroyable succès des tutoriels. Ce phénomène a incité Kylie Jenner à lancer sa propre chaîne YouTube en même temps que sa marque de cosmétiques. Par ce biais, elle y dispense des conseils de beauté à près de 6 millions de personnes. Une telle expansion a été rendue possible grâce à la viralité et l'hyperconnexion, mais aussi grâce à une valeur sûre du web : la thématique du maquillage, qui s'adresse majoritairement aux femmes et s'ouvre de plus en plus aux hommes. Peu de célébrités savent utiliser les réseaux sociaux et le web avec autant d'habileté : en 2014 et 2015, le *Time Magazine* a l'inscrite, avec ses trois demi-sœurs Kardashian-Jenner, sur leur liste des « adolescentes les plus influentes ». Aujourd'hui, Kylie Jenner s'appuie sur une énorme communauté, très fidèle : plus de 142,5 millions d'abonnés sur Instagram et plus de 22 millions sur Facebook.

1. Dana Schuster, « The Kardashians are officially more powerful than the Windsors », *New York Post*, 2018.
2. « Marques de stars, stars de marque », Emarketing.fr, 2008.

Elle est qualifiée d'« *ultimate influencer* », une position qui lui permet de faire de nombreuses économies en publicité : « Contrairement à la plupart des marques de beauté et de cosmétiques présentes sur les médias sociaux, Kylie n'a pas besoin de se tourner vers les autres pour promouvoir ses produits. Elle est l'influenceuse par excellence, utilisant son propre visage pour exposer sa gamme de maquillage. Cela lui permet probablement d'économiser beaucoup d'argent sur des dépenses que beaucoup d'autres doivent budgétiser pour avoir l'approbation d'un tiers, et élimine également le risque que votre entreprise soit considérée comme une imposture pour attrape-nigauds[3]. » C'est à l'âge de 15 ans qu'elle se fait faire une augmentation labiale et choisit d'adopter un nouveau look et de s'affirmer en ado décomplexée auprès du public. Nous sommes en 2012, la magie opère avec le hashtag #kyliejennerchallenge. Le Kylie Jenner Challenge repose sur le défi suivant : presser un verre contre sa bouche, aspirer l'air qui s'y trouve et, par un effet de succion, provoquer le gonflement des lèvres. Le buzz a fait le tour du web. Si en termes de notoriété elle a de l'or entre les mains, c'est aussi parce qu'elle sait exploiter les réseaux à merveille — elle publie des posts plusieurs fois par jour sur Instagram. Lorsque Kylie lance de nouveaux produits, elle n'hésite pas à briser la frontière entre vie privée (la sienne est exposée au grand jour depuis 2007 dans *L'Incroyable Famille Kardashian*, une émission de télé-réalité qui raconte le quotidien de la famille recomposée Kardashian-Jenner) et marketing. Elle utilise la technique du « *best friend effect* » qui consiste à s'appuyer sur les réseaux sociaux pour cibler un large public et pénétrer le « cercle de confiance ». En dévoilant ses produits face caméra, Kylie Jenner incite sa communauté à les acheter en jouant sur la fiabilité : selon une étude de l'Ipsos, 32 % des utilisateurs d'Instagram achèteraient ainsi des produits repérés sur les réseaux sociaux. C'est un peu le « bouche-à-oreille 2.0 ».

Une marque digital native

Mais le succès de Kylie Cosmetics ne saurait se justifier simplement par l'impeccable utilisation des réseaux sociaux. La réussite de la marque s'explique aussi par une stratégie en parfaite adéquation avec son époque : un packaging facilement identifiable, une gamme élargie pour toutes les couleurs de peau, une expérience client efficace sur le site web. Et surtout, les nombreuses collections-capsules à l'effigie de sa mère ou encore des sœurs Khloe et Kim, ou encore les séries limitées qui permettent d'entretenir une relation particulière avec les fans. En février 2016, son kit pour lèvres édité à l'occasion de la Saint-Valentin s'est écoulé en à peine 10 minutes[4] ! Kylie Cosmetics est une marque digital native qui s'est créée sur internet et vit sur internet. Elle ouvre régulièrement des pop-up stores physiques qui sont pris d'assaut et créé l'événement dans les villes où ils s'installent.

Ces « magasins éphémères ont attiré des foules incroyables ces dernières années — des foules galvanisées par la possibilité de rencontrer la jeune femme elle-même[5]. » Ayant grandi en même temps que son auditoire, Kylie Jenner a une place particulière dans l'internet adolescent, avec ses codes et ses tendances. Elle sait parfaitement anticiper les demandes et les besoins de ses fans, qui constituent ses principaux acheteurs, en utilisant leur langue et leurs habitudes. Un *brand success* d'autant plus remarquable que le marché des cosmétiques est parmi les plus saturés.

Reste en suspens la question existentielle d'une marque, de ses développements futurs et des implications que la personnalisation va impliquer sur ses chances de durer. Cette question est-elle d'ailleurs d'actualité chez les stars qui ne vivent qu'au présent ?

À retenir

1 *Dans les années 1980, Jacques Seguela avait popularisé le concept de « star stratégie ». Aujourd'hui, c'est la « stratégie star » qui s'impose : ce n'est plus la marque qui devient star à l'aide des moyens de communication. C'est la star qui devient le héros de la marque et s'incarne en média grâce à son aura sur les réseaux sociaux.*

2 *On pourrait penser de prime abord que Kylie Cosmetics doit son succès simplement au nom de sa créatrice, mais on se trompe. La marque est en totale adéquation avec son époque : elle entretient le buzz permanent et propose une gamme de produits dans laquelle toutes les femmes, aussi différentes soient-elles, peuvent se retrouver.*

3 *Les réseaux sociaux ont fait tomber les barrières entre vie privée et vie publique. En construisant habilement son image sur cette ambiguïté, Kylie Cosmetics constitue probablement l'exemple le plus emblématique de cette porosité qui, pour les plus jeunes générations, n'en est pas une.*

3. « Behind Kylie Jenner's success in a saturated cosmetics industry », Econsultancy.com, 2019.
4. « Kylie Jenner's New Lip Kits Sold Out in Less Than 10 Minutes », *Elle International*, 2016.
5. « Behind Kylie Jenner's success... », *op. cit.*

Louboutin

Le rouge lui va si bien

En moins de 30 ans, les chaussures Christian Louboutin sont parvenues à se faire une place au soleil dans l'univers du luxe et les dressings des stars. Pourtant, la maison française a construit son prestige sans avoir recours à une forte communication par les canaux classiques. Sans affiche, ni publicité, ni encart, Louboutin pratique le marketing invisible en misant avant tout sur sa signature iconique, la célèbre semelle rouge, comme vecteur de communication.

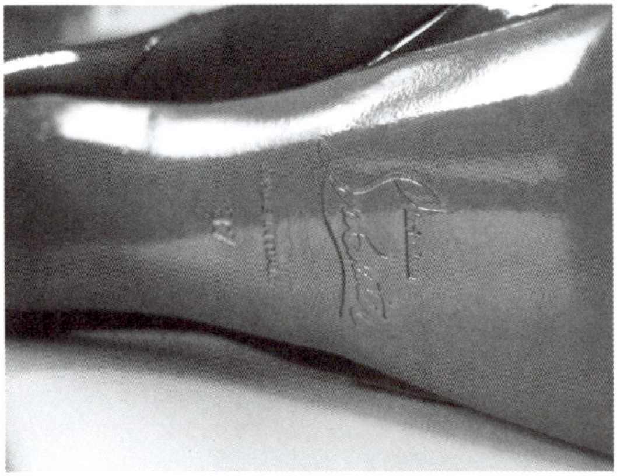

Quand, en 2011, Yves Saint Laurent (YSL) et Louboutin se retrouvent devant la justice américaine, les suiveurs du monde de la mode sont sur le qui-vive. Il faut dire que l'affrontement n'a rien d'anodin, car il met en scène deux générations du luxe à la française : d'un côté, une institution née en 1961, et de l'autre, l'entreprise de Christian Louboutin, créée 30 ans plus tard. Un choc frontal initié par Louboutin pour « concurrence déloyale » et « violation de marque commerciale » à cause de la mise en vente par YSL d'une paire de chaussures à semelles rouges. Un crime de lèse-majesté selon Louboutin qui s'estime être le créateur de cette extravagance (1992), inspirée selon la légende par le vernis à ongles d'une assistante. Le chausseur considère que YSL a violé le *gentlemen's agreement* officieux qui jusqu'alors voyait les acteurs du luxe éviter de se concurrencer sur les éléments clefs d'une marque. Au final, fort de son identité historiquement construite autour de cette particularité, Louboutin remportera la bataille judiciaire, obtenant le droit de déposer en tant que marque aux États-Unis les chaussures avec des semelles rouges, excepté si le reste de la chaussure est de la même couleur[1]. Une victoire qui place la marque sur un pied d'égalité avec ses illustres concurrents et donne à son créateur la réputation d'un homme d'affaires intransigeant. Avant de devenir le Saint-Père du stiletto et des talons hauts (10 à 16 centimètres), Christian Louboutin a longtemps virevolté. Noctambule assumé, amateur de spectacles et de cabarets, fidèle du Palace, club parisien très en vogue dans la culture underground où le Tout-Paris se retrouvait des années 1980, cet autodidacte attendra l'âge de 27 ans pour se faire un nom dans le milieu de la chaussure, accessoire auquel il voue une passion quasi obsessionnelle depuis l'enfance, avec l'ouverture de sa première boutique qui porte son nom[2]. Les premiers pas sont laborieux, puis sa notoriété augmente grâce à l'étendue de son carnet d'adresses, étoffé de ses pérégrinations nocturnes, et à la visite surprise d'une journaliste du magazine de mode américain *W* qui est témoin de la venue de Caroline de Monaco dans la boutique. La machine est lancée, permettant à la marque au tournant des années 2020 de posséder pas moins de 145 boutiques à travers le monde et à son créateur de devenir la 109e fortune de France[3]. Louboutin a capitalisé sur le glamour de ses clientes pour asseoir sa réussite.

Paillettes et empowerment

Plus connue que l'anecdotique logo de la marque, la semelle rouge est unique en son genre et facilement identifiable. Louboutin n'a donc pas de mal à se faire remarquer, notamment au cinéma. Grâce à une stratégie intelligente de placement produit, différents modèles d'escarpins sont présents dans de nombreux films et séries télévisées principalement destinés à un public féminin, tels que *Mère-fille, mode d'emploi*, *Confessions d'une accro du shopping*, *Ugly Betty*, *Gossip Girl*, *Sex and the City*, renvoyant ainsi auprès du public une image très glamour. Une pratique qui se décline lors des grands événements mondains et culturels, de nombreuses célébrités défilent durant des cérémonies *people* sous les flashs des photographes, chaussées des célèbres modèles *Pigalle*, *Love* ou encore *So Kate*. La particularité de Louboutin est d'avoir su créer l'accessoire ultime pour les femmes très médiatisées, qui jouissent d'un prestige international et souhaitent l'afficher. Les stars internationales n'hésitent pas à porter la semelle rouge lors d'événements tel que le Festival de Cannes, ce qui apporte à la marque une certaine notoriété, et par répercussion de la communication « gratuite ».
La mode sert ainsi à l'empowerment, à l'émancipation et l'autonomisation des femmes.
Parfois fabriquées en quantités limitées et toujours vendues à un tarif élevé, les Louboutin ne sont plus simplement des

1. En 2018, la Cour de justice de l'Union européenne reconnaît à son tour l'exclusivité des semelles rouges du chausseur.
2. L'ouverture de cette première boutique, rue Jean-Jacques-Rousseau, dans le 1er arrondissement de Paris, en novembre 1991, a été rendue possible grâce au lancement de sa marque, au même moment, avec deux associés et amis d'enfance, Henri Seydoux et Bruno Chambelland.
3. D'après le classement des 500 plus grandes fortunes de France établi par le magazine *Challenges*.

chaussures de luxe, elles deviennent aussi les marqueurs de l'ascension sociale de celles qui les portent. D'où le culte installé autour de ces chaussures que certaines en viennent à collectionner frénétiquement[4]. Posséder et porter une paire de Louboutin revient à revendiquer sa force ou, du moins, à refuser une domination purement masculine, au-delà du simple cliché de la femme sexy[5] ou d'un désir masculin fétichiste. Porter des talons hauts serait ainsi une manière de s'élever socialement dans un monde où les inégalités entre les hommes et les femmes doivent encore être combattues. Une vision que défend Christian Louboutin, comme il le confia au magazine *Elle* : « Beaucoup de femmes m'ont dit que leur vie avait changé depuis qu'elles portaient des talons. Le talon a même une responsabilité sociale [...], car les femmes sont souvent plus petites que les hommes. Certaines m'ont raconté qu'elles portent des talons au bureau pour être à la hauteur du regard de leur patron. C'est très différent de regarder en face ou de regarder vers le haut. Se grandir met à un niveau d'égalité. Je ne comprends pas certains discours féministes qui associent les talons à l'image unique de la femme comme objet sexuel. Non, c'est aussi un moyen d'avoir de l'assurance, particulièrement dans le monde du travail[6]. »

Rendre belles toutes les femmes, sans exception

Les femmes cadres d'entreprise et les *fashionistas* issues de la haute société ne sont plus les seules à vénérer les célèbres paires de stilettos. Symboles de réussite et de richesse, ces chaussures génèrent désormais de multiples fantasmes dans l'univers du rap, du pop-rap et de la pop grand public, considéré comme étant aux antipodes du luxe traditionnel et du bon goût. Les français Damso, Booba, PNL, Niska, Black M, Kaaris ou les Américains Drake, Kanye West, Kodak Black, Migos et Eminem ont déjà fait au moins une fois référence à la marque parisienne dans une de leurs chansons. D'autres s'affichent directement chaussés d'une paire, comme la rapeuse et mannequin australienne Iggy Azalea dans le clip *Work*. Jennifer Lopez a même dédié une chanson à la marque sous le titre *Louboutins*.

4. À l'instar de l'auteure de romans d'amour à succès, Danielle Steel, qui dispose de près de 6 000 paires griffées.
5. Selon une étude du chercheur de l'université de Bretagne, Nicolas Guéguen, les hommes seraient réceptifs, écouteraient davantage et aideraient plus facilement une femme en talons très hauts.
6. Sylvia Jorif, « Comment marcher sur 12 cm », interview de Christian Louboutin, *Elle*.
7. Nan Kempner (1930-2005) était une riche héritière américaine, mondaine, philanthrope, dont Andy Warhol a peint le portait en 1973, était considérée par Yves Saint Laurent, dont elle possédait 376 créations, comme la femme « la plus chic du monde ».
8. Stéphane Bern, « Christian Louboutin, chausseur de rêves », *Le Figaro Madame*, 2011.
9. « Christian Louboutin on Cardi B and His 'Red Bottoms'», *New York Times*, 2017.

Et quand l'anciennement stripteaseuse, vedette de l'émission de téléréalité *Love & Hip Hop* et rappeuse américaine star des années 2010, Cardi B annonce fièrement sa passion pour cet objet de luxe tout en affichant une attitude provocante et sexy, elle apporte à la marque une dimension quasi sulfureuse. Ce qui n'est pas pour déplaire à Christian Louboutin qui a dessiné ses premières chaussures pour des danseuses de cabaret — et ne s'en ait jamais caché. Contrairement aux autres marques du luxe au travers desquelles le public s'identifie à l'image du mannequin ou de la bourgeoise de la bonne société, le *silence marketing* de Louboutin permet à la marque de s'adresser à toutes les femmes qui s'entichent de l'objet. Une particularité que Christian Louboutin a confiée dans les colonnes du *Figaro Madame* : « Un jour, la richissime Américaine Nan Kempner[7] achète une paire de mes souliers et me dit : "C'est vraiment une paire de chaussures de pute, j'adore !" Une heure plus tard, c'est une pétroleuse qui entre dans ma boutique et achète les mêmes en me disant : "J'ai l'air si chic dans ces chaussures."[8] » Louboutin estime qu'il s'adresse à toutes les femmes, quel que soit leur statut social, car, n'ayant pas recours aux outils de communication marketing classique, il ne dicte pas un style de vie. « Mon travail est de créer de belles chaussures. Le reste est devenu ce qu'il est devenu », a-t-il déclaré au *New York Times* en 2017[9]. Quel est le secret d'une relation de confiance qui dure depuis plusieurs décennies ? Louboutin n'impose pas à la femme ce qu'elle doit porter ni ce qu'elle doit être pour réussir, il lui laisse le soin de s'accomplir elle-même. Comme un compagnon de route ou celui d'une vie entière.

À retenir

1 *Dans un secteur où la communication se veut parfois surabondante et constante, privilégier une discrétion relative peut parfois permettre de porter un message bien plus fort.*

2 *Ne cherchez pas à adapter votre cible à ce que vous proposez : c'est votre produit et votre marque qui doivent s'adapter.*

3 *La meilleure égérie d'une marque est celle qui le devient de son propre chef.*

Nintendo

Mario, le tube du plombier

Comment un plombier italien, petit, bedonnant et moustachu, vêtu d'une casquette rouge et d'une salopette bleue, est devenu une référence du jeu vidéo, à la tête de la franchise la plus vendue du secteur, un héros national au Japon[1] et l'une des figures les plus iconiques de la pop culture ? En cultivant la diversification constante sans se changer lui-même. Fils prodigue de Nintendo, Mario est une marque unique en son genre.

Quand Mario, au départ nommé Jumpman et identifié comme charpentier[2], apparaît pour la toute première fois dans le jeu d'arcade *Donkey Kong*, le contraste avec l'époque est saisissant. Nous sommes en 1981, au début d'une décennie qui participera à forger la figure du nouveau mâle alpha américain sous la présidence de Ronald Reagan, nouvellement élu, et des grosses productions hollywoodiennes. D'un côté se trouvent Indiana Jones, Rambo, Conan le Barbare, Mad Max, Rocky ou encore Terminator, des figures musclées, intrépides et viriles, de l'autre, on a affaire à un bonhomme à l'allure insignifiante, quasi anachronique.

1. Le 10 mars fait office de Mario Day (pour « Mar10 »). D'abord créé à l'initiative de fans, il est depuis 2016 officiellement orchestré par Nintendo, et cela dans le monde entier.
2. Il faudra attendre 1983 et le jeu vidéo *Mario Bros.* dans les salles d'arcade pour installer définitivement le nom du personnage et sa profession de plombier (en raison de la présence de tuyaux dans le jeu).

La contrainte comme source d'inspiration

Le profil d'antihéros hors du temps, qui se révélera incroyablement impactant pour les quarante années à venir, n'est pas le résultat d'un choix stratégique défini. Les attributs physiques distinctifs de Mario sont essentiellement dus aux limitations techniques de cette période.
La casquette ? C'est pour ne pas avoir à dessiner des cheveux qui, de plus, peuvent disparaître si le personnage passe devant un fond noir.
La moustache ? Même principe que les cheveux, mais appliqué à la bouche.
La salopette ? Elle permet de séparer facilement les bras du corps. Les gants ? Ils évitent d'avoir à dessiner les doigts.
Son créateur, Shigeru Miyamoto, le résume ainsi : « La raison pour laquelle Mario a une forme charnue est qu'à ce moment-là les dispositifs de jeu ne pouvaient lire que les collisions entre des cases carrées. Ce n'était pas parce que je voulais lui donner un aspect débonnaire et sympathique. Son design vient de là, parce que je me suis adapté aux capacités techniques de l'époque. Par exemple, la résolution était basse, alors je lui ai donné un grand visage. »
Quant à son patronyme, il le tient tout simplement d'une suggestion d'un employé de la division américaine de Nintendo, qui a nommé le personnage de cette façon à cause d'une ressemblance avec un certain Mario Segali, propriétaire d'un entrepôt loué à Nintendo près de Washington.
La naissance de Mario n'est-elle donc que la suite d'une multitude de contraintes ? Parfaitement.
D'autant que sa première apparition est le fruit d'une volte-face : pour se relancer sur le marché des jeux d'arcade outre-Atlantique après plusieurs échecs, la firme nipponne mise sur un nouveau concept mettant à l'honneur les personnages du dessin animé *Popeye*.
Mais avant le lancement du jeu, Nintendo est bloqué par un différend juridique lui interdisant l'exploitation des personnages créés par Elzie Crisler Segar en 1929. Aussitôt, l'équipe de Miyamoto procède à des changements : Popeye devient Mario, le belliqueux Brutus se transforme en Donkey Kong et Olive, la jeune fille en détresse, prend les traits de Pauline. Le cœur des joueurs sera vite conquis et cet amour demeurera intact.

Des révolutions à chaque rendez-vous

En 2019, les chiffres sont implacables : plus de 200 titres *Mario*, près de 550 millions d'exemplaires vendus dans le monde, avec 84 éléments de la franchise ayant dépassé chacun le million de ventes. Le personnage, loin d'être charismatique, parvient pourtant à s'affirmer comme leader de la sphère vidéoludique. En 1985, avec le titre *Super Mario Bros.*, les règles et les codes définitifs du gameplay du jeu de plateforme 2D[3] sont installés. En 1996, le personnage Mario en fait de même pour les jeux de plateforme 3D avec l'opus *Super Mario 64* sur Nintendo 64.
Il s'essaie au puzzle (*Dr. Mario*, 1990), se met au dessin (*Mario Paint*, 1992), révolutionne le jeu de course multijoueur (*Mario Kart*, 1992) ainsi que le jeu de société (*Mario Party*, 1998).

3. Sur la console Famicom/NES.

Il se transforme en jeu de rôle (*Super Mario RPG*, 1995), se mue en divers jeux éducatifs, change l'approche des jeux de combat (*Super Smash Bros.*, 1999). Il pratique le golf, le football, le baseball ou encore le tennis… et incite même les joueurs à construire leur propre jeu de plateforme (*Super Mario Maker*, 2015).

Chaque nouvel opus amène son lot d'innovations : Mario est toujours là où on l'attend, mais aussi là où on ne l'attend pas. Cela démontre la perspicacité de Nintendo d'avoir très vite décidé de faire du moustachu le symbole de sa créativité et de le servir à toutes les sauces.

Des caméos à la pelle

Cette volonté est essentiellement le fait de Shigeru Miyamoto, comme il le confia au *Time Magazine* en 2010. « Mon objectif initial était d'utiliser Mario dans de nombreux jeux différents et dans des situations diverses. Dans *Punch-Out!!*, vous verrez Mario et Donkey Kong parmi les spectateurs, mais aussi Mario dans le rôle de l'arbitre de tennis […]. Il est courant dans la culture populaire japonaise qu'un créateur prenne le même personnage et le fasse apparaître dans différents mangas. C'est aussi un peu comme Hitchcock qui apparaît dans tous ses films. C'est plutôt cool de voir ce personnage apparaître ici et là, qu'il joue un rôle important ou non. » Une répétition poussée à l'extrême qui va grandement contribuer à faire du personnage de Miyamoto une vraie star, y compris en dehors du monde vidéoludique grâce à de nombreux produits dérivés. Premier personnage de jeu vidéo à posséder sa statue de cire au Hollywood Wax Museum et à voir ses aventures adaptées sur grand écran (même si dans le catastrophique *Super Mario Bros.* de 1993), Mario a aussi mis sa notoriété au service d'autres marques ou campagnes. Cela a été le cas avec Mercedes-Benz en 2014 (trois voitures figurent dans *Mario Kart 8*) ou avec la campagne « Got milk ?[4] » en 1999, mais le faible nombre des escapades en dehors du giron Nintendo permet de préserver la réputation de mascotte fidèle à son géniteur. Le Premier ministre japonais Shinzo Abe apparaîtra même déguisé en Mario lors de la cérémonie de clôture des Jeux olympiques de Rio en 2016 pour promouvoir Tokyo 2020.

4. Voir *Brand Success*, tome I, page 86.
5. Nintendo a été fondé en 1889 par Fusajiro Yamauchi près de Kyoto, au Japon. L'entreprise a longtemps existé à travers la création de cartes à jouer avant de se lancer sur le marché des jeux vidéo dans les années 1970.
6. Sur PC, NEC PC-8801, CD-i et MS-DOS et à travers l'application Super Mario Run, disponible depuis 2016 sur iOS et Android, pour des jeux souvent développés par d'autres compagnies.

Un porte-étendard plus qu'une mascotte

Au-delà de la qualité des jeux, reconnue par la critique comme le public, et de cette omniprésence, la popularité exceptionnelle que connaît l'Italien invite à se demander pourquoi il est un cas à part dans un secteur pullulant de personnages et de séries à succès. La réponse est : pour sa fidélité sans faille. Nintendo, du haut de ses 130 ans d'existence[5], a eu la sagesse de réserver la quasi-totalité des exploits de sa mascotte à ses propres plateformes et consoles. Ainsi, hormis de très rares (et oubliables) exceptions[6], l'entreprise japonaise jouit à 100 % des exploits du plombier moustachu, comme elle le fait pour ses autres licences phares : Zelda, Kirby, Star Fox, Metroid et Pokémon. Une pratique que l'on ne retrouve pas chez les autres créatures iconiques des jeux vidéo : Lara Croft, Pac-Man, Crash Bandicoot, Sonic, Ryu et autres Solid Snake ont tous migré sur différents supports. Devenue une denrée rare dans un univers ultraconcurrentiel voyant s'affronter consoles et PC, cette exclusivité a contribué à faire de Mario plus qu'une mascotte. Ce qui n'était qu'un assemblage de pixels limité par la technologie au début des années 1980 est devenu le porte-étendard de une entreprise et, d'une certaine manière, de la culture japonaise en Occident. La seule présence de cette figure supplante tous les autres arguments de vente. C'est un personnage mythique auquel tout le monde peut s'identifier et que Nintendo a toujours su parfaitement maîtriser. Un tube interminable.

À retenir

1 *Les contraintes favorisent aussi la création et peuvent même être à l'origine de l'identité d'une marque.*

2 *Utiliser le produit ou le symbole le plus populaire à de multiples reprises n'est pas sans risque : pour éviter d'abîmer son image, il convient de l'associer à une valeur clé. Chez Mario, cette dernière est double, grâce à l'innovation et à la diversification.*

3 *Pour qu'un produit ou une marque gardent une certaine valeur auprès du public, il faut éviter de l'associer à d'autres acteurs du secteur et limiter les partenariats le concernant. Ces derniers, s'ils sont rares, se feront davantage remarquer.*

« C’est qui le patron ?! »

Transformer l’achat en acte militant

« C’est qui le patron ?! », marque de La société des consommateurs, n’est pas issue d’une opportunité de marché ni d’une transformation de l’offre. Elle est la conséquence directe d’un dérèglement du marché qui ne cesse d’appauvrir les petits producteurs tandis que les consommateurs sont de plus en plus conscients de leurs droits, mais également de leurs devoirs en tant que citoyens, consommateurs, éducateurs. Avec la montée en puissance des consommateurs citoyens, la marque restaure une dose d’équilibre dans la grande distribution entre les contraintes financières et une certaine forme de justice sociale.

Nous ne pouvions terminer cet ouvrage sans nous interroger sur la nature du dernier cas, 50e du deuxième tome de *Brand Success*, le 100e d’une aventure lancée il y a plus de trois ans et qui trouve sa conclusion (temporaire ?) maintenant. Nous aurions pu adopter une démarche attendue, trop logique, trop banale, et évoquer les marques performantes et symboliques de la révolution technologique et numérique, d’Amazon à Booking, d’Uber à Expedia. À l’opposé, nous aurions pu choisir l’une des marques d’hier, mais qui n’existent plus, alors qu’elles ont été de véritables symboles de modernité et de succès comme Banania, Choco BN, Simca, Felix Potin, etc. Nous avons décidé de rendre hommage à une marque prometteuse née en 2016, « C’est qui le patron ?! » de La société des consommateurs, parce qu’elle s’inscrit dans la transformation des rapports à la production et à la relation client. Elle bouscule les règles du jeu et propose une véritable alternative pour demain. Elle conduit à la responsabilisation de tous les acteurs des filières concernées dans un monde dont l’inquiétude est légitime.

En marche vers la coproduction

Habituellement, le producteur est en lien direct avec le distributeur et les marques et le consommateur n'est pas un acteur proactif dans cette relation. Avec la marque « C'est qui le patron ?! », les clients potentiels peuvent fixer, à travers des questionnaires en ligne, un niveau d'exigence pour un produit et un niveau de prix correspondant pour permettre au producteur de retirer le bénéfice qu'il est en droit d'atteindre. L'idée fondamentale sur laquelle repose cette marque est qu'il est possible de passer d'une confrontation permanente entre les acteurs à une logique davantage orientée vers une coproduction. Pour Nicolas Chabanne, fondateur de la marque « ce sont les notions de bon sens, de bienveillance, de simplicité [...]. C'est un socle commun qui permet de relayer beaucoup plus vite des idées et des valeurs ». Une collaboration réelle entre les partenaires repose sur une connaissance des contraintes.

En 2016, pour apporter une réponse à la crise du prix du lait, près de 8 000 consommateurs répondent à un questionnaire dans lequel ils définissent un prix acceptable pour tous les acteurs. La coopérative se rémunère en prélevant 5 % sur les ventes réalisées et 2 % sur les produits labellisés. Les sociétaires vérifient eux-mêmes le respect de chaque point du cahier des charges chez les fabricants et les producteurs.

Dès 2016, le lait est lancé dans la grande distribution, au sein de certains magasins Carrefour. En avril 2018, le lait « C'est qui le patron ?! » devient le plus vendu de France et la coopérative propose à 5 millions de clients une vingtaine de produits équitables.

Ce succès prouve qu'il est possible de trouver un équilibre entre les attentes des acteurs du processus de production et les consommateurs.

Une autre relation entre producteurs et consommateurs...

La position des distributeurs en France est difficile à tenir tant la pression pour les prix bas est forte et la concurrence se multiplie, en particulier pour la demi-douzaine de grandes enseignes qui constituent l'essentiel du marché. Ces « géants » sont souvent contraints de pressurer les fournisseurs et servent de boucs émissaires. Or ces entreprises comprennent que nous vivons une triple mutation qui va progressivement les amener à se transformer (et Lidl[1], d'une autre manière, montre l'importance et la profondeur de la remise en cause). Elles doivent répondre aux exigences complexes des consommateurs, de plus en plus sensibles à la qualité des produits, à leur provenance, ainsi qu'à l'empreinte écologique des contenants. Elles doivent mieux prendre en compte la situation des petits producteurs nationaux et pas seulement celle des multinationales. Elles ne peuvent plus proposer que de légères transformations en guise de réponse aux pressions citoyennes et environnementales, qui concernent autant les produits en vente que les relations vis-à-vis des producteurs. Il n'y a donc rien d'étonnant à ce qu'à peine trois ans après la naissance de la marque, Leclerc[2], la centrale d'achat numéro 1 de la distribution en France, référence l'intégralité des produits de La société des consommateurs.

1. Voir page 162.
2. Voir page 24.

... entre l'entreprise et ses parties prenantes.

La société des consommateurs et sa marque « C'est qui le patron ?! » constituent une entité qui a besoin de profit pour investir et se développer. Elle n'est pas une ONG ni une association locale ou régionale. C'est une entreprise d'un autre type, qui remet en cause la logique structurelle qui voudrait imposer à un client et que ce dernier dispose. Certes, au cours des dernières années, des entreprises plus à l'écoute des transformations sociales et culturelles ont compris l'importance d'impliquer le consommateur et de créer une culture de cocréation avec ses clients, comme le montrent les démarches vertueuses de Patagonia[3] ou de Lego[4]. Mais aucune n'est construite sur le principe d'une coopérative à l'esprit entrepreneurial qui s'articule autour des trois fondements qui font sa particularité : la revendication d'incarner la société des consommateurs, ce qui passe par sa capacité à décider du juste prix à la fois pour le consommateur final et pour le producteur ; la conviction qu'il est possible d'impliquer davantage les distributeurs dans des logiques de coopération avec des producteurs locaux et les consommateurs ; l'idée que l'entreprise et le client peuvent incarner une raison d'être identique et surtout non conflictuelle. Avec cette dynamique marque-consommateur, l'acte d'achat devient un moment plus investi et impliquant.

Mais si cette entreprise-marque remarquable a réussi à toucher 11 millions de consommateurs qui achètent annuellement plus de 115 millions de litres de lait, la diversification de son offre n'est pas simple. Fin 2018, elle annonçait

fièrement que 17,5 % des Français consomment son lait. Mais le poids de ce produit reste encore dominant face au reste de son offre, comme la pizza, la salade, le miel, le chocolat, le jus de pomme, les steaks, etc.

Une autre marque pour une autre époque

Le cas de La société des consommateurs va au-delà d'une technique de conception d'un produit particulier.
La marque, dans son intégralité, résulte d'un arbitrage fait par les consommateurs eux-mêmes pour payer un prix juste aux producteurs et le faire accepter aux distributeurs. Si la coproduction n'est pas l'avenir pour toutes les marques, la capacité de réunir et de mobiliser par la voie des réseaux sociaux transforme totalement la relation aux entreprises, aux produits et aux offres. On brise une relation *top-down* en la remplaçant par un dialogue qui devient plus quotidien et plus ouvert.

Marques engagées, citoyennes, marques responsables, militantes, les expressions ne manquent pas pour démontrer que le monde des entreprises et l'économie vivent une véritable transformation. Parfois souhaitée, souvent imposée, cette révolution provient des nouvelles contraintes, des nouveaux comportements et des nouvelles attentes des consommateurs.

À une époque où l'individu est tout autant émetteur que récepteur, l'engagement par les réseaux sociaux n'est qu'à une portée de clic. Les entreprises vont devoir, et souvent plus par obligation que par humanisme, revoir l'ensemble des éléments qui constituent l'essence et le développement de leurs marques. Les défis des années prochaines, urgents et pesants, font que les marques actuelles ne résisteront qu'en mettant en œuvre de profonds changements dans leurs relations aux producteurs, aux consommateurs et aux citoyens. « C'est qui le patron ?! », au-delà de ses spécificités, indique un chemin à suivre dans un monde dont les bouleversements sont certainement croissants.

« C'est qui le patron ?! » est en passe de redistribuer les cartes dans le monde de la grande distribution. Nul ne sait pour combien de temps. Mais la démarche traduit une transformation à l'image des comportements et des attentes des nouvelles générations. Elles ne pourront plus jamais accepter les dérives ou les abus du marketing et de la communication, ceux de l'âge d'or de la consommation, de la communication et de la promotion à outrance.

3. Voir page 31.
4. Voir page 78.

À retenir

Les entreprises font face à de nouveaux enjeux leur imposant un nouveau paradigme auquel elles doivent se confronter pour un développement plus harmonieux :

1 *Repenser la destinée des marques à travers leur utilité sociale et plus uniquement à travers le prisme de la production (ainsi, les questionnements lourds pour la* fast fashion*).*

2 *Repenser les manières de communiquer face à la multiplicité des contraintes.*

3 *Reconsidérer le marketing en ne privilégiant plus seulement les opportunités, mais en transformant les contraintes afin de donner plus de valeur à ce qui est proposé.*

4 *Décloisonner la pensée en matière de communication en supprimant le « mur » qui sépare la réflexion tournée vers les clients externes et celle concernant les populations internes tant les inter-influences seront de plus en plus nombreuses.*

5 *En somme, l'entreprise doit accepter de remplir un cahier des charges plus contraignant, car socialement plus engageant.*

Brand Success
Brand Success
Brand
Success
Brand Success
Brand Success
Brand
Success
Brand
Success
Brand Success
Brand Success
Brand Success
Brand Success

« La créativité change la donne. C’est vrai dans la société, dans la publicité et dans la vie. »

David Droga,
créateur de Droga5.

Ouvrage réalisé sous la direction de Marc Drillech.
Coordination éditoriale de Mathias Bocabeille, accompagné d'Arnaud Rollet.
ionis-group.com

Direction éditoriale : Philippe Bultez Adams
Édition : Florence Devesa, Lucia Di Bisceglie
Création graphique : Tristan Bézard
Illustrations : Axelle Capel
fypeditions.com

Achevé d'imprimer en octobre 2022.
Imprimé en France sur les presses de l'imprimerie Sepec
Numéro d'impression : 26847220602

Dépôt légal du 1er tirage : septembre 2019
Suite du 1er tirage (3) : octobre 2022

ISBN : 978-2-36405-190-4

IMPRIM'VERT®